工会工作文件汇编

企事业单位民主管理工作文件汇编

中华全国总工会民主管理部　编

Qishiye Danwei Minzhuguanli Gongzuo Wenjian Huibian

WENJIANHUIBIAN

中国工人出版社

图书在版编目（CIP）数据

企事业单位民主管理工作文件汇编 / 中华全国总工会民主管理部编. —北京：中国工人出版社, 2014.6

ISBN 978-7-5008-5832-4

Ⅰ.①企… Ⅱ.①中… Ⅲ.①行政事业单位—民主管理—文件—汇编—中国 ②企业管理—民主管理—文件—汇编—中国 Ⅳ.①D630.1 ②F279.23

中国版本图书馆CIP数据核字（2014）第126857号

企事业单位民主管理工作文件汇编

出 版 人	李庆堂
责任编辑	杨 丽
责任校对	孙迺伟
责任印制	栾征宇
出版发行	中国工人出版社
地　　址	北京市东城区鼓楼外大街45号　邮编：100120
网　　址	http://www.wp-china.com
电　　话	（010）62350006（总编室）　（010）62005039（营销出版部） （010）82075935（工会与劳动关系分社）
发行热线	（010）62004002　（010）82081553（传真）
经　　销	各地书店
印　　刷	三河市万龙印装有限公司
开　　本	710毫米×1000毫米　1/16
印　　张	22.5
字　　数	410千字
版　　次	2014年7月第1版　2017年4月第2次印刷
定　　价	48.00元

目录
CONTENTS

法　　律

行政法规

部门规章

规范性文件

地方性法规

民主管理条例

职工代表大会条例

厂务公开条例

职工董事职工监事条例

地方行政规章

FALü

法律

中华人民共和国宪法（摘录）

（1982年12月4日第五届全国人民代表大会第五次会议通过　1982年12月4日全国人民代表大会公告公布施行　根据1988年4月12日第七届全国人民代表大会第一次会议通过的《中华人民共和国宪法修正案》、1993年3月29日第八届全国人民代表大会第一次会议通过的《中华人民共和国宪法修正案》、1999年3月15日第九届全国人民代表大会第二次会议通过的《中华人民共和国宪法修正案》和2004年3月14日第十届全国人民代表大会第二次会议通过的《中华人民共和国宪法修正案》修正）

第二条第三款　人民依照法律规定，通过各种途径和形式，管理国家事务，管理经济和文化事业，管理社会事务。

第十六条第二款　国有企业依照法律规定，通过职工代表大会和其他形式，实行民主管理。

第十七条第二款　集体经济组织实行民主管理，依照法律规定选举和罢免管理人员，决定经营管理的重大问题。

中华人民共和国全民所有制工业企业法（摘录）

（1988年4月13日第七届全国人民代表大会第一次会议通过　1988年4月13日中华人民共和国主席令第3号公布　自1988年8月1日起施行）

第九条　国家保障职工的主人翁地位，职工的合法权益受法律保护。

第十一条第一款　企业工会代表和维护职工利益，依法独立自主地开展工作。企业工会组织职工参加民主管理和民主监督。

第五十一条　职工代表大会是企业实行民主管理的基本形式，是职工行使民主管理权力的机构。

职工代表大会的工作机构是企业的工会委员会。企业工会委员会负责职工代表大会的日常工作。

第五十二条　职工代表大会行使下列职权：

（一）听取和审议厂长关于企业的经营方针、长远规划、年度计划、基本建设方案、重点技术改造方案、职工培训计划、留用资金分配和使用方案、承包和租赁经营责任制方案的报告，提出意见和建议。

（二）审查同意或者否决企业的工资调整方案、奖金分配方案、劳动保护措施、奖惩办法以及其他重要的规章制度。

（三）审议决定职工福利基金使用方案、职工住宅分配方案和其他有关职工生活福利的重大事项。

（四）评议、监督企业各级行政领导干部，提出奖惩和任免建议。

（五）根据政府主管部门的决定选举厂长，报政府主管部门批准。

第五十三条 车间通过职工大会、职工代表组或者其他形式实行民主管理；工人直接参加班组的民主管理。

第五十四条 职工代表大会应当支持厂长依法行使职权，教育职工履行本法规定的义务。

中华人民共和国劳动法（摘录）

（1994年7月5日第八届全国人民代表大会常务委员会第八次会议通过
1994年7月5日中华人民共和国主席令第二十八号公布
自1995年1月1日起施行）

第八条 劳动者依照法律规定，通过职工大会、职工代表大会或者其他形式，参与民主管理或者就保护劳动者合法权益与用人单位进行平等协商。

第三十三条第一款 企业职工一方与企业可以就劳动报酬、工作时间、休息休假、劳动安全卫生、保险福利等事项，签订集体合同。集体合同草案应当提交职工代表大会或者全体职工讨论通过。

中华人民共和国工会法（摘录）

（1992年4月3日第七届全国人民代表大会第五次会议通过并施行
根据2001年10月27日第九届全国人民代表大会常务委员会第二十四次会议《关于修改〈中华人民共和国工会法〉的决定》修正）

第五条 工会组织和教育职工依照宪法和法律的规定行使民主权利，发挥国家主人翁的作用，通过各种途径和形式，参与管理国家事务、管理经济和文化事业、管理社会事务；协助人民政府开展工作，维护工人阶级领导的、以工农联盟为基础的人民民主专政的社会主义国家政权。

第六条 维护职工合法权益是工会的基本职责。工会在维护全国人民总体利益的同时，代表和维护职工的合法权益。

工会通过平等协商和集体合同制度，协调劳动关系，维护企业职工劳动权益。

工会依照法律规定通过职工代表大会或者其他形式，组织职工参与本单位的民主决策、民主管理和民主监督。

工会必须密切联系职工，听取和反映职工的意见和要求，关心职工的生活，帮助职工解决困难，全心全意为职工服务。

第十九条 企业、事业单位违反职工代表大会制度和其他民主管理制度，工会有权要求纠正，保障职工依法行使民主管理的权利。

法律、法规规定应当提交职工大会或者职工代表大会审议、通过、决定的事项，企业、事业单位应当依法办理。

第二十条 工会帮助、指导职工与企业以及实行企业化管理的事业单位签订劳动合同。

工会代表职工与企业以及实行企业化管理的事业单位进行平等协商，签订集体合同。集体合同草案应当提交职工代表大会或者全体职工讨论通过。

工会签订集体合同，上级工会应当给予支持和帮助。

企业违反集体合同，侵犯职工劳动权益的，工会可以依法要求企业承担责任；因履行集体合同发生争议，经协商解决不成的，工会可以向劳动争议仲裁机构提请仲裁，仲裁机构不予受理或者对仲裁裁决不服的，可以向人民法院提起诉讼。

第二十一条 企业、事业单位处分职工，工会认为不适当的，有权提出意见。

企业单方面解除职工劳动合同时，应当事先将理由通知工会，工会认为企业违反法律、法规和有关合同，要求重新研究处理时，企业应当研究工会的意见，并将处理结果书面通知工会。

职工认为企业侵犯其劳动权益而申请劳动争议仲裁或者向人民法院提起诉讼的，工会应当给予支持和帮助。

第二十二条 企业、事业单位违反劳动法律、法规规定，有下列侵犯职工劳动权益情形，工会应当代表职工与企业、事业单位交涉，要求企业、事业单位采取措施予以改正；企业、事业单位应当予以研究处理，并向工会作出答复；企业、事业单位拒不改正的，工会可以请求当地人民政府依法作出处理：

（一）克扣职工工资的；

（二）不提供劳动安全卫生条件的；

（三）随意延长劳动时间的；

（四）侵犯女职工和未成年工特殊权益的；

（五）其他严重侵犯职工劳动权益的。

第二十七条 企业、事业单位发生停工、怠工事件，工会应当代表职工同企业、事业单位或者有关方面协商，反映职工的意见和要求并提出解决意见。对于职工的合理要求，企业、事业单位应当予以解决。工会协助企业、事业单位做好工作，尽快恢复生产、工作秩序。

第二十八条 工会参加企业的劳动争议调解工作。

地方劳动争议仲裁组织应当有同级工会代表参加。

第三十条 工会协助企业、事业单位、机关办好职工集体福利事业，做好工资、劳动安全卫生和社会保险工作。

第三十一条 工会会同企业、事业单位教育职工以国家主人翁态度对待劳动，爱护国家和企业的财产，组织职工开展群众性的合理化建议、技术革新活动，进行业余文化技术学习和职工培训，组织职工开展文娱、体育活动。

第三十二条 根据政府委托，工会与有关部门共同做好劳动模范和先进生产（工作）者的评选、表彰、培养和管理工作。

第三十三条 国家机关在组织起草或者修改直接涉及职工切身利益的法律、法规、规章时，应当听取工会意见。

县级以上各级人民政府制定国民经济和社会发展计划，对涉及职工利益的重大问题，应当听取同级工会的意见。

县级以上各级人民政府及其有关部门研究制定劳动就业、工资、劳动安全卫生、社会保险等涉及职工切身利益的政策、措施时，应当吸收同级工会参加研究，听取工会意见。

第三十四条 县级以上地方各级人民政府可以召开会议或者采取适当方式，向同级工会通报政府的重要的工作部署和与工会工作有关的行政措施，研究解决工会反映的职工群众的意见和要求。

各级人民政府劳动行政部门应当会同同级工会和企业方面代表，建立劳动关系三方协商机制，共同研究解决劳动关系方面的重大问题。

第三十五条 国有企业职工代表大会是企业实行民主管理的基本形式，是职工行使民主管理权力的机构，依照法律规定行使职权。

国有企业的工会委员会是职工代表大会的工作机构，负责职工代表大会的日常工作，检查、督促职工代表大会决议的执行。

第三十六条 集体企业的工会委员会，应当支持和组织职工参加民主管理和民主监督，维护职工选举和罢免管理人员、决定经营管理的重大问题的权力。

第三十七条 本法第三十五条、第三十六条规定以外的其他企业、事业单位的工会委员会，依照法律规定组织职工采取与企业、事业单位相适应的形式，参与企业、事业单位民主管理。

第三十八条 企业、事业单位研究经营管理和发展的重大问题应当听取工会的意见；召开讨论有关工资、福利、劳动安全卫生、社会保险等涉及职工切身利益的会议，必须有工会代表参加。

企业、事业单位应当支持工会依法开展工作，工会应当支持企业、事业单位依法行使经营管理权。

第三十九条 公司的董事会、监事会中职工代表的产生，依照公司法有关规定执行。

第五十三条 违反本法规定，有下列情形之一的，由县级以上人民政府责令改正，依法处理：

（一）妨碍工会组织职工通过职工代表大会和其他形式依法行使民主权利的；

（二）非法撤销、合并工会组织的；

（三）妨碍工会参加职工因工伤亡事故以及其他侵犯职工合法权益问题的调查处理的；

（四）无正当理由拒绝进行平等协商的。

中华人民共和国企业破产法（摘录）

（2006年8月27日第十届全国人民代表大会常务委员会第二十三次会议通过　中华人民共和国主席令第五十四号公布　自2007年6月1日起施行）

第六条 人民法院审理破产案件，应当依法保障企业职工的合法权益，依法追究破产企业经营管理人员的法律责任。

第四十八条 债权人应当在人民法院确定的债权申报期限内向管理人申报债权。

债务人所欠职工的工资和医疗、伤残补助、抚恤费用，所欠的应当划入职工个人账户的基本养老保险、基本医疗保险费用，以及法律、行政法规规定应当支付给职工的补偿金，不必申报，由管理人调查后列出清单并予以公示。职工对清单记载有异议的，可以要求管理人更正；管理人不予更正的，职工可以向人民法院提起诉讼。

第六十七条 债权人会议可以决定设立债权人委员会。债权人委员会由债权人会议选任的债权人代表和一名债务人的职工代表或者工会代表组成。债权人委员会成员不得超过九人。

债权人委员会成员应当经人民法院书面决定认可。

第六十八条 债权人委员会行使下列职权：

（一）监督债务人财产的管理和处分；

（二）监督破产财产分配；

（三）提议召开债权人会议；

（四）债权人会议委托的其他职权。

债权人委员会执行职务时，有权要求管理人、债务人的有关人员对其职权范围内的事务作出说明或者提供有关文件。

管理人、债务人的有关人员违反本法规定拒绝接受监督的，债权人委员会有权就监督事项请求人民法院作出决定；人民法院应当在五日内作出决定。

第八十二条 下列各类债权的债权人参加讨论重整计划草案的债权人会议，依照下列债权分类，分组对重整计划草案进行表决：

（一）对债务人的特定财产享有担保权的债权；

（二）债务人所欠职工的工资和医疗、伤残补助、抚恤费用，所欠的应当划入职工个人账户的基本养老保险、基本医疗保险费用，以及法律、行政法规规定应当支付给职工的补偿金；

（三）债务人所欠税款；

（四）普通债权。

第一百零九条 对破产人的特定财产享有担保权的权利人，对该特定财产享有优先受偿的权利。

第一百一十条 享有本法第一百零九条规定权利的债权人行使优先受偿权利未能完全受偿的，其未受偿的债权作为普通债权；放弃优先受偿权利的，其债权作为普通债权。

第一百一十三条 破产财产在优先清偿破产费用和共益债务后，依照下列顺序清偿：

（一）破产人所欠职工的工资和医疗、伤残补助、抚恤费用，所欠的应当划入职工个人账户的基本养老保险、基本医疗保险费用，以及法律、行政法规规定应当支付给职工的补偿金；

（二）破产人欠缴的除前项规定以外的社会保险费用和破产人所欠税款；

（三）普通破产债权。

破产财产不足以清偿同一顺序的清偿要求的，按照比例分配。

破产企业的董事、监事和高级管理人员的工资按照该企业职工的平均工资计算。

第一百三十二条 本法施行后，破产人在本法公布之日前所欠职工的工资和医疗、伤残补助、抚恤费用，所欠的应当划入职工个人账户的基本养老保险、基本医疗保险费用，以及法律、行政法规规定应当支付给职工的补偿金，依照本法第一百一十三条的规定清偿后不足以清偿的部分，以本法第一百零九条规定的特定财产优先于对该特定财产享有担保权的权利人受偿。

中华人民共和国劳动合同法（摘录）

（2007年6月29日第十届全国人民代表大会常务委员会第二十八次会议通过 中华人民共和国主席令第六十五号公布 自2008年1月1日起施行）

第四条 用人单位应当依法建立和完善劳动规章制度，保障劳动者享有劳动权利、履行劳动义务。

用人单位在制定、修改或者决定有关劳动报酬、工作时间、休息休假、劳动安全卫生、保险福利、职工培训、劳动纪律以及劳动定额管理等直接涉及劳动者切身利益的规章制度或者重大事项时，应当经职工代表大会或者全体职工讨论，提出方案和意见，与工会或者职工代表平等协商确定。

在规章制度和重大事项决定实施过程中，工会或者职工认为不适当的，有权向用人单位提出，通过协商予以修改完善。

用人单位应当将直接涉及劳动者切身利益的规章制度和重大事项决定公示，或者告知劳动者。

第五条 县级以上人民政府劳动行政部门会同工会和企业方面代表，建立健全协调劳动关系三方机制，共同研究解决有关劳动关系的重大问题。

第六条 工会应当帮助、指导劳动者与用人单位依法订立和履行劳动合同，并与用人单位建立集体协商机制，维护劳动者的合法权益。

第四十一条 有下列情形之一，需要裁减人员二十人以上或者裁减不足二十人但占企业职工总数百分之十以上的，用人单位提前三十日向工会或者全体职工说明情况，听取工会或者职工的意见后，裁减人员方案经向劳动行政部门报告，可以裁减人员：

（一）依照企业破产法规定进行重整的；

（二）生产经营发生严重困难的；

（三）企业转产、重大技术革新或者经营方式调整，经变更劳动合同后，仍需裁减人员的；

（四）其他因劳动合同订立时所依据的客观经济情况发生重大变化，致使劳动合同无法履行的。

……

第四十三条 用人单位单方解除劳动合同，应当事先将理由通知工会。用人单位违反法律、行政法规规定或者劳动合同约定的，工会有权要求用人单位纠正。用人单位应当研究工会的意见，并将处理结果书面通知工会。

第五十一条 企业职工一方与用人单位通过平等协商，可以就劳动报酬、工作时间、休息休假、劳动安全卫生、保险福利等事项订立集体合同。集体合同草案应当提交职工代表大会或者全体职工讨论通过。

集体合同由工会代表企业职工一方与用人单位订立；尚未建立工会的用人单位，由上级工会指导劳动者推举的代表与用人单位订立。

中华人民共和国企业国有资产法（摘录）

（2008年10月28日第十一届全国人民代表大会常务委员会第五次会议通过 中华人民共和国主席令第五号公布 自2009年5月1日起施行）

第三条 国有资产属于国家所有即全民所有。国务院代表国家行使国有资产所有权。

第十七条 国家出资企业从事经营活动，应当遵守法律、行政法规，加强经营管理，提高经济效益，接受人民政府及其有关部门、机构依法实施的管理和监督，接受社会公众的监督，承担社会责任，对出资人负责。

国家出资企业应当依法建立和完善法人治理结构，建立健全内部监督管理和风险控制制度。

第二十条 国家出资企业依照法律规定，通过职工代表大会或者其他形式，实行民主管理。

第二十二条 履行出资人职责的机构依照法律、行政法规以及企业章程的规定，任免或者建议任免国家出资企业的下列人员：

（一）任免国有独资企业的经理、副经理、财务负责人和其他高级管理人员；

（二）任免国有独资公司的董事长、副董事长、董事、监事会主席和监事；

（三）向国有资本控股公司、国有资本参股公司的股东会、股东大会提出董事、监事人选。

国家出资企业中应当由职工代表出任的董事、监事，依照有关法律、行政法规的规定由职工民主选举产生。

第三十七条 国家出资企业的合并、分立、改制、解散、申请破产等重大事项，应当听取企业工会的意见，并通过职工代表大会或者其他形式听取职工的意见和建议。

第四十一条 企业改制应当制定改制方案，载明改制后的企业组织形式、企业资产和债权债务处理方案、股权变动方案、改制的操作程序、资产评估和财务审计等中介机构的选聘等事项。

企业改制涉及重新安置企业职工的，还应当制定职工安置方案，并经职工代表大会或者职工大会审议通过。

中华人民共和国公司法（摘录）

（1993 年 12 月 29 日第八届全国人民代表大会常务委员会第五次会议通过　根据 1999 年 12 月 25 日第九届全国人民代表大会常务委员会第十三次会议《关于修改〈中华人民共和国公司法〉的决定》第一次修正　根据 2004 年 8 月 28 日第十届全国人民代表大会常务委员会第十一次会议《关于修改〈中华人民共和国公司法〉的决定》第二次修正　2005 年 10 月 27 日第十届全国人民代表大会常务委员会第十八次会议修订　2013 年 12 月 28 日第十二届全国人民代表大会常务委员会第六次会议修订　自 2014 年 3 月 1 日起施行）

第十八条 公司职工依照《中华人民共和国工会法》组织工会，开展工会活动，维护职工合法权益。公司应当为本公司工会提供必要的活动条件。公司工会代表职工就职工的劳动报酬、工作时间、福利、保险和劳动安全卫生等事项依法与公司签订集体合同。

公司依照宪法和有关法律的规定，通过职工代表大会或者其他形式，实行民主管理。

公司研究决定改制以及经营方面的重大问题、制定重要的规章制度时，应当听取公司工会的意见，并通过职工代表大会或者其他形式听取职工的意见和建议。

第四十四条 有限责任公司设董事会，其成员为三人至十三人；但是，本法第五十一条另有规定的除外。

两个以上的国有企业或者两个以上的其他国有投资主体投资设立的有限责任公司，其董事会成员中应当有公司职工代表；其他有限责任公司董事会成员中可以有公司职工代表。董事会中的职工代表由公司职工通过职工代表大会、职工大会或者其他形式民主选举产生。

第五十一条 有限责任公司设监事会，其成员不得少于三人。股东人数较少或者规模较小的有限责任公司，可以设一至二名监事，不设监事会。

监事会应当包括股东代表和适当比例的公司职工代表，其中职工代表的比例不得低于三分之一，具体比例由公司章程规定。监事会中的职工代表由公司职工通过职工代表大会、职工大会或者其他形式民主选举产生。

第六十七条 国有独资公司设董事会，依照本法第四十七条、第六十七条的规定行使职权。董事每届任期不得超过三年。董事会成员中应当有公司职工代表。

董事会成员由国有资产监督管理机构委派；但是，董事会成员中的职工代表由公司职工代表大会选举产生。

第七十条 国有独资公司监事会成员不得少于五人，其中职工代表的比例不得低于三分之一，具体比例由公司章程规定。

监事会成员由国有资产监督管理机构委派；但是，监事会成员中的职工代表由公司职工代表大会选举产生。监事会主席由国有资产监督管理机构从监事会成员中指定。

第一百零八条 股份有限公司设董事会，其成员为五人至十九人。

董事会成员中可以有公司职工代表。董事会中的职工代表由公司职工通过职工代表大会、职工大会或者其他形式民主选举产生。

第一百一十七条 股份有限公司设监事会，其成员不得少于三人。

监事会应当包括股东代表和适当比例的公司职工代表，其中职工代表的比例不得低于三分之一，具体比例由公司章程规定。监事会中的职工代表由公司职工通过职工代表大会、职工大会或者其他形式民主选举产生。

……

XINGZHENG FAGUI

行政法规

全民所有制工业企业职工代表大会条例

（中发〔1986〕第21号　1986年9月15日中共中央、国务院发布）

第一章　总　则

第一条　为保障全民所有制工业企业职工的民主管理权力，充分发挥职工的积极性、智慧和创造力，办好全民所有制工业企业，发展社会主义经济，特制定本条例。

第二条　企业在实行厂长负责制的同时，必须建立和健全职工代表大会（或职工大会，下同）制度和其他民主管理制度，保障与发挥工会组织和职工代表在审议企业重大决策、监督行政领导、维护职工合法权益等方面的权力和作用。

第三条　职工代表大会是企业实行民主管理的基本形式，是职工行使民主管理权力的机构。

企业工会委员会是职工代表大会的工作机构，负责职工代表大会的日常工作。

第四条　职工代表大会接受企业党的基层委员会（含不设基层委员会的党总支部委员会、支部委员会，以下简称党委）的思想政治领导，贯彻执行党和国家的方针、政策，正确处理国家、企业和职工三者利益关系，在法律规定的范围内行使职权。

第五条　职工代表大会应当积极支持厂长行使经营管理决策和统一指挥生产活动的职权。

第六条　职工代表大会实行民主集中制。

第二章　职　权

第七条　职工代表大会行使下列职权：

一、定期听取厂长的工作报告，审议企业的经营方针、长远和年度计划、重大技术改造和技术引进计划、职工培训计划、财务预决算、自有资金分配和使用方案，提出意见和建议，并就上述方案的实施作出决议；

二、审议通过厂长提出的企业的经济责任制方案、工资调整计划、奖金分配方案、劳动保护措施方案、奖惩办法及其他重要的规章制度；

三、审议决定职工福利基金使用方案、职工住宅分配方案及其他有关职工生活福利的重大事项；

四、评议、监督企业各级领导干部，并提出奖惩和任免的建议。

对工作卓有成效的干部，可以建议给予奖励，包括晋级、提职。对不称职的干部，可以建议免职或降职。

对工作不负责任或者以权谋私，造成严重后果的干部，可以建议给予处分，直至撤职。

五、主管机关任命或者免除企业行政领导人员的职务时，必须充分考虑职工代表大会的意见。职工代表大会根据主管机关的部署，可以民主推荐厂长人选，也可以民主选举厂长，报主管机关审批。

第八条 职工代表大会对厂长在其职权范围内决定的问题有不同意见时，可以向厂长提出建议，也可以报告上级工会。

第九条 在职工代表大会上，可以由厂长代表行政、工会主席代表职工签订集体合同或共同协议，为企业发展的共同目标，互相承担义务，保证贯彻执行。

第三章 职工代表

第十条 按照法律规定享有政治权利的企业职工，均可当选为职工代表。

第十一条 职工代表的产生，应当以班组或者工段为单位，由职工直接选举。大型企业的职工代表，也可以由分厂或者车间的职工代表相互推选产生。

第十二条 职工代表中应当有工人、技术人员、管理人员、领导干部和其他方面的职工。其中企业和车间、科室行政领导干部一般为职工代表总数的五分之一。青年职工和女职工应当占适当的比例。

为了吸收有经验的技术人员、经营管理人员参加职工代表大会，可以在企业或者车间范围内，经过民主协商，推选一部分代表。

职工代表按分厂、车间、科室（或若干科室）组成代表团（组），推选团（组）长。

第十三条 职工代表实行常任制，每两年改选一次，可以连选连任。

职工代表对选举单位的职工负责。选举单位的职工有权监督或者撤换本单位的职工代表。

第十四条 职工代表的权利：

一、在职工代表大会上，有选举权、被选举权和表决权；

二、有权参加职工代表大会及其工作机构对企业执行职工代表大会决议和提案落实情况的检查，有权参加对企业行政领导人员的质询；

三、因参加职工代表大会组织的各项活动而占用生产或者工作时间，有权按照正常出勤享受应得的待遇。

对职工代表行使民主权利，任何组织和个人不得压制、阻挠和打击报复。

第十五条 职工代表的义务：

一、努力学习党和国家的方针、政策、法律、法规，不断提高政治觉悟、技术业务水平和参加管理的能力；

二、密切联系群众，代表职工合法利益，如实反映职工群众的意见和要求，认真执行职工代表大会的决议，做好职工代表大会交办的各项工作；

三、模范遵守国家法律、法规和企业规章制度、劳动纪律，做好本职工作。

第四章 组织制度

第十六条 职工代表大会选举主席团主持会议。主席团成员应有工人、技术人员、管理人员和企业的领导干部。其中工人、技术人员、管理人员应超过半数。

第十七条 参加企业管理委员会的职工代表，由职工代表大会推选产生。

参加企业管理委员会的职工代表要向职工代表大会汇报工作，接受职工代表大会监督。职工代表大会有权撤换参加管理委员会的职工代表。

第十八条 职工代表大会至少每半年召开一次。每次会议必须有三分之二以上的职工代表出席。

遇有重大事项，经厂长、企业工会或三分之一以上职工代表的提议，可召开临时会议。

职工代表大会进行选举和作出决议，必须经全体职工代表过半数通过。

第十九条 职工代表大会应当围绕增强企业活力、促进技术进步、提高经济效益，针对企业经营管理、分配制度和职工生活等方面的重要问题确定议题。

第二十条 职工代表大会在其职权范围内决定的事项，非经职工代表大会同意不得修改。

第二十一条 职工代表大会可根据需要，设立若干精干的临时的或经常性的专门小组（或专门委员会，下同），完成职工代表大会交办的有关事项。其主要工作是：审议提交职工代表大会的有关议案；在职工代表大会闭会期间，根据职工代表大会的授权，审定属本专门小组分工范围内需要临时决定的问题，并向职工代表大会报告予以确认；检查、督促有关部门贯彻执行职工代表大会决议和职工提案的处理；办理职工代表大会交办的其他事项。

专门小组进行活动需要占用生产或者工作时间，有权按照正常出勤享受应得的待遇，但需经厂长同意。各专门小组的人选，一般在职工代表中提名；也可以聘请非职工代表，但必须经职工代表大会通过。

各专门小组对职工代表大会负责。

第二十二条 职工代表大会闭会期间，需要临时解决的重要问题，由企业工会委员会召集职工代表团（组）长和专门小组负责人联席会议，协商处理，并向下一次职工代表大会报告予以确认。

联席会议可以根据会议内容邀请企业党政负责人或其他有关人员参加。

第五章 职工代表大会与工会

第二十三条 企业工会委员会作为职工代表大会的工作机构承担下列工作：

一、组织职工选举职工代表；

二、提出职工代表大会议题的建议，主持职工代表大会的筹备工作和会议的组织工作；

三、主持职工代表团（组）长、专门小组负责人联席会议；

四、组织专门小组进行调查研究，向职工代表大会提出建议，检查督促大会决议的执行情况，发动职工落实职工代表大会决议；

五、向职工进行民主管理的宣传教育，组织职工代表学习政策、业务和管理知识，提高职工代表素质；

六、接受和处理职工代表的申诉和建议，维护职工代表的合法权益；

七、组织企业民主管理的其他工作。

第二十四条 上级工会有指导、支持和维护职工代表大会正确行使职权的责任。

第六章 车间、班组的民主管理

第二十五条 车间（分厂）可以根据具体情况，采取职工大会或职工代表大会、职工代表组等形式，对本单位权限范围内的事务行使民主管理的权力。

车间（分厂）民主管理的日常工作，由车间（分厂）工会委员会主持。

第二十六条 班组的民主管理，由职工直接参加，在本班组的工会组长和职工代表的主持下开展活动，也可以根据需要推选若干民主管理员，负责班组的日常民主管理。

第七章 附 则

第二十七条 本条例原则上适用于全民所有制交通运输、邮电、地质、建筑施工、农林、水利等企业。

第二十八条 本条例由中华全国总工会负责解释。

第二十九条 本条例自一九八六年十月一日起施行。

全民所有制工业企业厂长工作条例（摘录）

（中发〔1986〕第22号 1986年9月15日中共中央、国务院发布
根据2011年1月8日《国务院关于废止和修改部分
行政法规的决定》修订）

第七条 厂长应当定期向职工代表大会（或职工大会，下同）报告工作，听取意见，组织实施职工代表大会在其职权范围内作出的有关决定，负责处理职工代表大会提出应由行政方面处理的提案，接受职工代表大会的监督。

第九条 厂长的产生，应当根据企业的不同情况，分别采取下列方式：

1. 按照干部管理权限，由企业主管机关或干部管理机关委派任命；

2. 按照企业主管机关的部署，由企业职工代表大会选举或推荐，然后按照干部管理权限由企业主管机关或干部管理机关批准或任命；

3. 企业主管机关招聘、提名，经企业职工代表大会同意，按照干部管理权限，由企业主管机关或干部管理机关任命。

第十条 厂长实行任期制，每届任期3至5年，可以连任。

厂长任期内，实行任期目标责任制。厂长应当根据国家要求、社会需要，结合企业实际，提出企业的长远发展目标和实现长远发展目标的任期责任目标，经管理委员会和职工代表大会讨论并报企业主管机关批准后组织实施。任期责任目标的实施，应当作为对厂长考核、监督和决定可否连任的主要依据之一。

厂长任期届满前，原任命或批准机关应当根据厂长在任期内的实绩，在听取职工代表大会意见的基础上作出连任或离任的决定。

……

职工代表大会提出要求罢免厂长的建议时，企业主管机关应当在30天内调查处理完毕。在调查处理期间，厂长是否继续履行职责，应当由企业主管机关决定。

……

第十四条 管理委员会讨论本条例第十二条规定的事项中需经职工代表大会审议的，由厂长负责提出。

第二十五条 厂长应当按照法律、法规规定，保障企业职工代表大会和工会行使其职权；在决定同广大职工切身利益有关的问题时，应当征求企业工会的意见。

……

第三十条 厂长对职工代表大会在职权范围内决定的事项如有不同意见，可以提请复议。复议后仍有不同意见，厂长应当按决定执行，同时报告上级主管机关。

中国共产党全民所有制工业企业基层组织工作条例（摘录）

（中发〔1986〕第23号 1986年9月15日中共中央、国务院发布）

第二十七条 党委对职工代表大会实行思想政治领导，保障职工代表大会行使规定的权力；向职工代表大会宣传党的路线、方针、政策，通过党员职工代表的先进模范作用，把党的方针、政策变成群众的自觉行动；教育职工不断提高主人翁责任感，支持、引导职工代表正确地行使权利和履行义务。

党委通过职工代表大会，听取群众意见，不断改进党的工作和作风。

第二十八条 党委应当加强对群众组织的思想政治领导，定期讨论研究群众组织工作中的重大问题，支持群众组织独立负责地开展工作，充分发挥各自的作用。

中华人民共和国乡村集体所有制企业条例（摘录）

（1990年5月11日国务院第五十九次常务会议通过 中华人民共和国国务院令第59号发布 自1990年7月1日起施行 根据2011年1月8日《国务院关于废止和修改部分行政法规的决定》修订）

第二十六条 企业职工有参加企业民主管理，对厂长（经理）和其他管理人员提出批评和控告的权利。

企业职工大会或者职工代表大会有权对企业经营管理中的问题提出意见和建议，评议、监督厂长（经理）和其他管理人员，维护职工的合法权益。

中华人民共和国城镇集体所有制企业条例（摘录）

（1991年6月21日国务院第八十六次常务会议通过
1991年9月9日中华人民共和国国务院令第88号发布
自1992年1月1日起施行）

第九条 集体企业依照法律规定实行民主管理。职工（代表）大会是集体企业的权力机构，由其选举和罢免企业管理人员，决定经营管理的重大问题。

集体企业实行厂长（经理）负责制。

集体企业职工的民主管理权和厂长（经理）依法行使职权，均受法律保护。

第二十五条 职工依照法律、法规的规定，在集体企业内享有下列权利：

（一）企业各级管理职务的选举权和被选举权；

（二）参加企业民主管理，监督企业各项活动和管理人员的工作；

（三）参加劳动并享受劳动报酬、劳动保护、劳动保险、医疗保健和休息、休假的权利；

（四）接受职业技术教育和培训，按照国家规定评定业务技术职称；

（五）辞职；

（六）享受退休养老待遇；

（七）其他权利。

第二十八条 集体企业的职工（代表）大会在国家法律、法规的规定范围内行使下列职权：

（一）制定、修改集体企业章程；

（二）按照国家规定选举、罢免、聘用、解聘厂长（经理）、副厂长（副经理）；

（三）审议厂长（经理）提交的各项议案，决定企业经营者管理的重大问题；

（四）审议并决定企业职工工资形式、工资调整方案、奖金和分红方案、职工住宅分配方案和其他有关职工生活福利的重大事项；

（五）审议并决定企业的职工奖惩办法和其他重要规章制度；

（六）法律、法规和企业章程规定的其他职权。

第二十九条 职工（代表）大会依照企业章程规定定期召开，但每年不得少于两次。

第三十条 集体企业的职工代表大会，可以设立常设机构，负责职工代表大会闭会期间的工作。

常设机构的人员组成、产生方式、职权范围及名称，由集体企业职工代表大会规定，报上级管理机构备案。

第三十一条 集体企业实行厂长（经理）负责制。厂长（经理）对企业职工（代表）大会负责，是集体企业的法定代表人。

第三十二条 厂长（经理）由企业职工代表大会选举或者招聘产生。选举和招聘的具体办法，由省、自治区、直辖市人民政府规定。

……

第五十五条 国家保护集体企业的合法权益。

任何政府部门及其他单位和个人不得改变集体企业的集体所有制性质和损害集体企业的财产所有权，不得向集体企业摊派人力、物力、财力，不得干预集体企业的生产经营和民主管理。

国有企业监事会暂行条例（摘录）

（2000年2月1日国务院第二十六次常委会议通过
2000年3月15日中华人民共和国国务院令第283号发布
自2000年3月15日起施行）

第十五条第三款 监事会中的企业职工代表由企业职工代表大会民主选举产生，报监事会管理机构批准。企业负责人不得担任董事会中的企业职工代表。

企业财务会计报告条例（摘录）

（2000年6月21日中华人民共和国国务院令第287号发布
自2001年1月1日起施行）

第三十五条 国有企业、国有控股的或者占主导地位的企业，应当至少每年一次向本企业的职工代表大会公布财务会计报告，并重点说明下列事项：

（一）反映与职工利益密切相关的信息，包括：管理费用的构成情况，企业管理人员的工资、福利和职工工资、福利费用的发放、使用和结余情况，公益金的提取及使用情况，利润分配的情况以及其他与职工利益相关的信息；

……

BUMEN GUIZHANG

部门规章

劳动就业服务企业实行股份合作制规定（摘录）

（劳部发〔1994〕第419号　劳动部、国家体改委、
国家税务总局、国家国有资产管理局1994年10月7日颁发）

第三十四条　股份合作制劳服企业可实行股东大会和职工大会合一制度。股东（职工）大会是企业的最高权力机构。股东会议可实行一人一票制。股东（职工）大会应定期召开，听取董事会、监事会工作报告，表决企业议案。股东（职工）大会行使下列权利：

（一）选举或罢免董事会和监事会成员；

（二）决定企业的设立、合并、终止和清算；

（三）批准企业安置城镇失业人员的方案；

（四）修改企业章程；

（五）批准企业年度预决算方案和利润分配方案；

（六）对企业增加或减少注册资本作出决定；

（七）决定企业发行债券；

（八）对其它重要事项作出决定。

第三十五条　股份合作制劳服企业可设立董事会。董事会为企业的决策机构，向股东（职工）大会负责。

第三十六条　董事会行使下列职权：

（一）审定企业年度生产经营计划和企业发展规划；

（二）审定企业年度财务预算和决算方案；

（三）决定召开股东（职工）大会，并向大会报告工作；

（四）执行股东（职工）大会决议；

（五）制定企业增减注册资本方案；

（六）制定发行企业债券的方案；

（七）审定企业安置失业人员的方案；

（八）制定企业设立、合并、终止方案；

（九）制定企业章程修改方案；

（十）选聘企业经理（厂长）及有关管理人员并决定其报酬标准和支付办法；

（十一）企业章程规定的其他职权。

第三十九条 股份合作制劳服企业因其规模限制不设立董事会和监事会的，其有关职责由股东（职工）大会确定专门人员负责。

第四十条 股份合作制劳服企业法定代表人的产生，由企业章程作出规定。经理由董事会聘任或由股东（职工）大会选举产生，行使下列职权：

（一）组织和实施企业日常生产经营管理工作；

（二）实施股东（职工）大会或董事会通过的决议；

（三）提出企业发展规划、生产经营计划和企业规章制度草案；

（四）提出职工收益分配方案；

（五）提出企业年度预算方案和利润分配方案；

（六）决定企业管理机构的设置，任免副经理和其他管理人员；决定副经理以下职工的奖励和处分；

（七）提出安置失业人员就业的方案；

（八）定期向股东（职工）会议和董事会报告工作，并听取意见，接受监督；

（九）行使企业章程规定的其它职权。

关于国有企业实行业务招待费使用情况向职代会报告制度的规定

（监发〔1995〕3号　监察部、国家经贸委、全国总工会1995年5月17日印发）

第一条 为保障企业改革、开放和经济发展，加强企业管理和民主监督，保持企业领导干部清正廉洁，制定本规定。

第二条 本规定所称业务招待费，是指企业在经营管理等活动中用于接待应酬的各种费用。

第三条 企业使用业务招待费应当加强管理，勤俭节约，反对铺张浪费，严格遵守财务制度和财经纪律。

第四条 企业厂长（经理）应当每半年一次向职代会据实报告业务招待费使用情况，并由职代会向职工传达。

第五条 报告内容主要包括：业务招待费支出项目、金额，开支是否符合制度、使用是否合理、手续是否完备以及其他需要说明的情况。

第六条 对于不按期或者不据实报告的，由企业主管部门或者有关部门督促改正；情节严重的，给予批评教育以至纪律处分。

第七条 企业党组织、企业主管部门和监察机关按照职责权限负责对本规定的执行情况进行监督检查。

第八条 企业主管部门可根据本规定，结合本行业、本地区的实际，制定实施办法。

第九条 本规定由监察部负责解释。

第十条 本规定自发布之日起施行。

关于国有企业实行业务招待费使用情况等重要事项向职代会报告制度的规定

（监发〔1998〕4号　监察部、国家经贸委、全国总工会1998年11月10日印发）

第一条 为完善国有企业的民主管理制度，加强民主监督，促进国有企业的改革和发展，维护企业和职工的合法权益，制定本规定。

第二条 国有企业领导人员应当向职代会报告下列重要事项：

（一）业务招待费使用情况；

（二）个人廉洁自律情况；

（三）与职工切身利益直接有关的事项。

第三条 业务招待费是指企业在生产经营过程中用于必要招待的各项费用。

报告业务招待费使用情况应当包括：业务招待费全年核定额和实际支出额以及主要开支项目，开支是否符合制度、手续是否完备以及其他需要说明的情况。

第四条 报告个人廉洁自律情况应当包括：本人收入，住房、购房、装修住房，电话费开支，使用公车，出差出国（境）费用支出，购买本企业内部职工股以及为配偶、子女经商办企业提供便利条件等情况。

第五条 报告与职工切身利益直接有关的事项应当包括：企业兼并、出租、破产、拍卖、用工、裁员、职工下岗分流和再就业、工资分配、住房分配、保险福利、劳动保护等事项。

第六条 国有企业领导人员应当每年向职代会报告一次上述重要事项。

需要及时向职代会报告的，在职代会闭会期间可以向职工代表团（组）长和专门小组负责人联席会议报告，由联席会议协商处理。

第七条 未建立职代会和通过其他形式实行民主管理的国有企业，由国有企业领导人员向工会会员代表大会或者职工代表会议报告并听取代表的意见。

第八条 职代会可以根据需要成立审核小组，负责对报告的事项进行审核，并向职代会报告审核情况；职代会应当对报告的事项进行审议并提出意见，对企业裁员、工资、福利等涉及职工切身利益的事项依法作出决定。

第九条 国有企业领导人员应当根据职代会提出的意见或作出的决定，针对存在的问题提出改进措施并向职代会报告改进情况。

第十条 国有企业领导干部管理部门应当将国有企业领导人员执行本规定的情况列入对其考核的内容，考核结果作为对其任免、奖惩的依据。

第十一条 国有企业上级党组织、工会组织，国有企业领导干部管理部门和纪检监察机关应当按照各自职权对本规定执行情况进行监督检查。

第十二条 国有企业领导人员不按规定报告或者不据实报告的，由有关部门督促其改正；并视情节轻重，给予批评教育直至纪律处分。

第十三条 本规定由监察部、国家经贸委、全国总工会负责解释。

第十四条 本规定自发布之日起施行。1995 年 5 月 17 日监察部、国家经贸委、全国总工会发布的《关于国有企业实行业务招待费使用情况向职代会报告制度的规定》中的规定与本规定不一致的，依照本规定执行。

学校教职工代表大会规定

（2011 年 11 月 9 日第 34 次部长办公会议审议通过
中华人民共和国教育部令第 32 号　自 2012 年 1 月 1 日起施行）

第一章　总　则

第一条 为依法保障教职工参与学校民主管理和监督，完善现代学校制度，促进学校依法治校，依据教育法、教师法、工会法等法律，制定本规定。

第二条 本规定适用于中国境内公办的幼儿园和各级各类学校（以下统称学校）。

民办学校、中外合作办学机构参照本规定执行。

第三条 学校教职工代表大会（以下简称教职工代表大会）是教职工依法参与学校民主管理和监督的基本形式。

学校应当建立和完善教职工代表大会制度。

第四条 教职工代表大会应当高举中国特色社会主义伟大旗帜，以马克思列宁主义、毛泽东思想、邓小平理论和“三个代表”重要思想为指导，深入贯彻落实科学发展观，全面贯彻执行党的基本路线和教育方针，认真参与学校民主管理和监督。

第五条 教职工代表大会和教职工代表大会代表应当遵守国家法律法规，遵守学校规章制度，正确处理国家、学校、集体和教职工的利益关系。

第六条 教职工代表大会在中国共产党学校基层组织的领导下开展工作。教职工代表大会的组织原则是民主集中制。

第二章 职 权

第七条 教职工代表大会的职权是：

（一）听取学校章程草案的制定和修订情况报告，提出修改意见和建议；

（二）听取学校发展规划、教职工队伍建设、教育教学改革、校园建设以及其他重大改革和重大问题解决方案的报告，提出意见和建议；

（三）听取学校年度工作、财务工作、工会工作报告以及其他专项工作报告，提出意见和建议；

（四）讨论通过学校提出的与教职工利益直接相关的福利、校内分配实施方案以及相应的教职工聘任、考核、奖惩办法；

（五）审议学校上一届（次）教职工代表大会提案的办理情况报告；

（六）按照有关工作规定和安排评议学校领导干部；

（七）通过多种方式对学校工作提出意见和建议，监督学校章程、规章制度和决策的落实，提出整改意见和建议；

（八）讨论法律法规规章规定的以及学校与学校工会商定的其他事项。

教职工代表大会的意见和建议，以会议决议的方式做出。

第八条 学校应当建立健全沟通机制，全面听取教职工代表大会提出的意见和建议，并合理吸收采纳；不能吸收采纳的，应当做出说明。

第三章 教职工代表大会代表

第九条 凡与学校签订聘任聘用合同、具有聘任聘用关系的教职工，均可当选为教职工代表大会代表。

教职工代表大会代表占全体教职工的比例，由地方省级教育等部门确定；地方省级教育等部门没有确定的，由学校自主确定。

第十条 教职工代表大会代表以学院、系（所、年级）、室（组）等为单位，由教职工直接选举产生。

教职工代表大会代表可以按照选举单位组成代表团（组），并推选出团（组）长。

第十一条 教职工代表大会代表以教师为主体，教师代表不得低于代表总数的60%，并应当根据学校实际，保证一定比例的青年教师和女教师代表。民族地区的学校和民族学校，少数民族代表应当占有一定比例。

教职工代表大会代表接受选举单位教职工的监督。

第十二条 教职工代表大会代表实行任期制，任期3年或5年，可以连选连任。

选举、更换和撤换教职工代表大会代表的程序，由学校根据相关规定，并结合本校实际予以明确规定。

第十三条 教职工代表大会代表享有以下权利：

（一）在教职工代表大会上享有选举权、被选举权和表决权；

（二）在教职工代表大会上充分发表意见和建议；

（三）提出提案并对提案办理情况进行询问和监督；

（四）就学校工作向学校领导和学校有关机构反映教职工的意见和要求；

（五）因履行职责受到压制、阻挠或者打击报复时，向有关部门提出申诉和控告。

第十四条 教职工代表大会代表应当履行以下义务：

（一）努力学习并认真执行党的路线方针政策、国家的法律法规、党和国家关于教育改革发展的方针政策，不断提高思想政治素质和参与民主管理的能力；

（二）积极参加教职工代表大会的活动，认真宣传、贯彻教职工代表大会决议，完成教职工代表大会交给的任务；

（三）办事公正，为人正派，密切联系教职工群众，如实反映群众的意见和要求；

（四）及时向本部门教职工通报参加教职工代表大会活动和履行职责的情况，接受评议监督；

（五）自觉遵守学校的规章制度和职业道德，提高业务水平，做好本职工作。

第四章　组织规则

第十五条　有教职工 80 人以上的学校，应当建立教职工代表大会制度；不足 80 人的学校，建立由全体教职工直接参加的教职工大会制度。

学校根据实际情况，可在其内部单位建立教职工代表大会制度或者教职工大会制度，在该范围内行使相应的职权。

教职工大会制度的性质、领导关系、组织制度、运行规则等，与教职工代表大会制度相同。

第十六条　学校应当遵守教职工代表大会的组织规则，定期召开教职工代表大会，支持教职工代表大会的活动。

第十七条　教职工代表大会每学年至少召开一次。

遇有重大事项，经学校、学校工会或 1/3 以上教职工代表大会代表提议，可以临时召开教职工代表大会。

第十八条　教职工代表大会每 3 年或 5 年为一届。期满应当进行换届选举。

第十九条　教职工代表大会须有 2/3 以上教职工代表大会代表出席。

教职工代表大会根据需要可以邀请离退休教职工等非教职工代表大会代表，作为特邀或列席代表参加会议。特邀或列席代表在教职工代表大会上不具有选举权、被选举权和表决权。

第二十条　教职工代表大会的议题，应当根据学校的中心工作、教职工的普遍要求，由学校工会提交学校研究确定，并提请教职工代表大会表决通过。

第二十一条　教职工代表大会的选举和表决，须经教职工代表大会代表总数半数以上通过方为有效。

第二十二条　教职工代表大会在教职工代表大会代表中推选人员，组成主席团主持会议。

主席团应当由学校各方面人员组成，其中包括学校、学校工会主要领导，教师代表应占多数。

第二十三条　教职工代表大会可根据实际情况和需要设立若干专门委员会（工作小组），完成教职工代表大会交办的有关任务。专门委员会（工作小组）对教职工代表大会负责。

第二十四条　教职工代表大会根据实际情况和需要，可以在教职工代表大会代表中选举产生执行委员会。执行委员会中，教师代表应占多数。

教职工代表大会闭会期间，遇有急需解决的重要问题，可由执行委员会联系有关专门委员会（工作小组）与学校有关机构协商处理。其结果向下一次教职工代表大会报告。

第五章　工作机构

第二十五条　学校工会为教职工代表大会的工作机构。

第二十六条　学校工会承担以下与教职工代表大会相关的工作职责：

（一）做好教职工代表大会的筹备工作和会务工作，组织选举教职工代表大会代表，征集和整理提案，提出会议议题、方案和主席团建议人选；

（二）教职工代表大会闭会期间，组织传达贯彻教职工代表大会精神，督促检查教职工代表大会决议的落实，组织各代表团（组）及专门委员会（工作小组）的活动，主持召开教职工代表团（组）长、专门委员会（工作小组）负责人联席会议；

（三）组织教职工代表大会代表的培训，接受和处理教职工代表大会代表的建议和申诉；

（四）就学校民主管理工作向学校党组织汇报，与学校沟通；

（五）完成教职工代表大会委托的其他任务。

选举产生执行委员会的学校，其执行委员会根据教职工代表大会的授权，可承担前款有关职责。

第二十七条　学校应当为学校工会承担教职工代表大会工作机构的职责提供必要的工作条件和经费保障。

第六章　附　则

第二十八条　学校可以在其下属单位建立教职工代表大会制度，在该单位范围内实行民主管理和监督。

第二十九条　省、自治区、直辖市人民政府教育行政部门，可以与本地区有关组织联合制定本行政区域内学校教职工代表大会的相关规定。

有关学校根据本规定和所在地区的相关规定，可以制定相应的教职工代表大会或者教职工大会的实施办法。

第三十条　本规定自2012年1月1日起施行。1985年1月28日教育部、原中国教育工会印发的《高等学校教职工代表大会暂行条例》同时废止。

企业民主管理规定

（总工发〔2012〕12 号）

第一章　总　则

第一条　为完善以职工代表大会为基本形式的企业民主管理制度，推进厂务公开，支持职工参与企业管理，维护职工合法权益，构建和谐劳动关系，促进企业持续健康发展，加强基层民主政治建设，依据宪法和相关法律制定本规定。

第二条　企业民主管理工作应当坚持党的领导，以邓小平理论和“三个代表”重要思想为指导，深入贯彻落实科学发展观，坚定不移地贯彻落实党的全心全意依靠工人阶级的根本指导方针。

企业党组织应当加强对民主管理工作的领导和支持。

第三条　职工代表大会（或职工大会，下同）是职工行使民主管理权力的机构，是企业民主管理的基本形式。

企业应当按照合法、有序、公开、公正的原则，建立以职工代表大会为基本形式的民主管理制度，实行厂务公开，推行民主管理。公司制企业（以下简称公司）应当依法建立职工董事、职工监事制度。

企业应当尊重和保障职工依法享有的知情权、参与权、表达权和监督权等民主权利，支持职工参加企业管理活动。

第四条　企业职工应当尊重和支持企业依法行使管理职权，积极参与企业管理。

第五条　企业工会应当组织职工依法开展企业民主管理，维护职工合法权益。

上级工会应当指导和帮助企业工会和职工依法开展企业民主管理活动，对企业实行民主管理的情况进行监督。

第六条　企业代表组织应当推动企业实行民主管理，促进企业健康发展。

第七条　各级党委纪检部门、组织部门，各级人民政府国有资产监督管理机构和监察机关等有关部门应当依照各自职责，对企业民主管理工作进行指导、检查和监督。

第二章 职工代表大会制度

第一节 职工代表大会组织制度和职权

第八条 企业可以根据职工人数确定召开职工代表大会或者职工大会。

企业召开职工代表大会的，职工代表人数按照不少于全体职工人数的百分之五确定，最少不少于三十人。职工代表人数超过一百人的，超出的代表人数可以由企业与工会协商确定。

第九条 职工代表大会的代表由工人、技术人员、管理人员、企业领导人员和其他方面的职工组成。其中，企业中层以上管理人员和领导人员一般不得超过职工代表总人数的百分之二十。有女职工和劳务派遣职工的企业，职工代表中应当有适当比例的女职工和劳务派遣职工代表。

第十条 职工代表大会每届任期为三年至五年。具体任期由职工代表大会根据本单位的实际情况确定。

职工代表大会因故需要提前或者延期换届的，应当由职工代表大会或者其授权的机构决定。

第十一条 职工代表大会根据需要，可以设立若干专门委员会（小组），负责办理职工代表大会交办的事项。专门委员会（小组）成员人选必须经职工代表大会审议通过。

第十二条 职工代表按照基层选举单位组成代表团（组），并推选团（组）长。可以设立职工代表大会团（组）长和专门委员会（小组）负责人联席会议，根据职工代表大会授权，在职工代表大会闭会期间负责处理临时需要解决的重要问题，并提请下一次职工代表大会确认。

联席会议由企业工会负责召集，联席会议可以根据会议内容邀请企业领导人员或其他有关人员参加。

第十三条 职工代表大会行使下列职权：

（一）听取企业主要负责人关于企业发展规划、年度生产经营管理情况，企业改革和制定重要规章制度情况，企业用工、劳动合同和集体合同签订履行情况，企业安全生产情况，企业缴纳社会保险费和住房公积金情况等报告，提出意见和建议；

审议企业制定、修改或者决定的有关劳动报酬、工作时间、休息休假、劳动安全卫生、保险福利、职工培训、劳动纪律以及劳动定额管理等直接涉及劳动者切身利益的规章制度或者重大事项方案，提出意见和建议；

（二）审议通过集体合同草案，按照国家有关规定提取的职工福利基金使用方案、住房公积金和社会保险费缴纳比例和时间的调整方案，劳动模范的推荐人选等重大事项；

（三）选举或者罢免职工董事、职工监事，选举依法进入破产程序企业的债权人会议和债权人委员会中的职工代表，根据授权推荐或者选举企业经营管理人员；

（四）审查监督企业执行劳动法律法规和劳动规章制度情况，民主评议企业领导人员，并提出奖惩建议；

（五）法律法规规定的其他职权。

第十四条 国有企业和国有控股企业职工代表大会除按第十三条规定行使职权外，行使下列职权：

（一）听取和审议企业经营管理主要负责人关于企业投资和重大技术改造、财务预决算、企业业务招待费使用等情况的报告，专业技术职称的评聘、企业公积金的使用、企业的改制等方案，并提出意见和建议；

（二）审议通过企业合并、分立、改制、解散、破产实施方案中职工的裁减、分流和安置方案；

（三）依照法律、行政法规、行政规章规定的其他职权。

第十五条 县级以下一定区域内或者性质相近的行业内的若干尚不具备单独建立职工代表大会制度条件的中小企业，可以通过选举代表联合建立区域（行业）职工代表大会制度，开展企业民主管理活动。

工会负责组织建立区域（行业）职工代表大会制度。区域（行业）工会作为区域（行业）职工代表大会的工作机构承担日常工作。

第十六条 集团企业的总部机关和各分公司、分厂、车间以及其他分支机构可以按照一定比例选举产生职工代表，召开集团企业职工代表大会，实行企业民主管理。

集团企业的总部机关和各分公司、分厂、车间以及其他分支机构，按照本规定建立职工代表大会制度，在各自的职权范围内分别开展民主管理活动。

第二节　职工代表大会工作制度

第十七条 职工代表大会每年至少召开一次。职工代表大会全体会议必须有三分之二以上的职工代表出席。

第十八条 职工代表大会议题和议案应当由企业工会听取职工意见后与企业协商确定，并在会议召开七日前以书面形式送达职工代表。

第十九条 职工代表大会可以设主席团主持会议。主席团成员由企业工会与职工代表大会各团（组）协商提出候选人名单，经职工代表大会预备会议表决通过。其中，工人、技术人员、管理人员不少于百分之五十。

第二十条 职工代表大会选举和表决相关事项，必须按照少数服从多数的原则，经全体职工代表的过半数通过。对重要事项的表决，应当采用无记名投票的方式分项表决。

第二十一条 职工代表大会在其职权范围内依法审议通过的决议和事项具有约束力，非经职工代表大会同意不得变更或撤销。

企业应当提请职工代表大会审议、通过、决定的事项，未按照法定程序审议、通过或者决定的无效。

第二十二条 企业工会委员会是职工代表大会的工作机构，负责职工代表大会的日常工作，履行下列职责：

（一）提出职工代表大会代表选举方案，组织职工选举职工代表和代表团（组）长；

（二）征集职工代表提案，提出职工代表大会议题的建议；

（三）负责职工代表大会会议的筹备和组织工作，提出职工代表大会的议程建议；

（四）提出职工代表大会主席团组成方案和组成人员建议名单；提出专门委员会（小组）的设立方案和组成人员建议名单；

（五）向职工代表大会报告职工代表大会决议的执行情况和职工代表大会提案的办理情况、厂务公开的实行情况等；

（六）在职工代表大会闭会期间，负责组织专门委员会（小组）和职工代表就企业职工代表大会决议的执行情况和职工代表大会提案的办理情况、厂务公开的实行情况等，开展巡视、检查、质询等监督活动；

（七）受理职工代表的申诉和建议，维护职工代表的合法权益；

（八）向职工进行民主管理的宣传教育，组织职工代表开展学习和培训，提高职工代表素质；

（九）建立和管理职工代表大会工作档案。

第三节　职工代表的产生和权利义务

第二十三条 与企业签订劳动合同建立劳动关系以及与企业存在事实劳动关系的职工，有选举和被选举为职工代表大会代表的权利。

依法终止或者解除劳动关系的职工代表，其代表资格自行终止。

第二十四条 职工代表应当以班组、工段、车间、科室等为基本选举单位由职工直接选举产生。规模较大、管理层次较多的企业的职工代表，可以由下一级职工代表大会代表选举产生。

第二十五条 选举、罢免职工代表，应当召开选举单位全体职工会议，会议应有三分之二以上职工参加。选举、罢免职工代表的决定，应经全体职工的过半数通过方为有效。

第二十六条 职工代表实行常任制，职工代表任期与职工代表大会届期一致，可以连选连任。

职工代表出现缺额时，原选举单位应按规定的条件和程序及时补选。

第二十七条 职工代表向选举单位的职工负责并报告工作，接受选举单位职工的监督。

第二十八条 职工代表享有下列权利：

（一）选举权、被选举权和表决权；

（二）参加职工代表大会及其工作机构组织的民主管理活动；

（三）对企业领导人员进行评议和质询；

（四）在职工代表大会闭会期间对企业执行职工代表大会决议情况进行监督、检查。

第二十九条 职工代表应当履行下列义务：

（一）遵守法律法规、企业规章制度，提高自身素质，积极参与企业民主管理；

（二）依法履行职工代表职责，听取职工对企业生产经营管理等方面的意见和建议，以及涉及职工切身利益问题的意见和要求，并客观真实地向企业反映；

（三）参加企业职工代表大会组织的各项活动，执行职工代表大会通过的决议，完成职工代表大会交办的工作；

（四）向选举单位的职工报告参加职工代表大会活动和履行职责情况，接受职工的评议和监督；

（五）保守企业的商业秘密和与知识产权相关的保密事项。

第三十条 职工代表履行职责受法律保护，任何组织和个人不得阻挠和打击报复。

职工代表在法定工作时间内依法参加职工代表大会及其组织的各项活动，企业应当正常支付劳动报酬，不得降低其工资和其他福利待遇。

第三章 厂务公开制度

第三十一条 企业应当建立和实行厂务公开制度，通过职工代表大会和其他形式，将企业生产经营管理的重大事项、涉及职工切身利益的规章制度和经营管理人员廉洁从业相关情况，按照一定程序向职工公开，听取职工意见，接受职工监督。

第三十二条 企业主要负责人是实行厂务公开的责任人。企业应当建立相应机构或者确定专人负责厂务公开工作。

第三十三条 企业实行厂务公开应当遵循合法、及时、真实、有利于职工权益维护和企业发展的原则。

实行厂务公开应当保守企业商业秘密以及与知识产权相关的保密事项。

第三十四条 企业应当向职工公开下列事项：

（一）经营管理的基本情况；

（二）招用职工及签订劳动合同的情况；

（三）集体合同文本和劳动规章制度的内容；

（四）奖励处罚职工、单方解除劳动合同的情况以及裁员的方案和结果，评选劳动模范和优秀职工的条件、名额和结果；

（五）劳动安全卫生标准、安全事故发生情况及处理结果；

（六）社会保险以及企业年金的缴费情况；

（七）职工教育经费提取、使用和职工培训计划及执行的情况；

（八）劳动争议及处理结果情况；

（九）法律法规规定的其他事项。

第三十五条 国有企业、集体企业及其控股企业除公开第十三条、第十四条和第三十四条规定的相关事项外，还应当公开下列事项：

（一）投资和生产经营管理重大决策方案等重大事项，企业中长期发展规划；

（二）年度生产经营目标及完成情况，企业担保，大额资金使用、大额资产处置情况，工程建设项目的招投标，大宗物资采购供应，产品销售和盈亏情况，承包租赁合同履行情况，内部经济责任制落实情况，重要规章制度制定等重大事项；

（三）职工提薪晋级、工资奖金收入分配情况；专业技术职称的评聘情况；

（四）中层领导人员、重要岗位人员的选聘和任用情况，企业领导人员薪酬、职务消费和兼职情况，以及出国出境费用支出等廉洁自律规定执行情况，职工代表大会民主评议企业领导人员的结果；

（五）依照国家有关规定应当公开的其他事项。

第四章　职工董事和职工监事制度

第三十六条 公司制企业应当依法建立职工董事和职工监事制度，支持职工代表大会选举产生的职工代表作为董事会、监事会成员参与公司决策、管理和监督，代表和维护职工合法权益，促进企业健康发展。

第三十七条 公司应当依法在公司章程中明确规定职工董事、职工监事的具体比例和人数。

第三十八条 职工董事、职工监事候选人由公司工会根据自荐、推荐情况，在充分听取职工意见的基础上提名，经职工代表大会全体代表的过半数通过方可当选，并报上一级工会组织备案。

工会主席、副主席应当作为职工董事、职工监事候选人人选。

第三十九条 公司高级管理人员和监事不得兼任职工董事；公司高级管理人员和董事不得兼任职工监事。

第四十条 职工董事、职工监事的任期与公司其他董事、监事的任期相同，可以连选连任。

第四十一条 职工董事、职工监事不履行职责或者有严重过错的，经三分之一以上的职工代表联名提议，职工代表大会全体代表的过半数通过可以罢免。

职工董事、职工监事出现空缺时，由公司工会依照本规定第三十八条的规定提出替补人选，提请职工代表大会民主选举产生。

第四十二条 职工董事依法行使下列权利：

（一）参加董事会会议，行使董事的发言权和表决权；

（二）就涉及职工切身利益的规章制度或者重大事项，提请召开董事会会议，反映职工的合理要求，维护职工合法权益；

（三）列席与其职责相关的公司行政办公会议和有关生产经营工作的重要会议；

（四）要求公司工会、公司有关部门和机构通报有关情况并提供相关资料；

（五）法律法规和公司章程规定的其他权利。

第四十三条 职工监事依法行使下列权利：

（一）参加监事会会议，行使监事的发言权和表决权；

（二）就涉及职工切身利益的规章制度或者重大事项，提议召开监事会会议；

（三）监督公司的财务情况和公司董事、高级管理人员执行公司职务的行为；监督检查公司对涉及职工切身利益的法律法规、公司规章制度贯彻执行情况；劳动合同和集体合同的履行情况；

（四）列席董事会会议，并对董事会决议事项提出质询或者建议；列席与其职责相关的公司行政办公会议和有关生产经营工作的重要会议；

（五）要求公司工会、公司有关部门和机构通报有关情况并提供相关资料；

（六）法律法规和公司章程规定的其他权利。

第四十四条 职工董事、职工监事应当履行下列义务：

（一）遵守法律法规，遵守公司章程及各项规章制度，保守公司秘密，认真履行职责；

（二）定期听取职工的意见和建议，在董事会、监事会上真实、准确、全面地反映职工的意见和建议；

（三）定期向职工代表大会述职和报告工作，执行职工代表大会的有关决议，在董事会、监事会会议上，对职工代表大会作出决议的事项，应当按照职工代表大会的相关决议发表意见，行使表决权；

（四）法律法规和公司章程规定的其他义务。

第四十五条 公司应当保障职工董事、职工监事依照法律法规和公司章程开展工作，为职工董事、职工监事履行职责提供必要的工作条件。

第四十六条 职工董事、职工监事在任职期间，除法定情形外，公司不得与其解除劳动合同。

第四十七条 职工董事、职工监事与公司的其他董事、监事享有同等的权利，承担相应的义务。

第五章 附 则

第四十八条 各地区、各有关部门和各企业根据本规定制定实施办法，推进企业民主管理工作。

第四十九条 集体企业依照《城镇集体所有制企业条例》等有关法律法规规定实行民主管理。

第五十条 本规定自发布之日起施行。

中共中央纪委　中共中央组织部
国务院国有资产监督管理委员会　监察部
中华全国总工会　中华全国工商业联合会
2012 年 2 月 13 日

GUIFANXING WENJIANI

规范性文件

中共中央关于研究有关工人阶级的几个重要问题的通知（摘录）

（1957 年 4 月 7 日）

各省委、市委、自治区党委，中央各部委，国务院各委、各办、各部党组，全国总工会和全国妇联党组，青年团中央：

如何调动工人阶级的积极性，充分发挥工人阶级在国家政治经济生活中的积极作用，是社会主义建设中的一个极关重要的问题。几年来，全党根据一九四九年七届二中全会指示的全心全意依靠工人阶级恢复和发展生产事业的方针，在各方面都做了许多工作，取得了很大的成绩和丰富的经验。但是，必须指出，领导经济建设工作，对我们来说是一个新的工作，现在还处在摸索前进的过程中，因而在许多方面，例如在工业管理、工人生活、工人教育的政策、制度和做法方面，以及党、工会、青年团的工作方面等，都还存在着不少的缺点和问题。最近各地连续发生的一些工人罢工、怠工等事件，表明我们的国家机关和企业、事业单位的领导上存在着严重的主观主义、官僚主义、宗派主义的作风；同时又表明我们在职工群众中的思想政治工作薄弱，更没有随着工人阶级队伍的迅速壮大，新工人成分大大增加的情况而加强起来，因而各种非工人阶级的思想意识就逐渐明显地暴露出来，并且有逐渐滋长的趋势。如果我们满足于已有的成绩，不重视各方面工作中的缺点，让这些缺点继续发展下去，就不仅会阻碍工人阶级积极性的发扬，而且还可能造成党和国家逐渐脱离工人群众的严重危险。为了总结几年来的工作经验，克服各方面存在的缺点，进一步发扬广大职工群众的积极性，完成社会主义工业化的艰巨任务，中央准备在今年内召开的中央会议上，对有关工人阶级的下列几个方面的问题加以讨论：

（一）关于职工群众参加企业管理问题。实行党的第八次大会所决定的党委集体领导下的厂长负责制和群众路线的领导方法，就必须扩大企业管理工作中的民主，扩大职工群众参加企业管理的权利，发挥职工群众对于企业行政的监督作用。因此，应当结合企业的实际情况和最近几年来的经验，规定适当的制度和组织形式，扩大企业管理方面的民主，保证职工群众能够切实参加企业管理和对行政工作实行有力的监督，以使工人群众不仅通过本阶级的政党和自己的代表实现对整个国家的领导，而且通过他们参加企业管理和自下而上的对企业的监督，体现工人阶级国家主人翁的地位和作用，充分发挥社会主义企业的优越性。

根据企业中的情况和几年来工作的经验，目前在这一方面比较容易实行的有效措施，就是把企业中现行的由工会主持的职工代表会议改为职工代表大会（在较小企业中为全体职工大会），并且适当地扩大它的权力。这些权力大致可以初步拟定如下：

（1）听取和审查厂长的工作报告，审查和讨论企业的生产计划、财务计划、技术计划和劳动工资计划及实现这些计划的重要措施，定期检查计划执行情况，并且可以提出建议。

（2）讨论和审查企业奖励基金、福利费、医药费、劳动保护拨款、工会经费以及其他有关职工生活福利的经费开支；在不违背上级机关的指示、命令的条件下，可以做出决议，交企业行政或者其他有关方面执行。

（3）在必要的时候，向上级管理机关建议撤换某些企业行政领导人员。

（4）对上级管理机关的规定有不同意见的时候，可以向上级管理机关提出建议。但是如果上级管理机关经过研究仍旧坚持原有决定的时候，就必须贯彻执行。

职工代表大会采取常任代表制，代表向选举他们的职工负责，职工群众有权随时撤换不称职的代表。工会委员会应当负责准备和召开职工代表大会并且监督行政对职工代表大会有关生产行政工作决议的执行。但是，生产管理的指挥，必须由行政领导者负完全责任，职工代表大会和工会委员会在自己的工作中，不要妨害厂长在企业行政上的负责制，所有职工必须遵守企业规章和劳动纪律，服从行政领导者的命令和指挥。至于工会委员会在这一方面的职责范围应当如何规定，工会本身的民主应当如何扩大，工会工作应当如何改进，工会负责干部应当如何调整和加强，才能负起这样的责任，以及党委在企业中建立这样的组织以后应当如何改变领导方法等都是需要仔细研究解决的问题。

有些同志不赞成职工代表大会由工会主持，主张由职工代表大会选举企业管理委员会，执行参加企业管理和监督的权力。这种办法的好处是可以避免工会与行政混淆，减少工会工作的困难；这种办法的缺点是可能使企业中发生机构重叠、会议繁多和工会执委会同企业管理委员会职责不清的现象。对于这种办法，如果各地认为有必要的时候，也可选择几个企业试行，以便总结经验，加以比较，作出最后决定。

同时，为了使职工代表大会成为企业中真正具有一定权力的机关，必须适当扩大企业的权力，因而也就必须联系研究如何适当地改变国家管理工业的体制，特别是有关工业企业的财务体制、计划体制和组织体制。在研究这些问题的时候，要注意把中央和地方之间、国家和企业之间、企业和职工之间的利益正确地结合起来，把国家的统一性和企业的相对独立性正确地结合起来，以便进一步发挥职工群众的积极性、创造性和企业的主动性。

此外，关于如何进一步吸引职工群众参加国家政治经济生活问题，特别是参加对国家经济管理机关的监督及城市政权工作问题，也请你们联系加以考虑。

……

（四）关于企业中党、工会和青年团组织的工作问题，必须在总结已有经验的基础上，适应新的情况，在各方面有所改进。这里最基本的是健全党委的领导，研究如何加强党的思想政治工作，贯彻执行群众路线，巩固党和群众的联系，提高党的领导作用。应该研究如何加强党委对于企业行政的领导，正确贯彻执行党的集体领导和个人负责相结合的原则，既要防止企业行政领导人员脱离党的集体领导的偏向，又要防止党委特别是书记包办代替企业行政工作的偏向；同时还要防止在职工代表大会建立以后，在企业管理上发生极端民主化和实际无人负责的现象。应当研究党委如何正确地领导职工代表大会的活动，对于职工代表大会的议题，既不要事先作出硬性的决定，影响党员在会议中的主动性，或者助长党员的强迫命令的作风，以便使会议能够无拘束地表现职工群众的意志，同时，党委又要对于会议中讨论的重大问题，有明确的方针，并且要通过党员的积极活动，加强对于会议的思想领导，使会议不至作出错误的不能执行的决定。应该研究如何培养工会独立活动的能力，加强和扩大工会和青年团在群众中的组织、教育活动，使广大职工群众团结在党的周围，形成一支有觉悟、有组织、有纪律、有文化技术的战斗队伍，保证更好地完成社会主义工业化的任务。

中共中央关于经济体制改革的决定（摘录）

（中国共产党第十二届中央委员会第三次全体会议1984年10月20日通过）

三、增强企业活力是经济体制改革的中心环节

……

围绕这个中心环节，主要应该解决好两个方面的关系问题，即确立国家

和全民所有制企业之间的正确关系，扩大企业自主权；确立职工和企业之间的正确关系，保证劳动者在企业中的主人翁地位。

……

企业活力的源泉，在于脑力劳动者和体力劳动者的积极性、智慧和创造力。当劳动者的主人翁地位在企业的各项制度中得到切实的保障，他们的劳动又与自身的物质利益紧密联系的时候，劳动者的积极性、智慧和创造力就能充分地发挥出来。我国农村改革的经验生动有力地证明了这一点。城市经济体制改革中，必须正确解决职工和企业的关系，真正做到职工当家做主，做到每一个劳动者在各自的岗位上，以主人翁的姿态进行工作，人人关注企业的经营，人人重视企业的效益，人人的工作成果同他的社会荣誉和物质利益密切相连。现代企业必须有集中统一的领导和生产指挥，必须有高度严格的劳动纪律。因为我们的现代企业是社会主义的，在实行这种集中领导和严格纪律的时候，又必须坚决保证广大职工和他们选出的代表参加企业民主管理的权利。在社会主义条件下，企业领导者的权威同劳动者的主人翁地位是统一的，同劳动者的主动性创造性是统一的。这种统一，是劳动者的积极性能够正确地有效地发挥的必要前提。

中共中央、国务院关于颁发全民所有制工业企业三个条例的通知

（中发〔1986〕21 号　1986 年 9 月 15 日）

现将《全民所有制工业企业厂长工作条例》、《中国共产党全民所有制工业企业基层组织工作条例》和《全民所有制工业企业职工代表大会条例》发给你们，望在本地区、本部门正在进行企业领导体制改革试点的全民所有制工业企业中认真贯彻实行。

改革企业的领导体制，是城市经济体制改革的一个重要组成部分。改革的基本内容是：企业实行生产经营和行政管理工作厂长负责制；明确企业党组织的工作重点，为保证和监督党和国家各项方针政策的贯彻实施，做好企业党的思想建设、组织建设和思想政治工作；进一步健全职工代表大会制度和各项民主管理制度，发挥工会组织和职工代表在审议企业重大决策、监督行政领导干部、维护职工合法权益等方面的作用。此项改革，自一九八四年开始，在全国部分全民所有制工业企业中试点以来，取得了显著效果：第一，

强化了企业生产经营管理系统，开始出现了指挥灵、决策快、办事效率高的新气象。第二，初步改变了企业党政不分、职责不明的状况。企业党组织开始从行政事务中解脱出来，党的建设和思想政治工作有所加强。第三，建立和健全了职工代表大会制度，职工民主管理的内容和范围逐步明确，职工主人翁责任感有所加强。第四，生产稳步发展，经济效益有了提高。这些成绩表明，中央关于改革企业领导体制，实行厂长负责制的决定，是正确的，是适合我国工业企业现代化管理要求的。需要指出的是，企业领导体制改革，同其他改革一样，从试点到成熟，要有一个逐步发展的过程。改革中必然会出现许多新的问题，这些问题只能通过改革的不断深入得到解决。企业领导体制改革的各项内容，也只有通过实践才能逐步制度化、规范化。现在颁发的这三个条例，就是在总结了近三年来试点经验的基础上产生的。

实行厂长负责制，必须保证厂长在企业生产经营重大问题上的决策权，突出厂长在行政指挥中的作用。但是，绝不应把实行厂长负责制同加强和改善党对企业的领导、巩固和发扬民主管理对立起来。而是要使企业行政、党组织和工会等群众组织的工作，都紧紧围绕生产经营这个中心，按照分工，加强各自职责范围内的工作，调动各个方面的积极性。实现这一要求，就企业党组织来说，必须从思想观念到工作内容、工作方法，来一个大的转变，要从繁忙的日常行政事务中解脱出来，把工作重心放到积极支持厂长实现任期责任目标和统一指挥生产经营活动上来，放到保证监督党和国家各项方针、政策的贯彻执行上来，放到搞好企业党的建设和思想政治工作上来，保证企业生产、经营工作任务的顺利进行。企业党组织的保证监督作用，概括起来主要是：第一，保证、监督企业生产经营的社会主义方向；第二，保证、监督企业职工能够充分享有民主权利；第三，保证、监督企业正确处理好国家、企业和职工三者利益关系；第四，保证、监督企业遵纪守法，维护国家和企业的合法权益；第五，保证、监督企业和厂长正确执行党的各项方针、政策。总之，企业党组织要教育党员勇于改革、善于改革、支持改革。对那些勇于开拓、锐意进取的干部和职工，应采取积极支持的态度；对于他们工作中出现的某些失误和偏差，应满腔热情地帮助纠正，鼓励和支持他们继续把改革搞好。支持改革，保证改革的顺利进行，是新时期企业党组织的一项重要任务。企业党组织由全面领导本单位工作，讨论和决定生产经营中重大问题，转移到对企业实行思想政治领导，发挥保证监督作用，是新形势下的客观要求，是符合国家和人民的根本利益的。希望各级党组织，通过自己创造性的工作，不断地总结经验，开拓前进。

企业党组织要积极支持厂长行使职权，厂长应自觉地接受党组织和职工群众的监督。厂长和书记都要顾全大局，合作共事，认真贯彻执行三个条例，搞好企业领导体制改革的试点，搞好两个文明建设，改善和加强企业管理，完成国家生产计划和各项任务。对个别不适应试点要求的厂长或党委书记，有关主管部门，要从组织上进行调整。

中共中央、国务院认为，三个条例的颁发，对克服当前企业领导体制中某些不协调状况，理顺各方面关系，不断提高管理水平，加快四个现代化建设，具有十分重要的意义。希望各省、自治区、直辖市党委和人民政府，加强对企业领导体制改革试点工作的领导，研究解决三个条例实施中出现的问题，同试点企业的干部、职工一道，共同为探索和创建具有中国特色的社会主义现代化工业企业的管理体制而努力。

中共中央关于贯彻执行《中华人民共和国全民所有制工业企业法》的通知（摘录）

（1988年4月28日）

充分调动职工的积极性和创造性，是企业活力的源泉。职工参与企业民主管理，是我国基层民主制度建设和企业经营管理体制的重要组成部分。既要保证经营者能够独立行使经营权，具有管理权威，又要保证职工群众能够充分行使民主权利，发挥主人翁作用。这是办好企业必须遵循的基本原则，是厂长、职代会和工会的共同任务。

中共中央关于加强党同人民群众联系的决定（摘录）

（中国共产党第十三届中央委员会第六次全体会议1990年3月12日通过）

（一）人民群众是我们党的力量源泉和胜利之本。能否始终保持和发展同人民群众的血肉联系，直接关系到党和国家的盛衰兴亡。

……

（二）我们党要密切同人民群众的联系，领导人民群众胜利前进，首要的

问题是必须保证决策和决策的执行符合人民的利益。

……

（三）各级领导干部必须经常深入基层，深入群众，扎扎实实工作，把党的路线、方针、政策落到实处。

……

（四）从中央到地方，各级党委都要在深化政治体制改革中，推进社会主义民主和法制建设，积极疏通和拓宽党同人民群众联系的渠道。

……

（五）坚定不移地加强廉政建设，继续发扬艰苦奋斗精神，克服党内存在的消极腐败现象。这是改善党群关系，保证我们事业立于不败之地的战略措施。

……

（六）对各级领导机关和领导干部必须加强监督。要建立和完善党内监督与党外监督，自上而下的监督与自下而上的监督的制度。

……

（七）党的基层组织和广大党员，都要联系群众，宣传群众，组织群众，充分发挥战斗堡垒作用和先锋模范作用。

党的路线、方针、政策最终要通过基层党组织和党员在群众中的工作贯彻落实。所有基层党组织和党员，都要带头执行党的路线、方针、政策和国家的法律。无论做什么事，都要向群众进行正确的宣传解释，使群众真正理解它的意义、做法以及同自己利益的关系，齐心协力去办。要关心群众的生活和进步，做好群众的思想政治工作。共产党员要吃苦在前，享受在后。遇到损害群众利益的现象要挺身而出，坚决斗争。当个人和小团体的利益同国家和人民的利益发生矛盾时，要自觉服从国家和人民的利益。

企业党组织要同行政领导一起，把全心全意依靠工人阶级的方针落到实处，尊重职工的主人翁地位，维护职工的民主权利，支持职代会依法行使各项职权，充分发挥职代会参与企业决策、管理和监督干部的作用，充分发挥职工在发展生产、加强管理和合理分配中的作用。农村党组织要积极带领群众勤劳致富、共同致富，坚持和完善联产承包责任制，发展服务体系，壮大集体经济，建设社会主义新农村。学校党组织要依靠和团结广大教职员工，认真贯彻执行党的教育方针，坚持把德育放在首位，努力培养有理想、有道德、有文化、有纪律的新人。各地基层党组织联系群众的好经验、好形式，要总结推广，不断完善，并针对现实生活提出的新课题，创造新的经验。

中共中央办公厅转发中共全国总工会党组《关于进一步发挥工人阶级主力军作用需要解决的几个问题的报告》（摘录）

（中办发〔1991〕6号　1991年6月26日）

企业工会是职工代表大会的工作机构，必须把职工民主管理作为自己的工作重点，努力促进职工代表大会各项权力的落实，切实维护职工群众的主人翁地位。在完善企业承包经营责任制，制定承包方案、签订承包合同、选择企业承包人等工作中，工会要积极参与。企业党政负责人应牢固树立依靠职工群众办企业的思想，尊重职工在企业中的主人翁地位和权利，认真做到该提交职代会审议的重大问题必须提交审议，不得随意变更职代会权限内讨论决定的事项。评定企业等级、考核企业领导人、评选先进企业或先进经营者，要把是否认真落实职代会职权、实行民主管理作为条件之一。

政府主管部门委任或招聘全民所有制企业的厂长（经理）人选，要事先征求职工代表的意见。集体所有制企业的厂长（经理），要由企业的职工大会或职工代表大会选举产生；对不能胜任的，职工大会或职工代表大会有权罢免。全民所有制和集体所有制企事业单位，都要坚持民主评议干部制度，并把它与干部的考核、奖惩工作结合起来。

教育、科研、文化、卫生等事业单位，也要建立健全民主管理制度，保障职工群众的民主权利。

中共中央关于建立社会主义市场经济体制若干问题的决定（摘录）

（中国共产党第十四届中央委员会第三次全体会议1993年11月14日通过）

二、转换国有企业经营机制，建立现代企业制度

……

（7）改革和完善企业领导体制和组织管理制度。坚持和完善厂长（经理）负责制，保证厂长（经理）依法行使职权。实行公司制的企业，要按照有关法规建立内部组织机构。企业中的党组织要发挥政治核心作用，保证监督党和国家方针政策的贯彻执行。全心全意依靠工人阶级。工会与职工代表大会要组织职工参加企业的民主管理，维护职工的合法权益。要加强职工队伍建设，造就企业家队伍。形成企业内部权责分明、团结合作、相互制约的机制，调动各方面的积极性。企业要按照市场经济的要求，完善和严格内部经营管理，严肃劳动纪律，加强技术开发、质量管理以及营销、财务和信息工作，提高决策水平、企业素质和经济效益。加强企业文化建设，培育优良的职业道德，树立敬业爱厂、遵法守信、开拓创新的精神。

全国总工会关于加强现代企业制度试点企业工会工作和职工民主管理的若干意见

（总工发〔1995〕21号 1995年11月9日）

为了适应建立社会主义市场经济体制和现代企业制度的需要，根据中华人民共和国《工会法》、《公司法》、《劳动法》和中共中央、国务院关于进行现代企业制度试点的有关决定，对加强现代企业制度试点企业工会工作和职工民主管理提出以下意见：

一、试点企业加强工会工作和职工民主管理的指导原则

1. 坚持以邓小平建设有中国特色社会主义理论和党的基本路线为指导。深化国有企业改革是我国经济体制改革的重点。建立现代企业制度是国有企业改革的方向。以公有制为主体的现代企业制度是社会主义市场经济体制的基础。以公有产权占主导地位的企业职工，是企业的主人。要认真贯彻党的十四届五中全会和江泽民同志关于国有企业改革的重要讲话精神，切实加强试点企业工会工作和职工民主管理，推动现代企业制度的建立和发展。

2. 坚持党的全心全意依靠工人阶级的根本指导方针。试点企业应率先做到：必须牢固树立依靠职工群众办好企业的思想，建设一个全心全意依靠职工群众推进企业改革和发展的好的领导班子，保障职工的企业主人翁地位；必须坚持和完善以职工代表大会为基本形式的职工民主管理和民主监督制度，并不断探索新的实现途径；必须切实保障《劳动法》赋予劳动者的合法权益，通过平等协商和签订集体合同，建立稳定协调的劳动关系；必须在企业董事会、监事会中有工会组织职工民主选举产生的职工代表，并逐步形成充分发挥职工代表作用的制度；必须尊重和支持工会依法独立自主地开展工作，履行维护的基本职责，保护和调动职工群众的积极性和创造精神，并将其引导到推进企业改革和发展上来；必须重视和加强职工队伍建设，不断提高职工的思想道德和科学文化技术素质。

3. 坚持在党的领导下依法独立自主地开展工会工作。认真贯彻实施《劳动法》，保障劳动者享有《劳动法》规定的各项权益。工会要按照全国总工会第十二届二次执委会确定的"以贯彻实施《劳动法》为契机和突破口，带动工会各项工作，推动自身改革和建设，努力把工会工作提高到一个新水平，在改革、发展、稳定中更好地发挥作用"的工作总思路，进一步突出维护职能，切实履行维护的基本职责。试点企业贯彻实施《劳动法》应先走一走，贯彻得更快更好一些，努力为其他企业提供新鲜经验。

4. 坚持解放思想，实事求是，正确处理继承和创新的关系。既要继承经实践检验的成功做法和经验，又要从实际出发，勇于改革和创新，包括借鉴国外的有益经验。积极探索适应现代企业制度要求，具有中国特色工会工作和职工民主管理的新路子，为深化工会改革和建设，加强职工民主管理积累经验。

二、坚持和完善职工民主管理制度

5. 职工民主管理是社会主义企业的一个本质特征。职工代表大会制度是职工民主管理的基本形式。坚持和完善职工代表大会制度是提高职工群众主人翁责任感，发挥当家做主的积极性，办好社会主义企业的内在要求和有效形式。推行职工代表大会制度是党的一项重要政策。在坚持和完善职工代表大会制度的同时，适应企业实行公司制的新变化，积极探索加强职工民主管理的新途径。

6. 国有独资公司和两个以上国有企业或者其他两个以上的国有投资主体投资设立的有限责任公司，以及公有产权占主导地位的有限责任公司和股份有限公司，应坚持和完善以职工代表大会为基本形式的职工民主管理制度。其他有限责任公司和股份有限公司，可以由职工（代表）大会，也可以由会员（代表）大会实行民主管理，并建立相应的制度。

企业工会委员会是职工代表大会的工作机构，负责职工代表大会的日常工作，检查督促职工代表大会决议的执行。

7. 职工代表大会职权包括：（1）听取和讨论本公司发展和生产经营重大决策方案（包括拟定和修改公司章程，公司年度经营计划和投资方案，公司年度财务预算、决算方案，利润分配方案，公司合并、分立、变更形式和解散等）的报告，提出意见和建议；（2）讨论通过本公司集体合同草案、涉及职工切身利益的重要改革方案、劳动保护措施、奖惩办法以及其他重要的规章制度；（3）审议决定本公司公益金使用方案和其他有关职工生活福利的重大事项；（4）评议、监督本公司董事、经理等高级管理人员，提出奖惩和任免（聘任或解聘）的建议；（5）选举和更换本公司董事会和监事会中的职工代表；（6）听取关于公司业务招待费使用情况的报告及其他须经职工代表大会审议或决定的事项。

8. 车间和班组民主管理是公司民主管理的重要环节和基础，在坚持和完善公司职工民主管理制度的同时，要进一步建立健全车间和班组民主管理制度。

职工代表大会闭会期间，要充分发挥职工代表团（组）长联席会议和各专门委员会在日常民主管理工作中的作用。

9. 生产经营型的集团公司及其分公司、子公司，应通过职工代表大会或者其他形式实行职工民主管理。以母子公司体制设立的集团公司中不直接从事生产经营、专司资产经营的母公司，应探索加强母公司职工民主管理的具体途径和形式。

10. 股东大会、董事会研究决定公司重大问题和涉及职工切身利益的重大问题，事先应认真听取工会和职工的意见。属于职代会职权范围内的问题须提请职代会讨论审议，应该由职代会审议通过或审议决定的事项，须经职代会审议通过或决定。

三、建立平等协商、集体合同制度

11. 工会代表职工同企业进行平等协商、签订集体合同，是法律赋予工会和职工的权利，是协调企业劳动关系的有效机制。试点企业要依照《劳动法》建立工会与企业的平等协商和集体合同制度。

12. 平等协商既是签订集体合同的必经程序，也是协调劳动关系的重要法律制度。日常发生的劳动关系方面的问题，集体合同的未尽事宜，以及双方认为需要协商解决的涉及职工合法权益等事项，都应当通过平等协商解决，并逐步形成制度。

13. 进行平等协商和签订集体合同要与坚持和完善职工代表大会制度很好地结合起来，使之相互补充，更好地发挥作用。职代会审议通过或决定的劳动标准、劳动条件等涉及职工切身利益的重大方案和原则性意见，应成为确定集体合同内容的重要依据。工会在进行平等协商、签订集体合同的工作中，要注意发挥职代会专门委员会、女职工委员会的作用。

共保（双保）合同在推动企业发展和维护职工利益方面发挥了积极作用，要在总结经验的基础上，依照《劳动法》的规定逐步加以规范。

14. 工会要积极指导和帮助职工依法与公司签订好劳动合同。职工个人与公司签订劳动合同中的劳动条件、劳动报酬等标准不得低于集体合同规定的标准。

四、做好董事会、监事会中职工代表的选举工作，建立相应的工作制度

15. 在公司制企业由工会组织职工选举一定数量的职工代表参加董事会、监事会，是职工在企业中主人翁地位和权利的体现，是职工参与公司决策和监督的一种实现形式和途径，也是完善公司制企业领导体制，办好公司制企业的客观要求。

16. 国有独资公司和两个以上国有企业或者其他两个以上的国有投资主体投资设立的有限责任公司，以及公有产权占主导地位的有限责任公司和股份有限公司，其董事会成员中应有一定数量的公司职工代表。其他公司是否选举职工代表参加董事会，由公司工会与投资者协商决定。有限责任公司和股份有限公司的监事会，都应有一定数量的本公司职工代表。

17. 董事会、监事会中的职工代表是相对于公司所有者和经营者的代表而言的。公司工会主席或副主席一般应提名为职工董事候选人。工会是会员和职工利益的代表，公司工会主席或副主席担任职工董事，以工会组织和职工代表大会为依托，有利于反映职工群众的意见和建议，也有利于把董事会的决策贯彻到职工群众中去和实施民主监督。

18. 职工董事和职工监事候选人由公司工会组织职工提名，经公司职工代表大会选举产生，向职工代表大会报告工作，接受职工代表大会监督。对不称职或者有严重过失的职工董事、职工监事，职工代表大会有权罢免或更换。国家监督机构派往国有独资公司的监事会中的职工代表，经职代会民主选举产生后，按照国家有关规定由有关监督机构聘任。

19. 职工董事和职工监事在任期内享有与其他董事和监事同等的权利和义务。职工董事、监事在参与公司决策时，应充分表达职工群众的意见。董事会在讨论研究涉及职工切身利益等重大问题时，职工董事如有不同意见，可以建议董事会在充分听取职工意见或与工会充分协商后再做出决定。

20. 公司应为职工董事、职工监事行使职权提供条件。职工董事、职工监事依法行使职权，任何组织或个人不得压制、阻挠或打击报复。除个人严重过失外，公司不得因其履行职务的原因与其解除劳动合同，或者做不利其就业条件的岗位变动。

21. 积极探索和总结如何充分发挥职工董事、职工监事作用的经验，逐步建立健全工作制度。

五、加强工会自身改革和建设

22. 工会自身改革和建设应与企业改革同步研究，同步进行。工会自身改革和建设，要有利于突出维护职能，切实把维护作为基本职责。适应这一要求，工会必须转变运行机制和活动方式，加强群众化、民主化建设，努力把工会建设成“职工之家”。

23. 工会的组织建设要与企业改革后的体制相适应。未建立工会组织的企业首先要把工会组织建立起来。国有企业改组为集团公司的，应建立健全集团公司工会。其组织形式应结合公司实际确定，可以成立工会委员会；或者按照联合制、代表制的原则，成立工会联合会；也可以暂时采取基层工会代表联席会议的形式。集团公司所在地的分公司或子公司工会由集团公司工会领导；不在集团公司所在地的分公司或子公司工会，原则上由当地工会领导，集团公司工会可以与其建立工作联系。集团公司工会与分公司或子公司工会隶属关系已有明确规定，工作关系也比较顺畅的，按照现行规定运行。工会经费管理体制暂不改变。

24. 工会是依据《中华人民共和国工会法》和《中国工会章程》建立的工人阶级的群众组织，不是行政机构和党委办事部门。在试点中，其他任何组织和个人不得随意撤销工会组织，也不得把工会组织与其他组织机构合并，或归属其他工作部门。公司工会工作机构的设置和调整应本着精干、高效的原则，由工会自主决定；专职工会工作人员的编制，由公司工会提出方案，同公司协商确定。有职工二百人以上的单位，应当配备专职工会主席。

25. 公司工会所属的为职工服务的企业、事业单位，文化娱乐场所和设施，由企业拨给工会使用的不动产和其他财产，其合法权益受法律保护。任何单位和个人不得随意改变其隶属关系，不得侵占、任意调拨或挪作他用。企业在改制过程中，要根据全国总工会《关于工会财产管理暂行办法》，做好工会财产的界定和管理工作，防止工会财产流失，使之更好地为职工群众服务。

企业工会组织调整合并，其经费、财产归合并后的工会所有和处置。企业工会组织撤销，其经费、财产由其上一级工会处置。

26. 进一步完善基层工会的民主选举制度和工会会员代表大会代表常任制。基层工会的重要活动和重大问题，都应由工会委员会或会员代表大会讨论决定。工会委员会要定期向会员代表大会报告工作，接受会员群众的评议和监督。

27. 从全局出发，工会积极参与和推动试点企业劳动用工、工资分配、人员分离分流、社会保障、职工福利等项改革，同时要关心职工生活，努力为职工办实事。改革应坚持民主决策、总体受益、不超过职工综合承受能力和保障职工基本生活等原则。发挥工会自身的优势，组织职工互助互济，关心下岗职工，促进再就业培训，实施“送温暖工程”等，努力为企业分忧，为职工解难。

28. 改革为了进一步解放和发展生产力。把企业深化改革激发出来的职工群众的积极性，通过劳动竞赛、合理化建议、技术革新、技术协作、发明创造和加强班组建设等，及时引导到推进企业改革、发展、稳定上来，不断提高企业市场竞争能力和经济效益。

29. 加强职工队伍建设，提高职工整体素质。用建设有中国特色社会主义理论和社会主义市场经济的基本知识武装广大职工。加强对广大职工的爱国主义、集体主义、社会主义教育，提高职工的科学文化技术水平，提高敬业爱岗精神，组织和动员职工为企业改革和发展多做贡献。

30. 建立健全公司劳动争议调解委员会。根据全国总工会制定的《工会参与劳动争议处理试行办法》逐步形成制度和规范，在调解劳动争议，维护职工合法权益方面，充分发挥工会的作用。

六、加强对试点企业工会工作的指导

31. 各级地方工会和产业工会领导机关必须切实加强对试点企业工会工作的指导。主要领导同志要亲自抓试点。加强负责试点工作部门的干部力量，并应建立必要的工作制度。上级工会对试点企业工会的一些重要工作要直接派人指导；基层工会遇到困难时，要亲自出面协调解决。

32. 加强调查研究，及时分析试点中的新情况和解决新问题。建立试点企业联系点制度。重视总结典型经验，以推动工作。

33. 加强对试点企业工会干部特别是工会主席的培训工作。有计划地组织他们系统学习邓小平建设有中国特色社会主义理论、党的有关方针政策、国家的有关法律法规、社会主义市场经济的基本知识、现代企业经营管理知识和工会业务知识，不断提高基层工会干部的政治思想素质和业务工作能力。

34. 工会领导机关要转变思想观念、运行机制和活动方式，切实减轻基层工会的负担，为基层工会从企业实际出发和根据广大职工的愿望与要求开展工作创造条件。支持基层工会履行维护职责，保护基层工会干部的合法权益。

全国总工会、国家科委关于完善科研院所职工民主管理工作的若干意见

（总工发〔1995〕22号　全国总工会、国家科委1995年11月28日印发）

为了贯彻《中共中央关于建立社会主义市场经济体制若干问题的决定》和《中共中央、国务院关于加速科学技术进步的决定》精神，落实党的全心全意依靠工人阶级的指导方针，充分调动我国科技战线广大职工群众的积极性和创造精神，推动科技体制配套改革进一步深化，现就在建立新的科研院所制度的过渡时期，完善科研院所（含其他科技机构，下同）职工民主管理工作提出以下意见。

一、完善科研院所职工民主管理是深化科技体制配套改革的客观要求

1. 完善科研院所职工民主管理工作的重要性。党的十一届三中全会以来，在邓小平建设有中国特色社会主义理论指导下，科技体制改革遵循“经济建设必须依靠科学技术，科学技术工作必须面向经济建设”的基本方针，进行了卓有成效的工作。随着社会主义市场经济体制的确立和发展，科技体制改革将走向全面推进、配套实施的新阶段。职工民主管理工作在科研院所改革发展中，始终发挥着重要作用。实践证明，以科技人员为主体的广大职工参与本单位决策和管理，极大地调动了他们支持和参与改革的积极性。完善职工民主管理工作是贯彻落实党的全心全意依靠工人阶级指导方针的具体体现，在保障职工主人翁地位和合法权利，推动科研院所改革、发展、稳定等方面具有不可替代的重要作用。

2. 完善科研院所职工民主管理工作的紧迫性。科技体制改革是一场广泛而深刻的革命。随着科技系统的结构调整和人才分流，科研院所管理体制和运行机制都在发生深刻变化，各种经济关系、利益关系、劳动关系日趋复杂。新形势迫切要求进一步完善以职工代表大会为基本形式的民主管理制度。同时，职工民主管理制度也是科研院所领导体制和管理制度的重要组成部分，是决策、执行、监督与职工民主参与、民主管理、民主监督的有机结合。在社会主义市场经济法律、法规逐步建立健全过程中，科研院所的职工民主管理应制度化、规范化。

二、建立健全科研院所职工民主管理制度

3. 科研院所在实行院所长负责制以及其他领导体制的同时，必须建立和

健全职工代表大会（或职工大会，下同）制度和其他民主管理制度。必须从制度上保障职工在参与科研院所重大决策和管理、行使民主监督、维护职工合法权益等方面的权利，以推进科技体制改革和科学技术事业的健康发展。

4. 职工代表大会是科研院所实行职工民主管理的基本形式。在深化科技体制改革进程中，要坚持和完善职工代表大会制度。职工代表大会要适应科技系统的特点，每年应至少召开一次。

科研院所工会委员会是职工代表大会的工作机构，负责职工代表大会的日常工作。

5. 职工代表大会的主要职权是：

（1）听取院（所）长的工作报告，讨论审议科研院所发展方向和科学研究、技术开发、生产经营等重大决策方案和重要改革方案，自有资金分配和使用方案，并提出意见和建议；

（2）审议通过职工工资奖金分配方案、劳动保护措施、职工奖惩办法和其他涉及职工利益的重要规章制度；

（3）审议通过集体合同草案，并对集体合同的履行情况进行监督检查；

（4）审议决定职工福利基金的使用方案和其他有关职工生活福利的重大事项；

（5）与领导干部年度考核和任期责任目标审计相结合，评议、监督科研院所各级行政领导干部，提出奖惩和任免的建议；

（6）根据主管部门的决定，参与民主推荐或选举院所各级行政领导人员；

（7）其他法律或行政法规规定的须经职工代表大会讨论、审议或决定的事项。

6. 职工代表大会接受同级党组织的思想政治领导，贯彻执行党和国家的方针政策，正确处理国家、院所、职工三者利益关系，在法律规定的范围内行使职权。

职工代表大会要宣传、动员全体职工积极支持和参与改革，努力完成科研、技术开发、生产和经营目标，支持院所长依法行使职权，维护院（所）长统一领导行政业务工作的权威，并依法保障和维护职工的合法权益。

7. 科研院所的院务、所务会（或管理委员会，下同）是协助院（所）长集中决策重大问题的机构，要充分发扬民主，认真听取各方面的意见。院务、所务会应吸收职工代表参加。

8. 科研院所要适应人才集中、知识层次高的特点，在建立健全职工代表大会制度的同时，通过座谈会、咨询会、民主协商会、征集合理化建议等形式，广泛开展职工民主管理活动，提高和扩大职工对管理的参与程度和范围，努力开发职工的智力资源。各级领导干部要增强民主意识，改进工作作风。

9. 科研院所下属单位根据具体情况，采取职工大会或职工代表会议、职工代表组等形式，对本单位权限范围内的事务行使民主管理权利。有条件的课题组、班组可以在工会组长或职工代表的主持下，通过民主管理会等形式开展民主管理活动。

三、坚持职工代表大会制度的同时，要积极探索与新型科技体制相适应的职工民主管理的新途径

10. 建议新型科研院所管理制度和推进科研机构面向经济走社会化发展道路，要积极探索与新型科技体制和科研工作特点相适应的职工民主管理的有效形式和途径，结合本单位的建制、转制方案同步提出加强职工民主管理工作的意见，并纳入体制改革的总体方案配套实施。

11. 以政府投入为主的国家、省（市）立科研院所并以市场机制为主运行、实行企业化管理的国有研究开发机构，应继续坚持和完善以职工代表大会为基本形式的民主管理制度。

12. 由科研院所改制转型和创办的各类企业，应按照现行适用法律和有关政策的规定，实行相应的民主管理制度。

13. 通过多种方式创办的民营科技企业，要依法保障职工的民主权利和经济利益。产权属国有、集体或公有资产为主体的，应实行职工代表大会制度。产权为私有的，应依法组建工会，并由工会代表职工就劳动报酬、工作时间、休息休假、劳动安全卫生、保险福利等问题，与企业平等协商、签订集体合同，以维护职工的合法权益。

14. 非营利的社会公共科研机构，采取适当的形式由工会组织职工参加民主管理，加强民主监督。

15. 由科研开发机构通过吸收国外投资和技术，以科技为依托组建的中外合资、中外合作经营实体（包括合资、合作企业和合资、合作研究开发机构），要依法组建工会，建立职工民主参与制度，可以通过会员（代表）大会、建立协商谈判、签订集体合同制度等多种形式实行职工民主参与。已建立职工代表大会制度的应继续坚持并逐步完善。工会主席应参加或列席董事会、总经理办公会等有关会议，反映职工对企业管理和发展的意见与要求。

16. 由工会代表职工实行民主参与的科技机构，要建立相应的制度予以保证，由会员（代表）大会行使职工（代表）大会的各项职权。

17. 建立劳动合同制的各类科研机构和科技企业，均应依据《劳动法》的有关规定建立由工会代表职工与行政平等协商、签订集体合同制度。

四、加强对科研院所职工民主管理工作的领导

18. 搞好职工民主管理工作是科研院所党政工的共同责任，要在建立健全院所领导体制、管理制度的过程中，明确各自的职责，互相协调配合搞好职工民主管理工作。

19. 各科研单位要认真贯彻落实《中共中央关于加强和改善党对工会、共青团、妇联工作领导的通知》（中发〔1989〕12 号文件）精神，要切实加强工会组织建设，按照“四化”标准选配好工会领导班子，把那些懂得业务工作，能坚持原则，密切联系群众，作风正派，热爱工会工作的干部选拔到工会领导岗位上来；要主动搞好工会干部的配备、工会机构设置和落实工会干部待遇等问题，依法保证工会组织的健全和工会干部的稳定。

20. 科研院所要贯彻执行《中华人民共和国工会法》等法律、法规，尊重职工的民主管理权利，积极支持职工代表大会依法行使职权，支持工会依法维护职工合法权益，主动为工会工作创造必要的条件，在工会经费、办公条件、职工活动场所上予以支持和保障，工会主席或副主席应参加院、所务会议。

21. 在深化科技体制改革的新形势下，工会的任务重，责任大，对工会也提出了更高的要求。为了使科研院所工会能很好地承担起职工代表大会工作机构的任务，应按同级党政副职条件配备工会主席。工会主席是党员的，应通过选举进入党委或党委常委。在机构改革中，要从工会工作的实际出发，设置适应工会需要的机构和人员，不得把工会机构撤销、合并或归属其他工作部门。

22. 科研院所工会要在党组织的领导下，紧紧围绕院所改革与发展的大局开展工作，在促进院所改革发展稳定上发挥作用。要坚持以科研、技术开发、生产和经营为中心，认真履行工会的基本职责，努力提高职工代表素质和职工民主管理工作水平，做到权利与义务的统一。要加强精神文明建设，充分发挥工会组织在建设院所利益共同体、院所文化中的特殊作用，密切联系群众，为职工说话办事，努力增强院所凝聚力，团结全体职工为共同的利益和目标而奋斗。

23. 在改革发展新形势下要探讨科研院所工会工作的新路子，根据变化了的情况调整工作内容、工作方法、活动方式，在建立健全制度，依法履行职能上下工夫，使工会工作和职工民主管理走上规范化、制度化轨道。要疏通工会参与渠道，建立符合科研机构运作规范的工会参与办法和参与制度，要努力提高工会干部素质和工会参与能力，以适应形势不断发展的要求。

24. 各级科研主管部门和工会领导机关要加强对科研院所职工民主管理工作的指导，坚持调查研究，总结经验，不断研究新情况，解决新问题。科研主管部门要把职工民主管理工作列入对科研院所工作的考核内容，在审查有关报告、决定有关问题、考核领导干部时应充分听取和考虑职工代表大会的意见。

全国总工会关于公有制小型企业在深化改革中加强工会工作的若干意见（摘录）

（总工发〔1995〕25号　1995年12月20日）

四、加强和推进小型企业职工民主管理工作

16. 要按照有关规定，坚持和完善职工民主管理制度，建立健全职代会的组织机构和工作制度，落实职代会各项职权，并积极探索职工民主管理新的实现形式和途径。

国有小型企业职工（代表）大会是职工行使民主管理权力的机构，企业工会是职工（代表）大会的工作机构，负责职工（代表）大会的日常工作，检查督促职工（代表）大会决议的贯彻落实。

集体小型企业的职工（代表）大会是企业的权力机构。工会应当组织和支持职工参加民主管理和民主监督；协助和督促企业对其职责、权限和组织制度作出规定，并贯彻落实。

实行股份合作制的企业，要继续实行职工代表大会制度，可以把股东大会的任务纳入职工（代表）大会之中，把两会任务兼容起来。建立董事会的股份合作制企业的工会主席应代表职工进入董事会。

实行承包、租赁经营的小型企业，要依法保障职工在企业的主人翁地位和民主权利。基层工会可以代表职工就劳动用工，工资分配，职工福利，劳动保护等与企业行政方面签订集体合同，并以职工（代表）大会或班民主管理会、工会小组会等形式，组织职工进行民主管理，加强民主监督，以维护职工合法权益，促进企业发展。

17. 集体小型企业经职工（代表）大会选举的厂长（经理，下同），任职期间不经职工（代表）大会同意，上级主管部门不得随意调动。因厂长经营不善造成企业亏损，或管理不善造成重大事故的，职代会有权按照法定程序予以罢免或解聘。厂长在任职期间提出辞职申请的，须经职代会讨论同意，接受审计后方可离任，并按国家法律、法规承担相应的法律责任。

18. 加强工会民主参与。工会应代表职工参加企业行政办公会、工厂管理委员会、党政工联席会及董事会、监事会，参与企业决策和监督工作，并建立相应的制度。

在企业深化改革中，企业工会主席应为同级改革领导机构成员，工会代表应参与其工作机构的工作。工会对改革方案的制定，经营者的招标、聘任、选定，企业内部劳动制度、工资分配、职工福利等方案的确定，要全过程参与。企业实行兼并、联合或租赁以及出售等项改革时，工会应协助行政按照《劳动法》规定，处理好职工的转岗、就业等问题，解决好劳动争议和职工的福利、保险等待遇，维护职工合法权益。必要时可请上级工会予以帮助。

19. 要督促经营者定期向职工（代表）大会报告工作，自觉接受职工民主监督。企业在决定与职工切身利益有关的重大问题时，要事先广泛征求职工群众的意见，并提交职工代表大会审议通过或决定。

监督企业贯彻“按劳分配、同工同酬”和“效益优先，兼顾公平”的分配原则，坚持分配公开，制止“模糊”分配行为。企业的工资总额要向职工代表大会报告，职工工资分配方案提交职代会审议通过。

20. 工会要从本企业实际出发，围绕实现企业发展和集体合同目标，组织职工开展劳动竞赛和合理化建议等群众性生产技术活动，发掘职工的积极性、智慧和创造力，促进企业的改革和发展。

关于国务院确定的百家现代企业制度试点中工会工作和职工民主管理的实施意见（摘录）

（总工发〔1996〕6号　全国总工会、国家经济贸易委员会、国家经济体制改革委员会1996年4月1日印发）

根据中华人民共和国《公司法》、《劳动法》、《工会法》和国务院关于进行现代企业制度试点的有关规定，对国务院确定的百家国有企业进行建立现代企业制度试点中工会工作和职工民主管理，提出以下意见。

一、在试点中要切实加强、完善工会工作和职工民主管理

1. 建立现代企业制度是国有企业改革的方向，对工会工作提出了更高的要求，在试点中要切实加强、完善工会工作和职工民主管理。各级工会要积极参与试点工作，协同有关方面，精心处理好试点中的各种问题，在建立协调稳定的劳动关系、提高职工队伍素质、推进企业改革和发展等方面，充分发挥工会的作用。

2. 工会代表和维护劳动者的合法权益。工会要在党的领导下，依法独立自主地开展工作。要坚持以经济建设为中心，在维护全国人民总体利益的同时，更好地表达和维护职工的具体利益，切实履行维护的基本职责，在突出维护职能的同时，认真履行工会的建设、参与、教育等各项社会职能，保护好、引导好、发挥好职工群众的积极性和创造性。

3. 全心全意依靠工人阶级，加强民主管理。要在制度上保证职工了解和参与企业的经营管理，实现职工群众对企业领导的有效监督，形成企业内部权责分明、团结合作、相互制约的机制，调动各方面的积极性。

4. 保证劳动者享有《劳动法》规定的各项权利。即依法参加和组织工会的权利；通过职工（代表）大会或者其他形式，参加民主管理或者就保护劳动者合法权益与用人单位进行平等协商的权利；平等就业和选择职业的权利、取得劳动报酬的权利、休息休假的权利、获得劳动安全卫生保护的权利、接受职业技能培训的权利、享受社会保险和福利的权利、提请劳动争议处理的权利以及法律规定的其他劳动权利。

5. 工会要教育和动员职工群众完成生产和工作任务，提高职业道德和职业技能，执行劳动安全卫生规程，遵守劳动纪律。通过劳动竞赛、合理化建议、技术革新、技术协作、发明创造和加强班组建设等活动，支持企业改革，推进企业技术进步，加强企业管理，提高企业市场竞争能力和经济效益。

6. 工会工作和职工民主管理工作要坚持解放思想、实事求是、正确处理继承和创新的关系。要积极探索适应建立现代企业制度、具有中国特色的工会工作和职工民主管理的新路子，为深化工会改革和建设，加强和完善民主管理积累经验。

二、坚持和完善职工民主管理制度

7. 国有独资公司和两个以上国有企业或者其他两个以上国有投资主体投资设立的有限责任公司，应坚持和完善以职工代表大会为基本形式的职工民主管理制度。国有资本控股的有限责任公司和股份有限公司，一般实行职工代表大会制度，也可以由工会代表职工实行民主管理，并积极探索其他实现形式。其他有限责任公司和股份有限公司，采取哪种形式实行民主管理，由公司自主决定。

8. 由生产经营性国有企业为母体改组的集团公司，或由若干生产经营企业联合组成的集团公司及其子公司应通过职工代表大会或其他形式建立相应的职工民主管理制度；以母子公司体制设立的集团公司中主要从事资本经营的母公司，应探索加强母公司职工民主管理的具体途径和形式，其子公司应建立相应的职工民主管理制度。

9. 通过职工代表大会制度实行民主管理的，职工代表大会的职权包括：（1）听取和讨论本公司发展规划和生产经营重大决策方案（涉及企业商业秘密的除外）的报告，提出意见和建议；（2）讨论通过集体合同草案，对涉及职工切身利益的重要改革方案和重要规章制度事先提出意见和建议；（3）审议决定本公司提出的公益金使用方案；（4）评议、监督本公司董事、经理等高级管理人员，向有关方面提出奖惩的建议；（5）依法选举和更换董事会和监事会中的职工代表；（6）其他须经职工代表大会审议或者决定的事项。

10. 由工会代表职工实行民主管理的，应通过建立相应的制度行使以下民主管理和民主监督权利：（1）召开工会会员代表大会，听取和讨论本公司发展规划和生产经营重大决策方案（涉及企业商业秘密的除外）的报告，提出意见和建议；（2）工会代表职工与本公司进行平等协商、签订集体合同，集体合同草案须经全体职工讨论通过，对涉及职工切身利益的重要改革方案和重要规章制度事先提出意见和建议；（3）通过会员代表大会讨论决定本公司提出的公益金使用方案；（4）工会组织职工对本公司董事、经理等高级管理人员的“德、能、勤、绩、廉”等情况进行评议监督，并将评议结果和建议通知有关方面；（5）依法选举和更换董事会、监事会中的职工代表；（6）其他须经全体职工讨论或者决定的事项。

三、逐步建立平等协商和集体合同制度

……

15. 集体合同草案应当提交职工代表大会或者全体职工讨论通过，由公司法定代表人和工会主席以书面形式签订，按法定程序报经当地劳动行政部门，劳动行政部门自收到集体合同文本之日起十五日内未提出异议的即行生效。集体合同对公司和公司全体职工具有约束力。职工个人与企业订立的劳动合同中的劳动条件和劳动报酬等标准不得低于集体合同的规定。

……

四、做好董事会和监事会中职工代表的选举工作，建立相应的工作制度

19. 国有独资公司和两个以上国有企业或者其他两个以上的国有投资主体投资设立的有限责任公司，其董事会成员中应当有本公司职工代表。其他类型公司是否选举职工代表参加董事会由公司章程规定。有限责任公司和股份有限公司的监事会都应有本公司职工民主选举的职工代表。

20. 董事会和监事会的职工代表，由本公司职工代表大会或者工会组织职工提名，由公司职工民主选举产生。

全国总工会关于职工代表大会民主评议企业领导干部的实施意见

（1997年3月17日）

各省、自治区、直辖市总工会，各全国产业工会，全总各部门、直属单位，中直机关、中央国家机关工会联合会，各计划单列市总工会，新疆生产建设兵团工会：

为了贯彻落实《中共中央关于进一步加强和改善国有企业党的建设工作的通知》和中共中央组织部、国家经贸委、人事部、全国总工会《关于做好国有企业领导班子考核建设工作的通知》精神，加强国有企业（包括国有独资公司、国有资产控股的有限责任公司和股份有限公司）职工代表大会民主评议企业领导干部工作，提出以下实施意见：

一、职工代表大会民主评议企业领导干部的重要意义和指导思想

最近，江泽民同志指出，要突出抓好国有企业领导班子的整顿与建设，下大决心、用大力气对国有企业领导班子进行一次普遍的、认真的考核，加强企业职工代表大会对领导班子的民主评议和监督。其他中央领导同志对此非常重视。《中共中央关于进一步加强和改进国有企业党的建设工作的通知》明确规定，要坚持和完善职工代表大会民主评议企业领导人员的制度。随着社会主义市场经济的发展和国有企业改革逐步深入，企业领导班子的作用显得更加突出和重要。职工代表大会对企业领导干部进行民主评议，是现代企业制度建设的题中应有之义，是职工依法行使民主管理、民主监督权利的有效形式，是发扬社会主义民主、坚持党的群众路线、贯彻落实党的全心全意依靠工人阶级根本指导方针的重要措施。搞好职工代表大会对企业领导干部的民主评议，有利于建立有效的企业内部监督和自我约束机制，有利于加强企业的党风和廉政建设、密切党群和干群关系，有利于实现企业的民主决策和科学管理，促进企业改革和发展。

职工代表大会民主评议企业领导干部要以邓小平建设有中国特色社会主义理论和党的基本路线为指导，认真贯彻江泽民同志关于国有企业改革和国有企业领导班子建设的一系列重要讲话精神，坚持党的全心全意依靠工人阶级根本指导方针，按照党的有关政策和国家有关法律法规进行，促进企业领导班子建设，调动职工的主人翁积极性和创造性，推动企业的改革和发展。

二、民主评议的对象和范围

职工代表大会民主评议企业领导干部的对象是企业的领导班子成员，主要是企业的厂长（经理）、副厂长（副经理），党委书记、副书记，董事长、副董事长。企业其他领导人员是否列入民主评议的范围，由各地各部门根据实际情况确定。

今后，职工代表大会对企业领导干部要每年民主评议和测评一次，形成制度。

三、民主评议的主要内容

职工代表大会民主评议干部要以企业领导干部的任期目标和岗位责任制为依据，对领导干部的德、能、勤、绩进行全面评议。民主评议要坚持实事求是，注重工作实绩。还要把是否尊重、依靠、关心职工群众和勤政廉洁等职工群众关注的问题作为民主评议领导干部的重要方面。民主评议的主要内容是：企业领导班子和领导成员贯彻执行党和国家的方针、政策情况；遵守党纪和国家的法律、法规情况；企业经营管理和国有资产保值增值情况；推进企业精神文明建设情况；思想作风、精神状态、职业道德、勤奋敬业和廉洁自律情况。对不同企业不同岗位的领导干部，职工代表大会民主评议的内容要体现相应的特点，一般应包括：（1）能否自觉坚持邓小平建设有中国特色社会主义理论，认真贯彻执行党的路线方针政策和国家的法律法规；（2）是否具有履行岗位职责所要求的市场经济知识、必要的科技知识和岗位职责所要求的管理能力；（3）能否坚定地依靠党组织和广大职工办企业，坚持走群众路线，自觉接受各方面的监督；（4）是否勤奋敬业，勇于奉献，清正廉洁，艰苦奋斗，开拓进取，扎实工作；（5）是否谦虚谨慎，努力学习，善于同领导班子成员合作共事；（6）是否坚持在抓好企业物质文明建设的同时，重视思想政治工作和企业精神文明建设。

职工代表大会民主评议企业领导干部，既要评议领导班子的整体情况，又要评议领导成员个人表现。对企业行政领导人员，要着重评议民主决策、管理能力、经济效益和工作实绩，以及企业技术更新、设备改造、新产品开发和国内外市场开拓情况。对企业党组织负责人，要着重评议在企业党的建设、精神文明建设方面的成效和工作实绩，尤其是参与企业重大问题决策，发挥党组织政治核心作用，围绕企业生产经营加强职工思想政治工作的情况。

四、民主评议的方法和步骤

职工代表大会民主评议企业领导干部要制定切实可行的实施方案或办法，相信和依靠职工群众，充分发扬民主，严格履行民主程序，与企业人事干部制度改革紧密结合，同考核企业领导班子紧密结合，有组织、有领导、有准备地进行。民主评议和测评的具体步骤大致为：

1. 向广大干部和职工群众宣传民主评议企业领导干部的目的、意义和要求，做好思想动员工作；同时，被评议的领导干部要做好述职准备；

2. 召开职工代表大会（或职工大会），听取民主评议对象的述职；

3. 组织职工代表对述职企业领导干部进行评议；

4. 组织职工代表采用无记名方式对述职的企业领导干部进行民主测评（参加测评的职工代表人数要符合召开职工代表大会的法定人数）；

5. 整理职工代表的评议意见以及对领导干部的奖惩任免建议，统计测评结果，形成书面材料报送职工代表大会主席团；

6. 评议结果经职工代表大会主席团同意后，报送上级有关干部主管部门，作为对企业领导干部任免和奖惩的重要依据，并向职工代表和被评议的企业领导干部反馈。

五、民主评议的组织领导

职工代表大会民主评议企业领导干部要在企业党委统一领导下，由职工代表大会主席团组织实施。企业工会作为职工代表大会的工作机构，负责民主评议企业领导干部的具体事宜。为了搞好民主评议工作，要建立健全职工代表大会民主评议干部专门小组（或专门委员会）。职工代表大会民主评议干部专门小组（或专门委员会）的组成人员名单，由企业工会提名，经职工代表大会主席团审议后，提交职工代表大会表决通过。其成员一般应由职工代表和企业组织人事部门、纪检监察部门、企业工会等方面有关人员组成。职工代表大会民主评议干部专门小组（或专门委员会）对职工代表大会负责。其主要职责是：草拟民主评议企业领导干部工作实施方案；对民主评议企业领导干部工作中出现的问题提出处理意见或建议；认真负责地整理职工代表的评议意见和统计测评结果；监督检查民主评议结果的落实情况。

六、加强对民主评议企业领导干部工作的指导

各省、自治区、直辖市总工会和有关产业工会，要把做好职工代表大会民主评议企业领导干部的工作摆上重要日程。要抓住机遇，加强指导，积极主动，狠抓落实。主要领导要亲自抓，并明确有关部门负责日常工作。要根据《中共中央关于进一步加强和改进国有企业党的建设工作的通知》和《关于做好国有企业领导班子考核建设工作的通知》以及本实施意见，制定本地区、本系统职工代表大会民主评议和监督企业领导干部的具体实施办法。积极参加同级考核国有企业领导班子的协调领导机构，加强对民主评议企业领导干部工作的指导与协调。重视对企业工会干部和职工代表的培训，帮助职工代表提高素质。加强调查研究，及时总结经验，努力推动民主评议企业领导干部工作深入进行。

本实施意见事业单位可以参照执行。

关于做好国有企业领导班子考核建设工作的通知

（中组发〔1997〕7号）

各省、自治区、直辖市及副省级城市党委和人民政府，中央、国家机关各部委，各人民团体，军委总政治部：

按照党中央、国务院的部署，今年要对国有企业领导班子进行一次普遍的、认真的考核，切实加强国有企业领导班子建设。现就做好这项工作的有关事项，通知如下：

一、做好国有企业领导班子考核、建设工作的指导思想

切实加强国有企业（包括国有独资、控股的公司制企业，下同）领导班子建设，是深化企业改革、促进企业发展的迫切需要。近几年来，以建立现代企业制度为目标的企业各项改革力度加大，有的已取得重大进展。但目前国有企业改革和发展正处在关键时期，一部分企业面临诸多困难。大量事实证明，搞好国有企业，关键要有一个好的领导班子。有了好的领导班子，才能带出好的过硬的职工队伍，党和国家的方针、政策才能正确贯彻执行，企业的两个文明建设才能协调发展，企业改革才能不断深入，管理水平才能不断提高，竞争能力才能不断增强。目前，多数国有企业领导班子和领导人员是好的和比较好的。他们在改革开放和发展社会主义市场经济的新形势下，解放思想，开拓进取，积极探索搞好国有企业的新路子，为克服当前存在的各种困难，做了大量艰苦的工作，作出了很大贡献。同时，也应看到，有些企业领导人员政治业务素质偏低，不适应发展社会主义市场经济的要求，不善于经营管理，工作责任心不强；有的群众观念淡薄，不能充分依靠全体职工办好企业；有的滥用权力，以权谋私，甚至违法乱纪、肆意挥霍和侵吞国家资财。有一些企业领导班子结构不尽合理，整体合力不强。这些问题都亟待解决。当前我国国民经济开始进入适度快速和相对平稳的发展轨道，以治理通货膨胀为首要任务的宏观调控基本上达到了预期目标，为进一步加快国有企业的改革和发展创造了良好环境。抓住这一有利时机，集中力量认真考核国有企业领导班子，切实解决存在的突出问题，增强领导班子的战斗力，对促进两个根本性转变，实现国民经济和社会发展“九五”计划和2010年远景目标，具有重要意义。

国有企业领导班子考核、建设工作，要以邓小平建设有中国特色社会主义理论和党的基本路线为指导，贯彻江泽民同志关于国有企业改革、发展和企业领导班子建设的一系列重要讲话精神，按照去年中央经济工作会议和全国国有企业党建工作会议提出的要求，在对国有企业领导班子进行普遍、认真考核的基础上，针对存在的问题，采取得力措施，优化班子结构，提高企业领导人员的政治素质和在社会主义市场经济条件下的经营管理能力，为深化国有企业改革，促进企业发展，提供组织保证。

二、考核、建设工作的重点和目标要求

对国有企业领导班子进行考核和加强建设，要重点抓好国有大中型企业，首先是严重经营性亏损企业，职工意见比较大、内部矛盾和问题比较多的企业领导班子。对外经外贸企业、非银行金融机构和境外企业的领导班子的考核、建设，也要引起足够的重视。对盈利企业领导班子的状况，要作出实事求是的评价和分析，考核和建设工作也不能放松，注意消除潜在的问题。各地区、各部门要从实际出发，确定工作的侧重点。

通过企业领导班子的考核、建设工作，要在以下几个方面取得明显进步：正确认识形势，增强搞好国有企业的信心和勇气，克服精神不振、无所作为的消极情绪；增强市场经济意识，提高企业管理水平，实行民主、科学决策，改变观念陈旧，业务素质和领导能力不适应市场经济要求的状况；加强团结，增强领导班子的凝聚力，克服班子内耗、形不成合力的现象；树立廉洁奉公、艰苦奋斗、勤俭办企业的良好作风，克服讲排场、摆阔气、铺张浪费，特别是防止和反对以权谋私、行贿受贿等腐败现象；增强全心全意依靠职工办好企业的自觉性，密切同职工的关系，克服脱离群众的现象。

企业领导班子的考核、建设要与加强企业党组织建设相结合，与促进建立现代企业制度，推进企业“三改一加强”和实现扭亏增盈相结合，与落实企业管理人员“九五”培训《纲要》相结合。通过考核、建设，力争达到下列目标：一是建设一个坚决贯彻执行党和国家的方针政策，政治上强，团结协调的领导班子，尤其是配好厂长（经理）、党委书记、董事长；二是进一步转变观念，增强改革意识，提高经营管理水平和驾驭企业走向市场、竞争取胜的能力；三是建立一套符合实际的、比较规范的领导班子工作制度，在企业内部形成权责分明，能调动各方面积极性的运行机制；四是做到严于律己，清正廉洁，维护国家和其他所有者权益，维护职工合法权益。

三、考核的对象、内容和方法

对国有企业领导班子的考核、建设工作，根据谁管理谁负责的原则，按照干部管理权限分级负责，落实责任。企业领导班子由中央部门和地方共同管理的，由主管方负责牵头，协管方配合；企业领导班子成员分别由不同的部门或机构管理的，由管理主要领导成员的部门或机构负责牵头，管理其他领导成员的部门或机构配合；多方参股的国有企业，一般由控股方党组织负责牵头，其他参股方配合；无主管或管理主体不明确的企业的领导班子，由当地党委指定一个部门或机构负责。

考核的对象，主要是企业的厂长（经理）、副厂长（副经理），党委书记、副书记，董事长、副董事长。企业其他领导人员是否列入本次考核范围，由各地各部门根据实际情况确定。

考核的内容，主要是近几年来企业领导班子贯彻执行党和国家的方针、政策情况；遵守党纪和国家的法律、法规情况；企业经营管理和国有资产保值增值情况；推进企业精神文明建设情况；思想作风、精神状况、职业道德、勤奋敬业和廉洁自律情况。要根据不同企业不同岗位的特点，将考核项目加以细化。既要考核领导班子的整体状况，又要考核领导成员的个人表现。对企业行政领导人员，要着重考核民主决策、管理能力、经济效益和工作实绩，以及企业技术更新、设备改造、新产品开发和国内外市场开拓情况。对企业党组织负责人，要着重考核企业党的建设、精神文明建设方面的成效和工作实绩，尤其是参与企业重大问题决策，发挥党组织政治核心作用，围绕企业生产经营加强职工思想政治工作的情况。

考核的方法，一是认真分析近几年企业财务决算或财务审计情况，对企业经营和财务状况作出评价。二是企业领导人员向有关主管部门、产权代表和职工代表大会述职，并听取企业的工作报告。在此基础上，对企业领导班子和领导人员进行民主评议和民主测评。三是听取企业领导班子成员、中层管理人员以及主管部门和纪检、监察、审计、税务和国有资产管理、银行等有关方面的意见。四是对领导班子及其成员作出客观公正的评价，既充分肯定成绩，又实事求是指出问题。考核意见要采取适当方式及时反馈。

企业领导人员要自觉接受职工的评议和监督，开展批评与自我批评。参加民主评议的职工或职工代表，要以高度负责的主人翁精神，对企业领导班子及其成员作出实事求是的评价，对存在的问题既要大胆批评，又要出主意、想办法，促进企业的改革和发展。

四、加强领导班子建设的措施

在对国有企业领导班子进行考核的基础上，要区别不同情况，通过思想教育和整顿、组织调整、加强培训、完善制度等措施，提高国有企业领导班子的整体素质。

要加强以讲学习、讲政治、讲正气为主要内容的思想教育。通过学习理论和党章、召开民主生活会、个别谈心、开展批评与自我批评等方式，帮助企业领导人员提高政治素质，增强群众观念，克服思想作风上存在的突出问题。

对需要进行组织调整的领导班子，要果断调整。对领导班子成员，经考核确不胜任、不称职的，要降职、免职，不能“易地做官”；对相形见绌的，要做适当调整；对因独断专行导致决策失误，给企业造成重大损失的，要严肃处理；对滥用权力，以权谋私，肆意挥霍和侵吞国家资财的，要坚决查处。对那些大胆改革，勇于负责，但一时不为人们所理解的同志和那些本质、主流好，但工作中有某些缺点、错误的同志，要公正对待，热情帮助，注意保护他们的积极性。对调整下来的企业领导人员，要做好思想工作，注意发挥他们的作用。与此同时，要大力改革企业领导人员的选拔任用制度，通过竞争择优，选拔政治强、懂经营、会管理，具有开拓精神的同志充实领导班子。要进一步解放思想，打破论资排辈的旧观念，发现和大胆起用优秀的年轻人才。可在党政机关中选拔一些政治素质好，适合企业工作的同志到企业担任领导职务。企业之间要进行人才交流，可以从管理水平高、经济效益好的企业，选拔一些能力强的同志到亏损、困难企业工作；也可以从亏损、困难企业选拔有培养前途的年轻同志和中层管理人员到先进企业挂职学习。要积极探索通过市场配置企业经营管理者的有效途径。在对领导班子进行组织调整时，既要注意充实年富力强的同志，在年龄上又不要搞“一刀切”。

抓紧落实企业管理人员“九五”培训《纲要》，加强对国有企业领导人员的培训。结合对国有企业领导班子的考核、建设工作，把对企业领导人员的培训提到重要的议事日程上来。各级经济综合管理部门要会同组织、人事部门作出培训规划，并认真组织实施。对新担任企业领导职务的人员应优先安排培训。大中型企业中逐步推行工商管理职业资格认证制度和持证上岗制度。

要进一步完善领导班子建设的各项制度，切实加强对领导人员的管理和监督。要坚持和健全重大问题民主科学决策制度、企业党组织参与重大问题决策制度。在领导班子内部，要健全工作制度和工作程序；健全学习制度、民主生活会制度、廉洁自律制度；职工代表大会和职工群众对企业领导人员进行民主监督的评议制度。要在总结经验的基础上，制定《国有企业领导人员管理条例》，建立健全企业领导人员的选拔任用、考核、奖惩、监督、培训、交流、回避等一整套管理制度。要根据建立现代企业制度的要求，理顺企业领导人员管理体制。各级党委组织部门要切实负起责任，对国有企业领导班子和领导人员加强宏观管理。

五、加强对国有企业领导班子考核、建设工作的组织领导

各级党委和政府要高度重视国有企业领导班子的考核、建设工作，切实加强对这一工作的组织领导。各省、自治区、直辖市，要成立专门的协调机构，由一名党委或政府领导同志牵头，有关部门的负责同志参加，负责指导协调本地区国有企业领导班子的考核、建设工作。直属企业较多的中央国家机关部委、总公司，要有专人负责这项工作，也可以成立必要的机构。

各地、各部门要立即着手制定工作计划，选派得力人员、抓紧工作，力争在今年年底完成大部分企业的考核、调整任务，明年上半年基本完成。对1995年以来按照中共中央组织部、国家经贸委、人事部《关于加强国有企业领导班子建设的意见》（组通字〔1995〕27号）进行过认真考核的国有企业领导班子，情况已基本清楚的，可以在原来考核的基础上，针对存在的问题进行整改，进一步加强领导班子建设。这项工作有一定基础的地区和部门，在保证质量的前提下，可适当加快进度。

各地、各部门的党政领导要切实加强对国有企业领导班子考核、建设工作的指导。各有关方面要密切配合，通力协作，加强组织协调，及时解决遇到的问题，共同做好这一工作。要加强分类指导，工作务求实效，切忌走过场。在对领导班子进行考核、建设的过程中，要注意加强思想政治工作，调动企业领导人员的积极性，稳定企业干部职工的思想情绪，促进企业当前的生产经营。要加强督促检查，及时总结推广好的经验，宣传好的典型。注意加强联系，各地、各部门在工作中遇到新情况、新问题，及时告知全国加强国有企业领导班子建设协调小组办公室。

中共中央组织部　国家经贸委

人事部　全国总工会

一九九七年三月三日

关于加强医疗卫生单位职工民主管理工作的若干意见

（总工发〔1997〕12号　全国总工会、卫生部1997年4月30日印发）

为进一步落实党的全心全意依靠工人阶级的根本指导方针，充分调动医疗卫生战线广大职工的积极性和创造性，全面贯彻落实《中共中央、国务院关于卫生改革与发展的决定》精神，推动社会主义市场经济条件下卫生事业的改革与发展，更好地为我国的经济建设与社会进步服务，现就加强医疗卫生单位职工民主管理工作提出以下意见：

一、加强医疗卫生单位职工民主管理工作是卫生事业改革与发展的要求

1. 改革开放以来，在邓小平建设有中国特色社会主义理论的指引下，我国卫生事业取得了举世瞩目的成就。卫生系统广大职工在党的路线方针政策的指引下，勤奋工作，自觉奉献，为保护和增进人民健康，为国家经济建设和社会进步作出了重要贡献。根据《国民经济与社会发展的“九五”计划和2010年远景目标》提出的各项任务，今后15年将是我国社会主义现代化建设的关键时期。随着社会主义市场经济体制的建立和日趋完善，卫生事业改革与发展也将进入新的历史时期。在完成《中共中央、国务院关于卫生改革与发展的决定》所确定的各项任务中，卫生系统广大职工是卫生事业改革与发展的主力军。新的卫生运行机制、管理体制和卫生服务体系的建立和完善，都离不开卫生系统广大职工的积极支持和参与。因此，必须进一步加强各医疗卫生单位职工民主管理工作，组织和发动职工群众以主人翁的姿态支持和参与卫生事业的改革和发展。这是实现卫生事业改革与发展奋斗目标的重要保证。

2. 在我国卫生事业由计划经济条件下的运行机制和服务体系向适应社会主义市场经济方向转变过程中，一些重大改革措施，不仅与广大人民群众的切身利益有着密切关系，也与医疗卫生单位职工群众的切身利益息息相关。因此，进一步加强医疗卫生单位职工民主管理工作，保障职工依法行使民主参与、民主管理和民主监督的权利，使职工的主人翁地位和权利在改革过程中得以充分体现，这是卫生系统广大职工的迫切要求。

二、建立健全以职工代表大会为基本形式的职工民主管理制度

3. 医疗卫生单位在实行院（站、所）长负责制的同时，必须建立健全职工代表大会（或职工大会，下同）制度和其他民主管理制度，保障职工参与本单位重大问题的决策，行使民主监督和维护职工合法权益方面的权利。

4. 职工代表大会是各医疗卫生单位实行民主管理的基本形式，是职工行使民主管理权力的机构。随着卫生事业改革的不断深入，要进一步坚持职工代表大会制度并在实践中不断完善和发展。职工代表大会每年应至少召开一次。工会是职工代表大会的工作机构，负责职工代表大会的日常工作。在职工代表大会闭会期间，要充分发挥职工代表大会团（组）长和职代会专门委员会（小组）的作用，保证日常民主管理工作的正常进行。

5. 职工代表大会的职权是：

（1）听取院（站、所）长工作报告，讨论审议院（站、所）发展的长远规划和奋斗目标、年度工作计划和总结、财务预决算、基建投资项目和大型仪器购置、职工培训计划、业务招待费使用情况并提出意见和建议。

（2）审议通过岗位责任制、职工工资奖金分配方案、涉及职工切身利益的改革方案、劳动保护措施、职工奖惩办法及其他重要规章制度。

（3）审议决定职工住房分配方案、福利基金使用方案和其他有关职工福利的重大事项。

（4）评议监督院（站、所）领导干部。评议工作要在职工代表大会上进行，每年至少进行一次，要把评议结果作为奖惩、任免领导干部的重要依据。

（5）根据主管部门决定，民主选举院（站、所）领导人员。

6. 职工代表大会代表应由基层职工民主选举产生，中层以上领导干部所占比例不超过职工代表总数的四分之一，一线医务人员代表的比例应占半数以上。职工代表大会要在规定的范围内行使职权，依法保障和维护职工合法权益。职工代表大会要宣传、动员、教育职工支持和参与改革，广泛发动职工群众，圆满完成本单位的各项工作。

7. 各级领导干部要增强民主意识，重视职工代表大会工作，要尊重职工代表的意见，自觉履行职工代表大会决议，接受职工群众的监督。

三、要在坚持和完善职工代表大会制度的同时，不断探索和完善职工民主管理的其他形式

8. 随着卫生事业改革的深入，要积极探索与新型卫生体制相适应的职工民主管理有效形式和途径，在建立健全职工代表大会制度的同时，要继续完善和发展如院长接待日、民主协商会、职工代表视察等其他形式的职工民主管理，使职工民主管理工作贯穿整个卫生事业改革的全过程。

9. 院（站、所）务会在研究决定涉及职工切身利益的重大问题时，要吸收职工代表参加，认真听取职工代表意见，促进民主与科学决策。

10. 在完善院（站、所）级职工民主管理工作的同时，要积极拓展职工民主管理工作领域，形成不同层次的民主管理工作网络。较大单位的科室和班组可根据实际情况，分别采取职工大会和民主管理小组的形式，积极开展相应的活动。

11. 非公立卫生机构要建立健全工会组织，通过会员代表大会及其他形式实行职工民主管理。

12. 实行企业化管理或建立了劳动合同关系的单位，应按照《中华人民共和国劳动法》的有关规定建立平等协商和集体合同制度，集体合同草案需经职工代表大会讨论通过。

四、加强对卫生系统职工民主管理工作的领导

13. 在卫生事业改革与发展的新形势下，为使工会更好地发挥党联系群众的桥梁和纽带作用，承担起职工代表大会工作机构的任务，各医疗卫生单位要认真贯彻落实《中共中央关于加强和改善党对工会、共青团、妇联工作领导的通知》（中发〔1989〕12号文件）精神，高度重视工会工作，定期研究工会工作，帮助工会解决工作中的困难和问题；要按照《中华人民共和国工会法》和《中国工会章程》的规定，建立健全工会组织，完善工会工作制度，支持工会在党组织领导下依照法律和章程独立自主地开展工作。

14. 要按照干部“四化”标准选配好工会领导班子。要选拔那些政治素质好，懂业务，密切联系群众，热爱工会工作的干部，通过民主选举来担任工会领导职务。工会主席应按同级党政副职来配备，工会副主席应按中层正职来配备。工会主席是党员的，应通过选举进入党委会或党委常委会。工会主席应参加院（站、所）长办公会议。工会主席、副主席任期未满，不得随意调动工作。确因工作需要调动时，应当事先征得本级工会委员会和上一级工会的同意。根据工会组织的性质、特点和工作任务，行政领导一般不宜兼任工会主席。

15. 医疗卫生单位职工在200人以上的，应配备一名专职工会主席。基层工会专职干部的编制，应不低于本单位职工人数的千分之三。各单位要按照《工会法》的规定，按月足额拨交工会经费，要为工会组织在办公和组织职工活动等方面提供场所和条件。要保障兼职工会干部从事工会工作的时间。工会干部在提拔任用、评选劳模、评定职称、分配住房、享受津贴等方面应与同级干部一视同仁。

16. 各级卫生主管部门党组织和工会领导机关要深入基层，调查研究，加强对基层工会工作和职工民主管理工作的领导。要把职工民主管理工作列入对医疗卫生单位的工作考核内容，没有建立职工代表大会制度的单位不得参加医疗卫生单位的等级评比。在机构改革中，要从实际出发，合理设置工会工作机构和人员，不得把工会机构随意撤销、合并或归属其他部门。工会的财产、经费和国家拨给工会使用的不动产，不得侵占、挪用和调拨。工会所属的为职工服务的企事业单位，其隶属关系不得随意改变。

17. 医疗卫生单位的工会组织，要认真贯彻党的基本路线和基本方针，紧紧围绕卫生事业改革和发展的大局开展工作，按照新时期工会工作总体思路的要求，认真履行工会的基本职责和各项社会职能，密切联系群众，为职工说话办事，维护职工的合法权益。党政工团齐心协力，搞好本单位的两个文明建设。要广泛开展社会主义劳动竞赛与合理化建议活动，大力培育“四有”职工队伍，牢固树立全心全意为人民健康服务的思想，形成良好的医德医风，不断改善服务态度，提高服务质量，为全面落实《中共中央、国务院关于卫生改革与发展的决定》提出的各项任务而努力奋斗。

全国总工会关于加强国有小企业改革中工会工作的意见（试行）（摘录）

（总工发〔1998〕4号　1998年3月11日）

四、坚持和完善企业职工民主管理、民主参与制度

9. 小企业改制为国有独资公司，或公有产权占控股地位的有限责任公司和股份有限公司，要进一步贯彻落实《公司法》以及全总、国家体改委和经贸委联合下发的《关于国务院确定的百家现代企业制度试点中工会工作和职工民主管理的实施意见》（总工发〔1996〕6号），依法继续坚持和完善职工代表大会制度，依照有关规定选举职工代表参加董事会和监事会。职工代表大会必须按期召开，认真行使法律赋予的各项职权。当前特别强调做到两点：一是凡与职工切身利益直接有关的劳动用工、工资分配、保险福利、劳动保护等重大问题，以及集体合同文本，必须向职代会报告，提交职代会讨论、通过或决定；二是坚持职代会每年一次对企业领导干部进行民主评议、民主测评，领导干部必须就个人廉洁自律情况和企业业务招待费使用情况等向职代会报告，接受职工群众监督。

10. 国有小企业实行承包、租赁经营的，参照国有企业职代会条例，继续实行职工代表大会制度。在实行承包、租赁经营时，基层工会可以代表职工就改制后企业职工代表大会的职责权限，以及职工民主管理的其他形式，与承包和租赁经营者进行协商，并写入承包和租赁合同。

11. 改制后成为外商投资企业的，要依照有关外商投资企业的规定建立职工民主参与制度。可以通过职工代表大会，也可以通过工会会员（代表）大会或工会委员会等形式，组织职工民主参与企业管理。工会主席应依法参加或列席董事会、总经理办公会等公司管理机构的会议，反映工会和职工对企业的意见、建议与要求。

12. 改制为私营企业的，必须依法保障职工在企业的民主权利。可以通过职工代表大会，也可以通过工会会员（代表）大会或工会委员会，组织职工群众参与企业管理。

13. 股份合作制企业实行民主管理。企业职工既是企业的劳动者，又是企业的出资人，不仅有权决定与自己切身利益有关的问题，而且有权民主决定包括生产经营在内的企业一切重大问题。企业的董事会和监事会成员必须民主选举产生。这是股份合作制企业的性质决定的，政府的有关法规已经作了明确规定。各级工会要充分认识和适应股份合作制企业职工民主管理制度的这一重要变化。目前在股份合作制企业，有些继续实行职工代表大会制度，由职工代表大会行使股东大会权利；有些职工代表大会和股东大会并存，或两会合并召开，或分别召开，各按有关法律法规行使职权；也有的企业实行职工股东大会制度，兼有职代会和股东大会的职权，职工享有平等权利，实行一人一票的表决方式，企业工会是工作机构。目前股份合作制仍处于发展完善过程中，企业职工民主管理的形式可以继续实践，积极探索。

14. 股份合作制企业的职工民主管理不论采取什么形式，都必须切实保障职工的主人翁地位，保证职工享有以下权利：

——对企业重大投资、决策、年度预决算、利润分配等事项的决定权；

——对企业经营者经营业绩的考核、评议和监督权；

——对企业法定代表人、董事会成员的民主选举权；

——对企业工作条件、工资标准、保险福利、规章制度等事项的协商决定权；

——审议通过集体合同。

必须坚持工会作为职工民主管理的工作机构。

关于推行厂务公开制度的通知

（中纪发〔1999〕3号）

各省、自治区、直辖市和计划单列市纪委、经贸委（经委、计经委）、总工会，新疆生产建设兵团：

近年来，为贯彻党的十四大、十五大精神，坚持依靠职工群众办好企业，各地有一批企业实行了厂务公开制度。这不仅使基层民主政治建设上了新台阶，而且调动了广大职工当家做主的积极性，使企业的管理和效益达到了新水平，创造了职工民主管理和民主监督工作宝贵的新鲜经验。去年下半年，全国各省、区、市在推行厂务公开方面加大了工作力度，取得了明显成效。

天津市纪委、市委组织部和市总工会联合下发了实行厂务公开、加强民主管理制度的实施意见，目前全市已有80%的国有企业推行了这项制度。中共河北省委先后召开了厅局级以上干部大会和全省电视电话会议，并以省委名义下发了《关于推行厂务公开民主监督制度的实施意见》，要求1999年年底前河北省国有及国有控股企业推行面达到100%。辽宁省纪委、经贸委、总工会联合召开了“厂务公开，民主议事，民主监督，深化民主管理现场经验交流会”，并联合下发了有关文件，对辽宁省推行厂务公开制度提出了明确要求。北京市纪委、总工会与有关部门联合召开了有基层单位党、政、工负责人参加的千人大会，对在北京市推行厂务公开作了具体部署，市委领导到会并讲话。其他一些省、区、市也在抓紧调查研究，制定文件，组织试点，积极进行部署。

最近中央领导同志又对中共全国总工会党组的一份报告作了重要批示，指出实行厂务公开，加强职工民主管理，是加强企业基层民主政治建设的好形式，应总结经验，逐步推开。为了认真贯彻中央经济工作会议精神和中央领导同志关于推行厂务公开的批示精神，进一步总结经验，扩大试点，逐步推开，现就在全国范围推行厂务公开制度通知如下：

一、要充分认识实行厂务公开的重要意义。实行厂务公开是贯彻党的十五大精神，加强基层民主政治建设的重要形式；是落实党的全心全意依靠工人阶级指导方针，坚持和完善以职工代表大会为基本形式的企事业民主管理、民主监督制度的有效途径。实行厂务公开，有利于加强企业党风廉政建设，密切党群、干群关系；有利于加强企业管理，堵塞企业管理的漏洞；有利于激发职工主人翁责任感，调动职工积极性，推动企业改革、发展和稳定，实现国有企业三年改革与脱困目标。各级党委、政府及有关部门和工会组织，要增强责任感，切实把这项工作摆上重要议事日程，结合本地区本单位实际情况，及时作出安排和部署。

二、国有企业、集体企业以及国家和集体控股的企业是推行厂务公开制度的重点，要有领导、有计划、有步骤地加以推行。已经进行厂务公开试点的地方，要及时总结经验，加以规范，提出要求，逐步推广；没有进行厂务公开试点的地区，应抓紧试点。

三、推行厂务公开要在党委统一领导下进行。纪委、经贸委、工会等有关方面要通力合作，指导企业搞好厂务公开。各级工会组织要积极主动地承担厂务公开的日常工作。为了加强对全国推行厂务公开工作的组织领导，经中央领导同志同意，由中共中央纪委、国家经贸委、全国总工会有关负责同志组成“全国厂务公开协调小组”，下设“全国厂务公开协调小组办公室”，负责推行厂务公开制度工作的日常工作。办公室工作人员由中共中央纪委、国家经贸委、全国总工会派人组成。办公地点在全国总工会。办公室将不定期编发《厂务公开信息》及增刊，以沟通信息，交流经验，指导工作。

四、拟于今年4月份在天津市召开“全国推行厂务公开经验交流会”。会上将请一些企业介绍实行厂务公开的经验，包括如何加强领导，因地制宜地确定厂务公开的内容，建立厂务公开的有效机制；如何坚持和完善以职工代表大会为基本形式的职工民主管理、民主监督制度；如何加强党风廉政建设，改善党群、干群关系；如何加强企业管理，促进企业改革、发展和稳定，等等。会议还将请一些省、自治区、直辖市党委、政府和工会组织介绍如何指导企业推行厂务公开的经验。届时，将请党中央、国务院领导同志到会作重要指示，中共中央纪委、国家经贸委和全国总工会领导同志也将发表讲话。会议还将讨论修改《关于实行厂务公开的指导意见》。

中共中央纪律检查委员会　国家经济贸易委员会　中华全国总工会

1999年2月4日

教育部、中华全国总工会关于全面推进校务公开工作的意见

（教监〔2002〕1号　2002年2月6日）

各省、自治区、直辖市党委教育工作部门、教育厅（教委）、总工会，部属各高等学校：

在党的十五大精神指引下，在各级党委的领导下，全国各级各类学校的校务公开工作普遍展开，有力地推动了教育的改革和发展。为了进一步加强领导，全面推进校务公开工作，特提出如下意见：

一、充分认识全面推进校务公开工作的重要意义

全面推进校务公开，是贯彻落实江泽民同志“三个代表”重要思想和党的十五届六中全会精神，推进依法治国和社会主义民主政治建设的必然要求；是在学校工作中依靠教职工办好学校，实现决策民主化、科学化的重要举措；是调动教职工积极性，维护教职工合法权益，深化教育改革、确保稳定和发展的有效途径；是加强学校党风廉政建设和行风建设，进一步密切学校党群、干群关系的客观需要。各级各类学校的党政领导要站在讲政治的高度，充分认识全面推进校务公开工作的重要意义，主动适应新形势下社会主义民主政

治建设的新要求，把校务公开工作提到重要位置上来。

二、切实加强对校务公开工作的领导

全面推进校务公开，要以邓小平理论和江泽民同志“三个代表”重要思想为指导，根据各级各类学校的特点，确定校务公开的领导体制和工作机制，形成党委统一领导，学校行政主持，纪检、监察、工会协调、监督，业务部门各负其责，教职工群众积极参与的工作格局。要建立党委领导下的校务公开领导小组，有组织、有领导、有计划、积极稳妥地推进校务公开工作。要确定有关部门参加的校务公开办事机构，明确职责分工，积极协调和参与校务公开的工作。

学校行政领导要积极主动地落实校务公开的各项规定，真正负起实施校务公开的责任。各级教育行政部门要积极实行政务公开，充分发挥表率作用和指导作用。

学校党委要切实加强对工会、教代会的领导，充分发挥工会、教代会（或教职工大会，下同）在校务公开中的作用。坚持通过多种形式实行校务公开。

各级教育工会要积极主动参与校务公开工作，搞好调查研究，充分发挥桥梁纽带作用。

三、校务公开工作要围绕中心，突出重点，注重实效

各地各校应把学校工作的重点、难点、教职工群众和社会关心的热点问题，作为校务公开的重要内容，努力做到政策公开、过程公开、结果公开。除按规定必须保密的事项外，学校的发展规划、改革方案、教职工聘任办法、教职工奖惩办法、经费预决算、教职工购（建）房方案、住房公积金、养老金、医疗保险和其他社会保障基金等涉及教职工切身利益的重大问题，都应通过多种形式让教职工参与和知道。该向社会公开的要向社会公开。要保证公开的真实性，防止随意性，要注重实效，不搞形式主义。

四、加强和完善校务公开工作的制度化、规范化建设

校务公开是一项关系重大、政策性很强的工作。要逐步建立健全校务公开的各项制度和监督检查办法，坚持公开原则的确定性与公开步骤的渐进性相结合、公开内容的真实性与公开形式的多样性相结合，在实践中不断完善校务公开的工作制度，规范校务公开的程序，确保校务公开健康有序地进行。

五、加强对校务公开的监督检查

教育系统各级行政部门要把校务公开纳入学校目标管理之中，作为检查督导学校工作的重要内容。定期组织教职工代表对校务公开情况进行评估。监督部门要本着对党负责、对教职工群众负责的态度，深入了解教职工的呼声和要求，对校务公开工作实行有效监督，确保校务公开的真实性和实效性。

校务公开是一项长期工作。各级各类学校要不断了解新情况，研究新问题，总结新经验，用改革、创新精神，不断拓展和充实校务公开的内容，提高校务公开的水平。

各地各校可根据本地、本校的实际情况，制订推进校务公开的工作计划和实施办法。有关校务公开工作的情况、效果和遇到的问题要及时向教育部和全国总工会报告。

中共中央办公厅、国务院办公厅关于在国有企业、集体企业及其控股企业深入实行厂务公开制度的通知

（中办发〔2002〕13号　2002年6月3日）

各省、自治区、直辖市党委和人民政府，中央和国家机关各部委，军委总政治部，各人民团体：

党的十五大以来，不少地方和企业在推行厂务公开方面积极实践，取得了明显成效和成功经验。为了更好地扩大基层民主、保证人民群众直接行使民主权利，实践江泽民同志“三个代表”重要思想，落实全心全意依靠工人阶级的指导方针，巩固、深化和规范厂务公开工作，促进企业的改革、发展和稳定，经党中央、国务院领导同志同意，现就在全国国有企业、集体企业及其控股企业深入实行厂务公开制度的有关问题通知如下：

一、厂务公开的重要意义、指导原则和总体要求

广大职工依照有关法律和规定参与企业的民主决策、民主管理、民主监督，是我国企业管理的重要特色和优势。党的十五大特别是十五届四中全会以来，一批企业通过实行厂务公开，加强了企业的管理和改革，完善了职工代表大会制度，促进了基层民主政治建设，提高了企业经济效益。实践证明，实行厂务公开是实践“三个代表”重要思想的具体体现，是进一步落实党的全心全意依靠工人阶级指导方针的有效途径；是加强企业管理，建立现代企业制度，依靠职工办好企业的内在要求；是搞好群众监督，促进党风廉政建设，加强企业党组织建设、领导班子建设的有力手段。实行厂务公开，对于推进基层民主政治建设，保障和落实职工当家做主的民

主权利；维护职工合法权益，建立企业稳定协调的劳动关系；密切党与企业职工群众的关系，巩固党的阶级基础和执政地位；保护、调动和发挥广大职工的主人翁积极性，增强其责任感，促进企业的改革、发展和稳定，具有重要的意义和作用。

实行厂务公开的指导原则是：

——必须坚持以邓小平理论为指导，按照“三个代表”的要求，认真贯彻党的十五大和十五届四中、五中、六中全会精神，坚定不移地贯彻落实党的全心全意依靠工人阶级的指导方针。

——必须遵循国家法律、法规和党的方针政策，实事求是、注重实效、有利于改革发展稳定和保护商业秘密。

——必须坚持党委统一领导，党政共同负责，有关方面齐抓共管，动员职工广泛参与。

——必须与企业党的建设、领导班子建设、职工队伍建设结合起来，与建立现代企业制度结合起来。

实行厂务公开的总体要求是：

1. 国有企业、集体企业及其控股的企业都要实行厂务公开。目前还没有实行的单位应尽快实行；已经实行的，要进一步深化，逐步使其内容、程序、形式规范化、制度化。特别是生产经营困难的企业更应当实行厂务公开，动员和依靠职工群众与经营者共同把企业搞好。

2. 在厂务公开工作中，要切实做好企业领导人员和职工的思想工作。企业领导人员要提高认识，自觉地把厂务公开摆到重要工作位置，纳入现代企业管理的体制、机制和制度之中。要鼓励职工积极参与厂务公开活动，支持和监督企业经营者依法行使职权，认真行使当家做主的民主权利。要加强对职工代表的培训，不断提高他们参与民主决策、民主管理和民主监督的意识和能力。

3. 在厂务公开工作中，必须坚决防止和克服形式主义，保证公开的真实性，务求工作实效。要切实做到企业重大决策必须通过厂务公开听取职工意见，并提交职代会审议，未经职代会审议的不应实施；涉及职工切身利益的重大事项，更应向职工公开，职代会按照法律法规规定具有决定权和否决权，既未公开又未经职代会通过的有关决定视为无效；在国有和国有控股企业，经职代会民主评议和民主测评，大多数职工不拥护的企业领导人员，其上级管理部门应采取相应的组织措施；企业领导人员违反职代会决议和厂务公开的有关规定，导致矛盾激化，影响企业和社会稳定的，要实行责任追究。

二、厂务公开的主要内容

1. 企业重大决策问题。主要包括企业中长期发展规划，投资和生产经营重大决策方案，企业改革、改制方案，兼并、破产方案，重大技术改造方案，职工裁员、分流、安置方案等重大事项。

2. 企业生产经营管理方面的重要问题。主要包括年度生产经营目标及完成情况，财务预决算，企业担保，大额资金使用，工程建设项目的招投标，大宗物资采购供应，产品销售和盈亏情况，承包租赁合同执行情况，企业内部经济责任制落实情况，重要规章制度的制定等。

3. 涉及职工切身利益方面的问题。主要包括劳动法律法规的执行情况，集体合同、劳动合同的签订和履行，职工提薪晋级、工资奖金分配、奖罚与福利，职工养老、医疗、工伤、失业、生育等社会保障基金缴纳情况，职工招聘，专业技术职称的评聘，评优选先的条件、数量和结果，职工购房、售房的政策和住房公积金管理以及企业公积金和公益金的使用方案，安全生产和劳动保护措施，职工培训计划等。

4. 与企业领导班子建设和党风廉政建设密切相关的问题。主要包括民主评议企业领导人员情况，企业中层领导人员、重要岗位人员的选聘和任用情况，干部廉洁自律规定执行情况，企业业务招待费使用情况，企业领导人员工资（年薪）、奖金、兼职、补贴、住房、用车、通信工具使用情况，以及出国出境费用支出情况等。

厂务公开的内容应根据企业的实际情况有所侧重。既要公开有关政策依据和本单位的有关规定，又要公开具体内容、标准和承办部门；既要公开办事结果，又要公开办事程序；既要公开职工的意见和建议，又要公开职工意见和建议的处理情况，使厂务公开始终在职工的广泛参与和监督下进行。要密切结合企业改革和发展的实际，及时引导厂务公开不断向企业生产经营管理的深度和广度延伸，推动企业不断健全和完善管理制度、党风廉政建设制度和职工民主管理制度。

三、厂务公开的实现形式

厂务公开的主要载体是职工代表大会。要按照有关规定，认真落实职代会的各项职权。要通过实行厂务公开，进一步完善职代会民主评议企业领导人员制度，坚持集体合同草案提交职代会讨论通过，企业业务招待费使用情况、企业领导人员廉洁自律情况、集体合同履行情况等企业重要事项向职代会报告制度，国有及国有控股的公司制企业由职代会选举职工董事、职工监事制度等，不断充实和丰富职代会的内容，提高职代会的质量和实效，落实好职工群众的知情权、审议权、通过权、决定权和评议监督权，建立符合现代企业制度要求的民主管理制度。

在职代会闭会期间，要发挥职工代表团（组）长联席会议的作用。车间、班组的内部事务也要实行公开。应依照厂务公开的规定，制定车间、班组内部事务公开的实施办法。

厂务公开的日常形式还应包括厂务公开栏、厂情发布会、党政工联席会和企业内部信息网络、广播、电视、厂报、墙报等，并可根据实际情况不断创新。同时，在公开后应注意通过意见箱、接待日、职工座谈会、举报电话等形式，了解职工的反映，不断改进工作。

四、厂务公开的组织领导

各级党委、政府及有关部门和工会组织，要充分认识实行厂务公开的重要意义，切实把这项工作摆上重要议事日程，明确目标，落实责任，有组织、有计划、有步骤地推动厂务公开工作深入健康发展。各级纪检监察机关要加强对推行厂务公开工作的监督检查，对在厂务公开中暴露出来的违法违纪问题要严肃查处。各级党委组织部门要把推行厂务公开作为企业党建工作的重要内容，将实施情况作为考核企业领导班子和领导人员的重要依据，并与奖惩任免挂钩。各级经贸委要把推行厂务公开与加强企业管理和建立现代企业制度有机结合起来，切实加以推进。各级地方工会要积极主动地承担起推行厂务公开的日常工作，并以此促进企业民主管理和工会工作。

企业实行厂务公开要在企业党委领导下进行。企业行政是实行厂务公开的主体。企业要建立由党委、行政、纪委、工会负责人组成的厂务公开领导小组，负责制定厂务公开的实施意见，审定重大公开事项，指导协调有关部门研究解决实施中的问题，做好督导考核工作，建立责任制和责任追究制度。企业工会是厂务公开领导小组的工作机构，负责日常工作。

企业应成立由纪检、工会有关人员和职工代表组成的监督小组，负责监督检查厂务公开内容是否真实、全面，公开是否及时，程序是否符合规定，职工反映的意见是否得到落实，并组织职工对厂务公开工作进行评议和监督。要制定厂务公开的监督检查办法，形成制约和激励机制。

国有、集体及其控股企业以外的其他企业，可依照法律规定，采取与本单位相适应的形式实行厂务公开，推进民主管理工作。

本通知原则上适用于教育、科技、文化、卫生、体育等事业单位。

各地区、各单位要根据本通知的要求，结合各自的实际情况，制定具体的实施意见和办法。

中华全国总工会关于进一步加强非公有制企业职工民主管理工作的通知

（总工发〔2004〕41号　2004年9月28日）

各省、自治区、直辖市总工会，各全国产业工会，中共中央直属机关工会联合会，中央国家机关工会联合会，全总各部门、各直属单位：

近年来，为适应我国非公有制经济迅速发展的新形势，切实维护非公有制企业职工的合法权益，建立协调稳定的劳动关系，促进非公有制经济的健康发展，各级工会组织积极探索在非公有制企业中实行以职代会为基本形式的多种职工民主管理的有效途径，积累了丰富的经验，取得了良好的效果，发挥了很好的作用。为进一步加强非公有制企业职工民主管理工作，现就有关事项通知如下。

一、提高认识，把推动非公有制企业职工民主管理作为一项重要任务来抓

非公有制企业实行职工民主管理，是由我们党和国家的性质决定的。工人阶级是党的阶级基础，是国家的领导阶级。广大职工群众参与国家、社会事务和企事业管理，是宪法和法律赋予的权利。非公有制企业的职工是我国工人阶级的重要组成部分，应当按照法律和政策的规定参与企业民主决策、民主管理和民主监督。

进一步加强非公有制企业职工民主管理，是践行邓小平理论和“三个代表”重要思想，贯彻党的十六大和十六届三中、四中全会精神，实现以人为本、坚持科学发展观的内在要求；是贯彻落实党的全心全意依靠工人阶级指导方针，依靠职工办好企业的重要举措；是加强基层民主政治建设，巩固党的执政基础的重要途径；是建立现代企业制度，促进非公有制企业健康发展的客观需要。

各级工会要充分认识加强非公有制企业职工民主管理的重要性，按照“组织起来、切实维权”的要求，在党委的领导下，以高度的责任感，把推进非公有制企业职工民主管理作为一项重要任务来抓，加大在非公有制企业推行职工民主管理工作的力度，努力开创非公有制企业职工民主管理工作的新局面。

二、以改革创新精神，积极探索非公有制企业以职工代表大会为基本形式的职工民主管理的有效途径

职工代表大会（以下简称职代会，包括职工大会）是有中国特色的职工民主管理制度，是包括非公有制企业在内的所有企业职工民主管理的基本形式。要结合企业实际，积极探索适合非公有制企业性质和特点的职代会运行的具体办法。

非公有制企业的职代会依法行使知情、参与、监督等民主管理的权利，具体职权是：

（1）听取企业生产经营和改革发展情况的报告，涉及企业职工切身利益的重要事项落实情况的报告，提出意见和建议。

（2）审议通过工会与企业行政平等协商的有关职工工资、工作时间、休息休假、劳动安全卫生、保险和福利、女职工和未成年工保护、奖惩办法、裁员方案等涉及职工切身利益重大问题的集体合同或专项集体合同草案，审议企业重要规章制度草案，做出同意或否决的决定。

（3）监督企业贯彻执行国家法律和政策的情况，监督企业实行厂务公开和执行职代会决议的情况，监督企业依法缴纳社会保险费的情况。

（4）法律、政策和企业制度规定以及企业授权和集体协商议定的其他权利。

非公有制企业的工会委员会，代表和组织职工参加民主管理，负责筹备、组织、主持召开职代会，并承担其日常工作。

小型非公有制企业集中的乡镇（街道）、村（社区）、开发区、科技园区、工业园区，可以通过建立联合职代会或区域（行业）职代会制度，协商解决带有共性的问题，审议通过区域（行业）集体合同、工资集体协议等草案。

非公有制企业可结合本企业的实际，通过建立健全平等协商和集体合同制度、厂务公开制度、职工民主管理委员会、民主议事会、劳资恳谈会、民主协商会等多种形式，组织职工实施民主管理。各种民主管理形式都要做到职工认可、制度健全、运作规范。

设立董事会、监事会的非公有制企业，应当建立健全职工董事和职工监事制度。职工董事、职工监事由职工代表大会民主选举产生，对职工代表大会负责。

三、加强领导，努力推进非公有制企业职工民主管理工作

各级工会要切实加强对非公有制企业职工民主管理工作的领导，把这项工作摆上重要议事日程，作为强化工会维权机制、做好基层工会工作的重要载体和抓手，明确目标，突出重点，加大力度，整体推进，取得实质性进展。

积极推进职工民主管理的立法工作。推动企业职工民主管理条例的制定，为普遍建立以职代会为基本形式的职工民主管理制度提供法律保障。要在各地制定《工会法》实施办法和职工民主管理指导性文件，部分地方颁布企业职工民主管理以及职代会、厂务公开等地方法规的基础上，进一步推进职工民主管理的地方立法。

加强调查研究，实行分类指导。要对非公有制企业民主管理情况进行深入系统的调查研究，提出推进和指导工作的意见。要坚持从实际出发，有步骤、分阶段地推进工作，有针对性地解决不同类型非公有制企业民主管理的实际问题。要尊重群众的首创精神，及时发现和培养典型，总结推广先进经验，发挥先进典型的示范和促进作用。

要坚持党的领导，积极争取行政的支持，动员广大职工群众广泛参与，共同推进非公有制企业民主管理。要加强与党政有关部门以及企业代表组织、工商联的联系与合作，形成齐抓共管、合力推进的工作格局。要把企业职工民主管理工作融入到基层党的建设、职工队伍建设之中，与企业树立以人为本的先进经营管理理念、创建良好的企业文化、推行先进管理方法结合起来。要借助社会力量，发挥政府与工会的联席（联系）会议、劳动关系三方协商机制的作用，推动企业职工民主管理深入发展。

切实抓好非公有制企业职工民主管理的基础工作。深入开展非公有制企业职工民主管理的理论和政策研究，为这项工作提供理论依据和政策支持。加大对非公有制企业职工民主管理的宣传力度，努力扩大社会影响，营造良好的社会氛围。加大对工会干部和职工代表的培训力度，提高他们组织开展民主管理的能力。

中华全国总工会关于进一步推行职工董事、职工监事制度的意见

（总工发〔2006〕32号　2006年5月31日）

为了推动建立和完善中国特色的现代企业制度，保障职工民主决策、民主管理、民主监督的权利，建立和谐稳定的劳动关系，促进企业健康发展，根据《中华人民共和国公司法》有关规定，现就进一步推行职工董事、职工监事制度，提出以下意见：

一、充分认识推行职工董事、职工监事制度的重要性和必要性

职工董事、职工监事制度，是依照法律规定，通过职工代表大会（或职工大会及其他形式，下同）民主选举一定数量的职工代表，进入董事会、监事会，代表职工行使参与企业决策权利、发挥监督作用的制度。凡依法设立董事会、监事会的公司都应建立职工董事、职工监事制度。

推行职工董事、职工监事制度，是贯彻落实党的十六大和十六届三中、四中、五中全会精神，牢固树立和落实科学发展观，加强社会主义民主政治建设，构建社会主义和谐社会的重要举措；是建立现代企业制度，完善公司法人治理结构的重要内容；是维护职工合法权益，调动和发挥职工的积极性和创造性，建立和谐稳定的劳动关系，促进企业改革、发展、稳定的内在需要。建立职工董事、职工监事制度也是许多市场经济国家现代企业管理的成功经验。

各级工会一定要从实践"三个代表"重要思想、加强党的执政能力建设、落实全心全意依靠工人阶级指导方针的高度，充分认识这项工作的重要性、紧迫性，高度重视，把这项工作列入重要议事日程。

二、进一步规范职工董事、职工监事制度

（一）职工董事、职工监事人选的条件和人数比例

职工董事、职工监事人选的基本条件是：本公司职工；遵纪守法，办事公道，能够代表和反映职工的意见和要求，为职工群众信赖和拥护；熟悉企业经营管理或具有相关的工作经验，有一定的参与经营决策和协调沟通的能力。

未担（兼）任工会主席的公司高级管理人员，《公司法》中规定的不能担任或兼任董事、监事的人员，不得担任职工董事、职工监事。

董事会中职工董事与监事会中职工监事的人数和比例应在公司章程中作出明确规定。职工董事的人数一般应占公司董事会成员总数的四分之一；董事会成员人数较少的，其职工董事至少 1 人。职工监事的人数不得少于监事会成员总数的三分之一。

（二）职工董事、职工监事的产生程序

职工董事、职工监事的候选人由公司工会提名，公司党组织审核，并报告上级工会；没有党组织的公司可由上一级工会组织审核。工会主席一般应作为职工董事的候选人，工会副主席一般应作为职工监事的候选人。

职工董事、职工监事由本公司职工代表大会以无记名投票方式选举产生。职工董事、职工监事候选人必须获得全体会议代表过半数选票方可当选。

公司应建立健全职工代表大会制度，尚未建立的，应组织职工或职工代

表选举产生职工董事、职工监事，并积极筹建职工代表大会制度。

职工董事、职工监事选举产生后，应报上级工会、有关部门和机构备案，并与其他内部董事、监事一同履行有关手续。

（三）职工董事、职工监事的职责

职工董事、职工监事享有与其他董事、监事同等的权利，承担相应的义务，并履行下列职责：

职工董事、职工监事应经常或定期深入到职工群众中听取意见和建议。

职工董事、职工监事在董事会、监事会研究决定公司重大问题时，应认真履行职责，代表职工行使权利，充分发表意见。

职工董事在董事会讨论涉及职工切身利益的重要决策时，应如实反映职工要求，表达和维护职工的合法权益；在董事会研究确定公司高级管理人员时，要如实反映职工代表大会民主评议公司管理人员的情况。

职工监事要定期监督检查职工各项保险基金的提取、缴纳，以及职工工资、劳动保护、社会保险、福利等制度的执行情况。

职工董事、职工监事有权向上级工会、有关部门和机构反映有关情况。

（四）职工董事、职工监事的任期、补选、罢免

职工董事、职工监事的任期与其他董事和监事的任期相同，任期届满，可连选连任。

职工董事、职工监事在任期内，其劳动合同期限自动延长至任期届满；任职期间以及任期届满后，公司不得因其履行职责的原因与其解除劳动合同，或采取其他形式进行打击报复。

职工董事、职工监事离职的，其任职资格自行终止。职工董事、职工监事出缺应及时进行补选，空缺时间一般不得超过3个月。

职工代表大会有权罢免职工董事、职工监事。罢免职工董事、职工监事，须由三分之一以上的职工代表联名提出罢免议案。

三、正确处理职工董事、职工监事与公司工会、职代会的关系

公司工会要为职工董事、职工监事开展工作提供服务。应协调和督促公司及时向职工董事、职工监事提供有关生产经营等方面的文件和资料，协助职工董事、职工监事进行调研、巡视等活动；协助职工董事、职工监事就有关议题听取职工意见，进行分析论证，提出意见和建议；成立“智囊团”等形式的组织，为职工董事、职工监事提供咨询服务；协调有关方面建立职工董事、职工监事各项工作制度。

职工董事、职工监事要向公司职工代表大会负责。应积极参加职工代表大会的有关活动，认真执行职工代表大会的有关决议，在董事会、监事会会

议上按照职工代表大会的相关决定发表意见。应定期向职工代表大会报告工作，接受职工代表大会的质询。职工代表大会每年对职工董事、职工监事履行职责情况进行民主评议，对民主评议不称职的予以罢免。

四、加强对职工董事、职工监事制度建设工作的领导

各级地方工会和产业工会要进一步加强对职工董事、职工监事工作的领导，明确责任，指定专门的部门和人员负责此项工作。要切实把工作重点放在基层，深入研究解决问题。要善于发现和总结经验，宣传典型，用典型推动工作。

要经常对职工董事、职工监事制度的推行情况进行调查分析。根据《公司法》的有关规定，结合各地实际，加强与各地政府及有关部门的合作和联系，参与制定和完善有关推行职工董事、职工监事制度的地方性政策法规。

要加强职工董事、职工监事的培训工作。各级工会要研究制定培训方案，有组织、有计划地进行培训，保证培训质量，提高职工董事、职工监事的整体素质，切实发挥其作用。

国资委党委、国资委关于建立和完善中央企业职工代表大会制度的指导意见

（国资党委群工〔2007〕120号　2007年7月22日）

各中央企业党委（党组）：

职工代表大会（以下简称职代会）是企业实行民主管理的基本形式，是职工行使民主管理权力的机构，是中国特色基层民主政治建设的成功经验。为了全面贯彻“三个代表”重要思想和党的十六届六中全会关于构建社会主义和谐社会的精神，贯彻落实科学发展观，在建立健全现代企业制度过程中建立和完善中央企业职代会制度，推进企业职工民主管理工作的制度化、规范化建设，促进中央企业持续健康发展，依据《中华人民共和国宪法》、《中华人民共和国公司法》、《中华人民共和国工会法》、《中华人民共和国劳动法》、《全民所有制工业企业职工代表大会条例》等法律法规的规定，结合中央企业实际，提出以下意见。

一、实行职代会制度必须坚持的基本原则

（一）坚持党的领导的原则。

实行职代会制度，核心在于坚持党的领导。国有企业党组织在企业发挥

政治核心作用，是职工依法参与企业民主管理的政治保证和组织保证。企业职代会必须坚持企业党委（党组）的领导，把贯彻全心全意依靠工人阶级的指导方针落到实处。

（二）坚持推进基层民主政治建设的原则。

企业职代会必须以充分发扬民主、依法行使职权、促进公平正义、维护团结稳定为宗旨，保障职工的知情权、参与权、表达权、监督权，推进企业决策的科学化、民主化，推进和丰富基层民主政治建设的实践和成果。

（三）坚持促进企业发展的原则。

企业职代会在国有资产管理体制改革和企业改革发展中，要坚持全面落实、自觉实践科学发展观，充分调动和发挥广大职工的积极性、主动性、创造性，有效实现企业发展与职工发展的和谐统一，增强企业的核心竞争力和国际竞争力，努力实现企业又好又快地发展。

（四）坚持推进现代企业制度建设的原则。

企业职代会必须在体制和机制上积极探索创新，在遵循和维护法律法规赋予职代会、董事会、监事会和经理层的职权的基础上，实现现代企业制度下职代会制度与公司董事会、监事会、经理层等治理结构的有效衔接，实现国家利益、出资人利益、企业利益和职工利益的协调发展，推进现代企业制度建设。

（五）坚持促进劳动关系和谐的原则。

企业职代会必须以职工为本，进一步加大协调劳动关系和化解矛盾的力度，主动依法科学地维护职工权益，努力建立规范有序、公正合理、互利共赢、和谐稳定的社会主义新型劳动关系，推动和谐企业建设。

二、职代会的职权

中央企业应根据国家有关法律法规及《中共中央办公厅国务院办公厅关于在国有企业、集体企业及其控股企业深入实行厂务公开制度的通知》（中办发〔2002〕13 号）、《中共中央办公厅转发〈中共中央组织部、国务院国资委党委关于加强和改进中央企业党建工作的意见〉的通知》（中办发〔2004〕31 号）、《企业工会工作条例》（总工发〔2006〕61 号）和国资委有关加强民主管理、维护职工权益的规定，结合企业的实际情况，坚持行使和落实职代会的以下职权：

1. 审议建议权。职代会应听取企业工作报告，审议企业经营方针、中长期发展规划、年度计划、财务预决算等重要事项的报告；审议企业改制方案和重大改革措施；审议职工劳动安全卫生措施，职工教育培训计划、奖励方案和经费使用情况；听取企业经营方面的重大问题、制定重要规章制度的情况以及实行厂务公开及集体合同履行等情况的报告，并提出意见和建议。企业拟订的职务消费管理制度在履行内部决策程序前，应当通过职代会等形式听取职工意见。

2. 审议通过权。职代会应审议企业提出的企业改制中的职工安置方案、职工奖惩办法及企业其他涉及职工切身利益的重要规章制度；应审议经企业和工会协商提出的集体合同草案、企业年金方案、住房制度改革方案等涉及职工切身利益的重大事项。在审议方案的基础上，进行投票表决，形成通过或不通过的决议。

3. 监督评议权。职代会应在企业党组织领导下，在国资委企业领导人员管理部门的指导和参与下，每年或定期组织职工代表听取企业领导班子成员或已建立规范法人治理结构的企业的经营班子成员报告履行职责和廉洁自律的情况，并由职工代表进行民主评议。民主评议的结果可根据干部管理权限，报国资委企业领导人员管理部门或董事会。

4. 民主选举权。职代会应依法选举、监督和罢免企业职工董事、职工监事；选举职代会专门委员会（小组）成员；选举企业劳动争议调解委员会中的职工代表。

5. 法律法规赋予职代会的其他权利。

未建立集团一级职代会的中央企业，应抓紧建立职代会，认真落实职代会职权；已经建立集团一级职代会的中央企业，应结合企业实际，继续完善和落实职代会的职权内容。其中，国有独资公司董事会试点的中央企业，应在现代企业制度框架内，结合企业实际，积极探索与公司董事会、监事会、经理层等治理结构有效衔接的职代会职权内容；子企业数量多、分布广的中央企业，应结合企业实际，决定适应本企业组织构架的职代会职权内容；多元投资主体的中央企业、整体上市的中央企业和其他类型的中央企业，也应结合企业实际，决定适应本企业产权结构的职代会职权内容。

由于中央企业的产权结构、组织构架差异比较大，职代会的职权内容可以有所不同，但都应坚持企业重要事项必须提请职代会审议；涉及职工切身利益的重大事项必须提请职代会审议通过；企业领导班子成员或已建立规范法人治理结构的企业的经营班子成员必须向职代会报告履行职责和廉洁自律的情况，并接受职工代表的民主评议。

中央企业所属企业应根据本意见及所在省市关于职代会制度的有关规定，结合本企业的实际情况，确定并落实职代会的各项职权。

三、职工代表的结构、权利和义务

职工代表是企业职工民主管理的主体，职工代表结构合理、权利保障和义务履行，是实行职工民主管理的基本保证。

（一）职工代表的产生和结构。

依法享有政治权利并与本企业建立劳动关系的职工，均可当选为本企业的职工代表。为保证中央企业职代会的运作质量，职工代表应有良好的品行和较好的群众基础，有一定的生产、管理知识和工作经验，具有较好的参与民主管理的能力。

职工代表的总人数根据企业规模等实际情况而定，既要保证职工代表的覆盖面和代表性，又要保证职代会制度的可操作性。

规模较小的中央企业的职工代表选举，应以班组（科室）、工段（作业区）或者分厂（车间）为选区进行，须有本选区全体职工三分之二以上参加，候选人获得应到人数过半数赞成票方可当选。其中有条件的企业，也可以按照职工自荐、竞职演说、群众信任投票和组织审定的基本程序，实行职工代表竞选制。规模较大的中央企业，其职工代表一般由所属子（分）企业职代会选举产生。

职工代表的结构应以一线职工（包括一线工人、技术人员和管理人员）为主体。子企业分布比较集中的中央企业的正副职负责人及所辖子企业正职负责人担任的职工代表，一般不超过代表总数的25%；子企业数量多、分布广的中央企业的正副职负责人及所辖子企业正职负责人担任的职工代表，一般不超过代表总数的35%。贸易型、高新技术型企业的职工代表，应以一线的贸易、科技人员等为主体。在职工代表中，劳模先进人物、青年职工和女职工应占适当比例。

职代会新建或换届，应建立职工代表资格审查小组，负责审查代表是否依法享有政治权利并与本单位建立了劳动关系，代表的产生是否符合民主程序，代表的结构比例是否符合相关规定，并向职代会报告审查结果。

企业的职工代表实行常任制，可连选连任。根据需要职代会可设置列席代表与特邀代表。

（二）职工代表的权利。

职工代表在职代会上有选举权、被选举权和表决权；有权参加职代会及其工作机构组织的各项活动；因参加职代会组织的有关活动而占用生产或工作时间，有权按照正常出勤享受应得的待遇；依法行使职权时，任何组织和个人不得压制、阻挠和打击报复。职工代表在劳动合同期间，除严重违反企业规章制度、因严重失职给企业利益造成重大损失外，企业不得与其解除劳动合同。确需解除劳动合同的，应当事先征求企业工会组织的意见。

（三）职工代表的义务。

职工代表应认真学习党和国家的方针政策、法律法规和现代企业管理知识，不断提高政治觉悟、技术业务素质和参与管理的能力；密切联系群众，代表职工合法权益，如实反映职工群众的意见和要求；模范遵守国家的法律法规和企业的规章制度，保守企业商业秘密，做好本职工作；认真执行职代会的决议，完成职代会交付的任务。

（四）职工代表的变动、罢免及补选。

职工代表对本选区的职工负责，职工有权监督职工代表履行职权的情况。

职工代表调离企业、与企业解除劳动合同、退休或死亡，其代表资格自行终止。

职工代表在受到纪检监察、公安、司法机关审查期间，其代表资格暂时中止。各选区有权对触犯法律、受到行政或党纪处分及有其他不称职行为的职工代表提出罢免申请，罢免的民主程序由各企业职代会或工会确定并履行。

职工代表出现缺额时，应由原选区依照规定的民主程序和结构要求及时补选产生，并在下一次职代会上确认。

四、职代会运作的基本程序

职代会运作的基本程序是体现职工代表和广大职工意愿的根本保证。

（一）职代会对民主选举和涉及职工切身利益的重大事项的表决方式。

职代会进行民主选举和审议通过涉及职工切身利益的重大事项时，必须采用无记名投票表决方式；一般事项也可采用其他表决方式，但须获得应到职工代表过半数赞成票通过。

（二）职代会主席团成员的选举产生程序。

在征求职工代表意见的基础上，召开职工代表团（组）长会议，协商提出主席团成员候选人名单。主席团成员必须在职代会的预备会议上由职工代表选举产生。

主席团成员应有一线职工、技术管理人员和企业负责人，人数可以根据企业的具体情况确定。劳模先进人物、青年职工和女职工的代表在主席团成员中应有适当名额。

（三）职代会专门委员会（小组）成员的选举产生程序。

职代会可设立若干个专门委员会（小组），受职代会领导，为职代会依法行使职权服务。

专门委员会（小组）应根据职代会职权内容与企业规模设立，如提案、民主评议干部等。专门委员会（小组）的成员人选，一般由职工代表担任，也可以推荐部分熟悉业务的非职工代表。专门委员会（小组）成员在职代会全体会议上由职工代表选举产生。

（四）召开职代会临时会议的程序。

职代会闭会期间，遇有重大事项，经经理层、工会或三分之一以上职工代表的提议，并由企业党委（党组）审定同意后，可以召开职代会临时会议。

五、职代会的主要工作制度

职代会的主要工作制度，是职代会正常运作的基本保证，也是职代会制度建设的重要内容。

（一）职代会的组织制度。

中央企业的职代会一般每届3—5年，每年至少召开一次会议。每次会议必须有全体职工代表的三分之二以上出席，方可召开。

凡提交职代会审议、讨论的各类报告、方案、规定等有关事项，在不泄露商业秘密的前提下，一般应在正式会议召开前印发给职工代表，时间不少于7天。在职代会正式会议召开前一周内，由工会负责召开职代会预备会议。在预备会议期间，要报告大会的筹备情况，提请审议通过会前与董事会、经理层沟通、协商并经党委（党组）讨论的大会议题、议程，同时决定大会的其他有关事项；组织职工代表在选区内听取职工群众对企业工作报告和其他议案的意见；职工代表分组审议企业工作报告及有关专项议案；根据代表审议提出的意见、建议，对有关议案作修改，提交职代会正式会议审议。如中央企业由于所属子（分）企业分布广等原因，提前印发材料和召开预备会议有困难，可根据实际情况而定。

（二）职代会的日常民主管理工作制度。

1. 联席会议制度。

企业职代会的联席会议在职代会闭会期间，由企业工会主持召开，就需要临时解决涉及职工切身利益的重要问题，以及对职代会审议通过的方案在实施中发生的个别需要做部分修改或补充的问题进行协商处理，履行民主程序。联席会议形成的意见、决议或决定，必须向下次职代会报告，提请确认，职代会对职权范围内的事项具有最终审定权。联席会议由职代会主席团成员、职工代表团（组）长、职代会专门委员会（小组）负责人、工会委员会成员、职工董事、职工监事组成。联席会议可以根据会议内容邀请本企业其他有关人员参加。

2. 质量评估制度。

在企业党委（党组）领导下，每年组织开展对本企业上一年度职代会运行质量的评估工作。评估内容可以分为“职权履行”、“程序规范”、“决议执行”、“制度落实”、“组织领导”等方面。评估采取召开职工代表座谈会、开展职工代表个别访谈、组织职工代表民主测评等方式。工会可会同企业有关部门，对评估的情况进行综合分析，研究提出改进意见，并在下一次职工代表大会上报告测评结果以及实施整改的情况。

3. 专门委员会（小组）工作制度。

职代会专门委员会（小组）在职代会召开前，开展对提请职代会审议的与本委员会（小组）专业对口的有关事项、议题、提案或方案的审议工作，并在职代会有关会议上阐述审议意见。

在职代会闭会期间，各专门委员会（小组）对属于本委员会（小组）职责范围内需要临时决定的事项进行审定，并将审定事项报告下一次职代会，由大会予以确认；开展对企业有关部门执行职代会决议、决定情况的检查监督工作；协助并监督企业有关部门处理、落实经职代会确认的职工代表提案，并将有关情况报告下一次职代会。

4. 职工代表巡视检查制度。

在职代会闭会期间，职代会要组织部分职工代表对职代会各项决议、决定执行和提案落实的情况进行检查和监督；也可以组织部分职工代表通过向有关部门询问、查阅报表资料、提合理化建议等形式，对企业重大决策的执行情况、职工群众关心的热点问题等内容进行巡视检查，督促相关部门对有关问题进行及时改进。

5. 职工代表培训及述职、评议制度。

企业要制订关于职工代表培训的规划和专题培训目标，组织全体职工代表在任职期内分期分批参加法律法规、现代企业管理、民主管理等业务知识的培训，提高职工代表的综合素质。

有条件的企业工会在职工代表任职期间，组织职工代表向本选区的职工做一次工作述职，接受职工群众的评议，也可以探索建立职工群众对职工代表履行职责情况的质询制度。

（三）职代会的文书档案管理制度。

企业工会对职代会的各种文字材料，要组织专人，分门别类，建档归案，并加强日常管理，做到有章可循、有案可查。

六、职代会与公司治理结构的关系

建立规范法人治理结构的企业，依照公司法，董事会行使经营决策权，经理层行使经营管理权，监事会行使监督权，职代会行使职工民主管理权。

（一）正确定位职代会职权。

董事会依照公司法，对企业经营计划、投资方案等重要事项行使决策权，职代会对企业重要事项行使审议建议权。董事会、经理层在制订涉及职工切身利益的有关方案时，要充分听取职代会的意见，职代会对涉及职工切身利益的重大事项有审议通过权。董事会、经理层行使企业人员聘用权，职代会对企业经营班子成员行使评议监督权。

（二）合理确定职代会会期、内容。

职代会的会期、内容要与每年决定企业年度计划等重要事项的董事会会议有机衔接，具体会期由各中央企业视实际情况决定。如职代会在董事会会议之后召开，则应按照职代会职权和厂务公开具体内容的规定，在职代会上报告董事会会议的有关重大决策；如职代会在董事会会议之前召开，则职代会在职权范围内关于企业重要事项的审议意见、决议和涉及职工切身利益重大事项的决定应由参加职代会的职工董事在董事会会议上准确反映，或由工会代表职代会向董事会报告。

（三）充分发挥职工董事、职工监事的作用。

职工董事是职代会与董事会联系的纽带，代表职工参与企业决策。职工董事要严格按照《公司法》和国资委制定的《国有独资公司董事会试点企业职工董事管理办法（试行）》的要求选举产生，与其他董事享有同等权利，承担相应义务。职工董事要严格履行董事的职责，正确反映职代会和职工代表的意见，维护国家、出资人、企业和职工四方的利益。董事会讨论研究涉及职工切身利益的重大事项时，职工董事应事先听取企业工会和职工代表的意见，全面准确反映职工意见，维护职工的合法权益。

职工监事是职代会与监事会联系的纽带，代表职工参与企业监督。职工监事的选举和职责履行要严格按照公司法和《国有企业监事会暂行条例》（国务院令第 283 号）的要求实施。职工监事与其他监事享有同等权利，承担相应义务，要正确反映职代会和职工代表的意见。

职工董事、职工监事在董事会会议与监事会会议召开前，在不泄露商业秘密和企业一段时间需要保密的问题的前提下，应就会议有关内容开展调研，充分听取职工代表的意见。

职工董事、职工监事应定期向职代会就反映职工意见、参与决策与监督、维护职工权益等内容报告履行职责的情况，接受职工代表的监督、质询和考核。对工作不称职的、群众不满意的职工董事、职工监事，职代会要通过相应程序予以撤换或罢免。

七、加强组织领导，明确责任分工，搞好协调配合

中央企业党委（党组）要加强组织领导，明确责任分工，搞好协调配合，促使建立和完善职代会制度的工作取得切实成效。

（一）企业党委（党组）要加强对职代会工作的领导。

企业党委（党组）要坚持贯彻落实全心全意依靠工人阶级的指导方针，充分发挥政治核心作用，支持和保证职代会依法行使各项职权。党委（党组）要定期听取职代会工作情况的汇报，切实加强对职代会工作的领导，指导协调企业各有关方面，及时研究解决职代会制度建设中遇到的问题，落实企业工会的人员编制，充分发挥职代会应有的作用；要定期组织企业负责人进行法律法规、现代企业管理等知识的培训，提高他们的民主管理意识；要加强督导力度，促进企业健全完善民主管理的各项机制，扎实提高企业民主管理工作的水平。

（二）董事会、经理层要积极推进职代会制度的落实。

董事会、经理层要牢固树立依靠职工办企业的观念，尊重职工代表民主参与、民主管理、民主决策和民主监督的权利，重视职代会提出的建议和意见，支持职代会依法行使职权；要把建立和完善职代会制度与健全现代企业制度有机结合起来，切实加以推进，并把职代会制度作为企业管理的重要基础制度；要督促企业有关部门落实职代会提案和决议，在企业管理费中列支职代会工作费用；要进一步规范企业行为，提高企业科学决策、民主决策的水平，推动企业的健康、可持续发展。

（三）工会应当承担并履行好职代会工作机构的职责。

企业工会作为职代会的工作机构，在建立和完善职代会制度的工作中应发挥重要作用。要运用各种形式向职工群众宣传民主管理的有关知识，组织传达职代会精神，宣传和发动职工落实职代会决议；要搞好职工代表选举，做好职代会筹备和组织工作；要组织职代会专门委员会（小组）和部分职工代表开展对职代会决议和提案落实情况的检查；要为职工群众反映意见、要求和建议创造条件，维护职工代表的合法权益；要加强对职工代表的培训和教育，不断提高职工代表的综合素质和参与民主管理水平。

（四）建立职代会工作问责制度，促进企业各方切实担负建立和完善职代会制度的责任。

建立职代会工作问责制度，督促企业党委（党组）、董事会、经理层、工会承担好各自职责。对妨碍职代会制度实施、甚至阻挠职工行使民主管理权利的企业有关人员进行严肃批评或给予必要的组织处理。国资委党委将组织有关部门，定期对各企业职代会的运行质量进行评估，评估结果将作为对各企业民主管理工作的重要考核依据。

各中央企业要按照本意见的要求，结合企业实际情况，制定贯彻落实的实施意见或细则，要明确目标责任，加强组织协调，努力探索创新，注重工作实效，并将意见贯彻落实到所属企业，推动建立符合现代企业制度要求的企业民主管理体系，开创中央企业的职工民主管理工作的新局面，更好地为中央企业的经济建设和改革发展服务。

国有独资公司董事会试点企业职工董事管理办法（试行）

（国资发群工〔2006〕21号　国务院国有资产监督管理委员会2006年3月3日印发）

第一章　总　则

第一条　为推进中央企业完善公司法人治理结构，充分发挥职工董事在董事会中的作用，根据《中华人民共和国公司法》（以下简称《公司法》）和《国务院国有资产监督管理委员会关于国有独资公司董事会建设的指导意见（试行）》，制定本办法。

第二条　本办法适用于中央企业建立董事会试点的国有独资公司（以下简称公司）。

第三条　本办法所称职工董事，是指公司职工民主选举产生，并经国务院国有资产监督管理委员会（以下简称国资委）同意，作为职工代表出任的公司董事。

第四条　公司董事会成员中，至少有1名职工董事。

第二章　任职条件

第五条　担任职工董事应当具备下列条件：

（一）经公司职工民主选举产生；

（二）具有良好的品行和较好的群众基础；

（三）具备相关的法律知识，遵守法律、行政法规和公司章程，保守公司秘密；

（四）熟悉本公司经营管理情况，具有相关知识和工作经验，有较强的参与经营决策和协调沟通能力；

（五）《公司法》等法律法规规定的其他条件。

第六条　下列人员不得担任公司职工董事：

（一）公司党委（党组）书记和未兼任工会主席的党委副书记、纪委书记（纪检组组长）；

（二）公司总经理、副总经理、总会计师。

第三章 职工董事的提名、选举、聘任

第七条 职工董事候选人由公司工会提名和职工自荐方式产生。

职工董事候选人可以是公司工会主要负责人，也可以是公司其他职工代表。

第八条 候选人确定后由公司职工代表大会、职工大会或其他形式以无记名投票的方式差额选举产生职工董事。

公司未建立职工代表大会的，职工董事可以由公司全体职工直接选举产生，也可以由公司总部全体职工和部分子（分）公司的职工代表选举产生。

第九条 职工董事选举前，公司党委（党组）应征得国资委同意；选举后，选举结果由公司党委（党组）报国资委备案后，由公司聘任。

第四章 职工董事的权利、义务、责任

第十条 职工董事代表职工参加董事会行使职权，享有与公司其他董事同等权利，承担相应义务。

第十一条 职工董事应当定期参加国资委及其委托机构组织的有关业务培训，不断提高工作能力和知识水平。

第十二条 董事会研究决定公司重大问题，职工董事发表意见时要充分考虑出资人、公司和职工的利益关系。

第十三条 董事会研究决定涉及职工切身利益的问题时，职工董事应当事先听取公司工会和职工的意见，全面准确反映职工意见，维护职工的合法权益。

第十四条 董事会研究决定生产经营的重大问题、制定重要的规章制度时，职工董事应当听取公司工会和职工的意见和建议，并在董事会上予以反映。

第十五条 职工董事应当参加职工代表团（组）长和专门小组（或者专门委员会）负责人联席会议，定期到职工中开展调研，听取职工的意见和建议。职工董事应当定期向职工代表大会或者职工大会报告履行职工董事职责的情况，接受监督、质询和考核。

第十六条 公司应当为职工董事履行董事职责提供必要的条件。职工董事履行职务时的出差、办公等有关待遇参照其他董事执行。

职工董事不额外领取董事薪酬或津贴，但因履行董事职责而减少正常收入的，公司应当给予相应补偿。具体补偿办法由公司职工代表大会或职工大会提出，经公司董事会批准后执行。

第十七条 职工董事应当对董事会的决议承担相应的责任。董事会的决议违反法律、行政法规或者公司章程，致使公司遭受严重损失的，参与决议的职工董事应当按照有关法律法规和公司章程的规定，承担赔偿责任。但经证明在表决时曾表明异议并载于会议记录的，可以免除责任。

第五章 职工董事的任期、补选、罢免

第十八条 职工董事的任期每届不超过三年，任期届满，可连选连任。

第十九条 职工董事的劳动合同在董事任期内到期的，自动延长至董事任期结束。

职工董事任职期间，公司不得因其履行董事职务的原因降职减薪、解除劳动合同。

第二十条 职工董事因故出缺，按本办法第七条、第八条规定补选。

职工董事在任期内调离本公司的，其职工董事资格自行终止，缺额另行补选。

第二十一条 职工代表大会有权罢免职工董事，公司未建立职工代表大会的，罢免职工董事的权力由职工大会行使。职工董事有下列行为之一的，应当罢免：

（一）职工代表大会或职工大会年度考核评价结果较差的；

（二）对公司的重大违法违纪问题隐匿不报或者参与公司编造虚假报告的；

（三）泄露公司商业秘密，给公司造成重大损失的；

（四）以权谋私，收受贿赂，或者为自己及他人从事与公司利益有冲突的行为损害公司利益的；

（五）不向职工代表大会或职工大会报告工作或者连续两次未能亲自出席也不委托他人出席董事会的；

（六）其他违反法律、行政法规应予罢免的行为。

第二十二条 罢免职工董事，须由十分之一以上全体职工或者三分之一以上职工代表大会代表联名提出罢免案，罢免案应当写明罢免理由。

第二十三条 公司召开职工代表大会或职工大会，讨论罢免职工董事事项时，职工董事有权在主席团会议和大会全体会议上提出申辩理由或者书面提出申辩意见，由主席团印发职工代表或全体职工。

第二十四条 罢免案经职工代表大会或职工大会审议后，由主席团提请职工代表大会或职工大会表决。罢免职工董事采用无记名投票的表决方式。

第二十五条 罢免职工董事，须经职工代表大会过半数的职工代表通过。公司未建立职工代表大会的，须经全体职工过半数同意。

第二十六条 职工代表大会罢免决议经公司党委（党组）审核，报国资委备案后，由公司履行解聘手续。

第六章 附 则

第二十七条 各试点企业可以依据本办法制订实施细则。

第二十八条 本办法自发布之日起施行。

国有企业领导人员廉洁从业若干规定

（中办发〔2009〕26号 中共中央办公厅、国务院办公厅
2009年7月1日印发）

第一章 总 则

第一条 为规范国有企业领导人员廉洁从业行为，加强国有企业反腐倡廉建设，维护国家和出资人利益，促进国有企业科学发展，依据国家有关法律法规和党内法规，制定本规定。

第二条 本规定适用于国有独资企业、国有控股企业（含国有独资金融企业和国有控股金融企业）及其分支机构的领导班子成员。

第三条 国有企业领导人员应当遵守国家法律法规和企业规章制度，依法经营、开拓创新、廉洁从业、诚实守信，切实维护国家利益、企业利益和职工合法权益，努力实现国有企业又好又快发展。

第二章 廉洁从业行为规范

第四条 国有企业领导人员应当切实维护国家和出资人利益。不得有滥用职权、损害国有资产权益的下列行为：

（一）违反决策原则和程序决定企业生产经营的重大决策、重要人事任免、重大项目安排及大额度资金运作事项；

（二）违反规定办理企业改制、兼并、重组、破产、资产评估、产权交易等事项；

（三）违反规定投资、融资、担保、拆借资金、委托理财、为他人代开信用证、购销商品和服务、招标投标等；

（四）未经批准或者经批准后未办理保全国有资产的法律手续，以个人或者其他名义用企业资产在国（境）外注册公司、投资入股、购买金融产品、购置不动产或者进行其他经营活动；

（五）授意、指使、强令财会人员进行违反国家财经纪律、企业财务制度的活动；

（六）未经履行国有资产出资人职责的机构和人事主管部门批准，决定本级领导人员的薪酬和住房补贴等福利待遇；

（七）未经企业领导班子集体研究，决定捐赠、赞助事项，或者虽经企业领导班子集体研究但未经履行国有资产出资人职责的机构批准，决定大额捐赠、赞助事项；

（八）其他滥用职权、损害国有资产权益的行为。

第五条 国有企业领导人员应当忠实履行职责。不得有利用职权谋取私利以及损害本企业利益的下列行为：

（一）个人从事营利性经营活动和有偿中介活动，或者在本企业的同类经营企业、关联企业和与本企业有业务关系的企业投资入股；

（二）在职或者离职后接受、索取本企业的关联企业、与本企业有业务关系的企业，以及管理和服务对象提供的物质性利益；

（三）以明显低于市场的价格向请托人购买或者以明显高于市场的价格向请托人出售房屋、汽车等物品，以及以其他交易形式非法收受请托人财物；

（四）委托他人投资证券、期货或者以其他委托理财名义，未实际出资而获取收益，或者虽然实际出资，但获取收益明显高于出资应得收益；

（五）利用企业上市或者上市公司并购、重组、定向增发等过程中的内幕消息、商业秘密以及企业的知识产权、业务渠道等无形资产或者资源，为本人或者配偶、子女及其他特定关系人谋取利益；

（六）未经批准兼任本企业所出资企业或者其他企业、事业单位、社会团体、中介机构的领导职务，或者经批准兼职的，擅自领取薪酬及其他收入；

（七）将企业经济往来中的折扣费、中介费、佣金、礼金，以及因企业行为受到有关部门和单位奖励的财物等据为己有或者私分；

（八）其他利用职权谋取私利以及损害本企业利益的行为。

第六条 国有企业领导人员应当正确行使经营管理权，防止可能侵害公共利益、企业利益行为的发生。不得有下列行为：

（一）本人的配偶、子女及其他特定关系人，在本企业的关联企业、与本企业有业务关系的企业投资入股；

（二）将国有资产委托、租赁、承包给配偶、子女及其他特定关系人经营；

（三）利用职权为配偶、子女及其他特定关系人从事营利性经营活动提供便利条件；

（四）利用职权相互为对方及其配偶、子女和其他特定关系人从事营利性经营活动提供便利条件；

（五）本人的配偶、子女及其他特定关系人投资或者经营的企业与本企业或者有出资关系的企业发生可能侵害公共利益、企业利益的经济业务往来；

（六）按照规定应当实行任职回避和公务回避而没有回避；

（七）离职或者退休后三年内，在与原任职企业有业务关系的私营企业、外资企业和中介机构担任职务、投资入股，或者在上述企业或者机构从事、代理与原任职企业经营业务相关的经营活动；

（八）其他可能侵害公共利益、企业利益的行为。

第七条 国有企业领导人员应当勤俭节约，依据有关规定进行职务消费。不得有下列行为：

（一）超出报履行国有资产出资人职责的机构备案的预算进行职务消费；

（二）将履行工作职责以外的费用列入职务消费；

（三）在特定关系人经营的场所进行职务消费；

（四）不按照规定公开职务消费情况；

（五）用公款旅游或者变相旅游；

（六）在企业发生非政策性亏损或者拖欠职工工资期间，购买或者更换小汽车、公务包机、装修办公室、添置高档办公设备等；

（七）使用信用卡、签单等形式进行职务消费，不提供原始凭证和相应的情况说明；

（八）其他违反规定的职务消费以及奢侈浪费行为。

第八条 国有企业领导人员应当加强作风建设，注重自身修养，增强社会责任意识，树立良好的公众形象。不得有下列行为：

（一）弄虚作假，骗取荣誉、职务、职称、待遇或者其他利益；

（二）大办婚丧喜庆事宜，造成不良影响，或者借机敛财；

（三）默许、纵容配偶、子女和身边工作人员利用本人的职权和地位从事可能造成不良影响的活动；

（四）用公款支付与公务无关的娱乐活动费用；

（五）在有正常办公和居住场所的情况下用公款长期包租宾馆；

（六）漠视职工正当要求，侵害职工合法权益；

（七）从事有悖社会公德的活动。

第三章　实施与监督

第九条　国有企业应当依据本规定制定规章制度或者将本规定的要求纳入公司章程，建立健全监督制约机制，保证本规定的贯彻执行。

国有企业党委（党组）书记、董事长、总经理为本企业实施本规定的主要责任人。

第十条　国有企业领导人员应当将贯彻落实本规定的情况作为民主生活会对照检查、年度述职述廉和职工代表大会民主评议的重要内容，接受监督和民主评议。

第十一条　国有企业应当明确决策原则和程序，在规定期限内将生产经营的重大决策、重要人事任免、重大项目安排及大额度资金运作事项的决策情况报告履行国有资产出资人职责的机构，将涉及职工切身利益的事项向职工代表大会报告。

需经职工代表大会讨论通过的事项，应当经职工代表大会讨论通过后实施。

第十二条　国有企业应当完善以职工代表大会为基本形式的企业民主管理制度，实行厂务公开制度，并报履行国有资产出资人职责的机构备案。

第十三条　国有企业应当按照有关规定建立健全职务消费制度，报履行国有资产出资人职责的机构备案，并将职务消费情况作为厂务公开的内容向职工公开。

第十四条　国有企业领导人员应当按年度向履行国有资产出资人职责的机构报告兼职、投资入股、国（境）外存款和购置不动产情况，配偶、子女从业和出国（境）定居及有关情况，以及本人认为应当报告的其他事项，并以适当方式在一定范围内公开。

第十五条　国有企业应当结合本规定建立领导人员从业承诺制度，规范领导人员从业行为以及离职和退休后的相关行为。

第十六条　履行国有资产出资人职责的机构和人事主管部门应当结合实际，完善国有企业领导人员的薪酬管理制度，规范和完善激励和约束机制。

第十七条　纪检监察机关、组织人事部门和履行国有资产出资人职责的机构，应当对国有企业领导人员进行经常性的教育和监督。

第十八条　履行国有资产出资人职责的机构和审计部门应当依法开展各项审计监督，严格执行国有企业领导人员任期和离任经济责任审计制度，建立健全纪检监察和审计监督工作的协调运行机制。

第十九条 各级纪检监察机关、组织人事部门和履行国有资产出资人职责机构的纪检监察机构，应当对所管辖的国有企业领导人员执行本规定的情况进行监督检查。

国有企业的纪检监察机构应当结合年度考核，每年对所管辖的国有企业领导人员执行本规定的情况进行监督检查，并作出评估，向企业党组织和上级纪检监察机构报告。

对违反本规定行为的检举和控告，有关机构应当及时受理，并作出处理决定或者提出处理建议。

对违反本规定行为的检举和控告符合函询条件的，应当按规定进行函询。

对检举、控告违反本规定行为的职工进行打击报复的，应当追究相关责任人的责任。

第二十条 各级组织人事部门和履行国有资产出资人职责的机构，应当将廉洁从业情况作为对国有企业领导人员考察、考核的重要内容和任免的重要依据。

第二十一条 国有企业的监事会应当依照有关规定加强对国有企业领导人员廉洁从业情况的监督。

按照本规定第十一条至第十四条向履行国有资产出资人职责的机构报告、备案的事项，应当同时抄报本企业监事会。

第四章 违反规定行为的处理

第二十二条 国有企业领导人员违反本规定第二章所列行为规范的，视情节轻重，由有关机构按照管理权限分别给予警示谈话、调离岗位、降职、免职处理。

应当追究纪律责任的，除适用前款规定外，视情节轻重，依照国家有关法律法规给予相应的处分。

对于其中的共产党员，视情节轻重，依照《中国共产党纪律处分条例》给予相应的党纪处分。

涉嫌犯罪的，依法移送司法机关处理。

第二十三条 国有企业领导人员受到警示谈话、调离岗位、降职、免职处理的，应当减发或者全部扣发当年的绩效薪金、奖金。

第二十四条 国有企业领导人员违反本规定获取的不正当经济利益，应当责令清退；给国有企业造成经济损失的，应当依据国家或者企业的有关规定承担经济赔偿责任。

第二十五条 国有企业领导人员违反本规定受到降职处理的，两年内不得担任与其原任职务相当或者高于其原任职务的职务。

受到免职处理的，两年内不得担任国有企业的领导职务；因违反国家法律，造成国有资产重大损失被免职的，五年内不得担任国有企业的领导职务。

构成犯罪被判处刑罚的，终身不得担任国有企业的领导职务。

第五章　附　则

第二十六条　国有企业领导班子成员以外的对国有资产负有经营管理责任的其他人员、国有企业所属事业单位的领导人员参照本规定执行。

国有参股企业（含国有参股金融企业）中对国有资产负有经营管理责任的人员参照本规定执行。

第二十七条　本规定所称履行国有资产出资人职责的机构，包括作为国有资产出资人代表的各级国有资产监督管理机构、尚未实行政资分开代行出资人职责的政府主管部门和其他机构以及授权经营的母公司。

本规定所称特定关系人，是指与国有企业领导人员有近亲属以及其他共同利益关系的人。

第二十八条　国务院国资委，各省、自治区、直辖市，可以根据本规定制定实施办法，并报中央纪委、监察部备案。

中国银监会、中国证监会、中国保监会，中央管理的国有独资金融企业和国有控股金融企业，可以结合金融行业的实际，制定本规定的补充规定，并报中央纪委、监察部备案。

第二十九条　本规定由中央纪委商中央组织部、监察部解释。

第三十条　本规定自发布之日起施行。2004 年发布的《国有企业领导人员廉洁从业若干规定（试行）》同时废止。

现行的其他有关规定，凡与本规定不一致的，依照本规定执行。

关于在企业改制重组关闭破产中进一步加强民主管理工作的通知

（工发电〔2009〕61 号　中华全国总工会办公厅 2009 年 8 月 12 日）

各省、自治区、直辖市总工会，各全国产业工会，中共中央直属机关工会联合会，中央国家机关工会联合会，全总各部门、各直属单位：

为更好地应对国际金融危机，推进企业改革工作顺利进行，切实维护职工合法权益，保持职工队伍稳定，现就在企业改制重组关闭破产中进一步加强民主管理工作的有关问题通知如下。

一、充分认识在企业改制重组关闭破产过程中进一步加强民主管理工作的重要性和紧迫性

当前，我国经济发展正处于关键时期，企业改革取得了显著成效，有关国有企业改革政策层面的问题基本解决。但是，最近一段时期以来，有些企业在改革过程中忽视职工民主权利，改制方案不公开，职工安置方案也未经职工代表大会审议通过等，导致国有资产流失，职工利益受损，引起广大职工群众的质疑和不满，引发职工群众上访事件，个别企业甚至出现极端暴力事件，给企业和地区经济发展以及社会稳定造成了十分不利的影响。继续深入推进企业改革，不仅涉及经济发展和社会稳定的大局，而且涉及广大职工切身利益，必须坚持依靠职工群众，切实加强民主管理工作，确保职工合法权益得到维护。各级工会组织要坚持以科学发展观为指导，站在构建社会主义和谐社会的高度，充分认识坚持做好改制重组关闭破产企业民主管理工作的重要性和紧迫性，自觉把在企业改制重组关闭破产过程中加强民主管理工作作为支持企业应对国际金融危机，保障我国经济发展、社会稳定的重要措施，作为工会围绕中心、服务大局的一项重要工作，切实抓紧抓实。要积极支持政府和企业严格按照有关法律法规的规定进行改制重组关闭破产，通过厂务公开、职工代表大会等民主制度，落实职工的知情权、参与权、决策权和监督权，切实维护职工合法权益。要积极配合党政有关部门，深入细致地做好职工群众的思想政治工作，向职工群众讲清楚有关企业改革的方针政策和规定，讲清楚企业改革的必要性、紧迫性以及企业的发展思路，争取职工群众的理解和支持，确保企业改制重组关闭破产依法顺利进行，确保职工队伍和社会稳定。

二、切实加强企业改制重组关闭破产中的民主管理工作

改制重组关闭破产企业工会要督促企业加强厂务公开工作，确保职工群众在企业改制重组关闭破产中的知情权和监督权。要推动企业认真贯彻落实中共中央办公厅、国务院办公厅《关于在国有企业、集体企业及其控股企业深入实行厂务公开制度的通知》（中办发〔2002〕13号，以下简称“两办通知”）、《国务院办公厅转发国资委〈关于进一步规范国有企业改制工作实施意见〉的通知》（国办发〔2005〕60号）的有关要求，协助和监督企业将改制方案、兼并破产方案，职工裁员及分流安置方案等企业重大决策问题，及时向职工群众公开，充分听取职工群众的意见，督促企业在实施改制时，将企业总资产、总负债、净资产、净利润等主要财务指标的财务审计、资产评估结果，向职工群众公开，接受职工群众的民主监督。

改制重组关闭破产企业工会要监督企业坚持和完善职工代表大会制度，在改制重组关闭破产中严格履行民主程序。要督促企业按照“两办通知”和《国务院办公厅转发〈国资委关于规范国有企业改制工作意见〉的通知》（国办发〔2003〕96号）的规定要求，将改制方案提交企业职工代表大会或职工大会审议，职工的裁减和安置方案等涉及职工切身利益的重大问题提交职工代表大会审议通过，未经职工代表大会审议的不应实施；既未公开又未经职工代表大会通过的决定视为无效。要坚持规范职工代表大会制度。改制企业召开职工代表大会，必须要有三分之二以上职工代表出席，经全体职工代表半数以上通过方为有效。职工代表大会的表决应以无记名投票方式进行，不能以职工代表团（组）长联席会议代替职工代表大会作出决定。

改制重组关闭破产企业工会要协助监督企业落实有关法律法规和政策规定，切实维护职工合法权益不受侵害。积极协助和监督企业按照《破产法》、《劳动合同法》、《企业国有资产法》、《关于国有大中型企业主辅分离辅业改制分流安置富余人员的实施办法的通知》（国经贸企改〔2002〕859号）、《关于进一步规范国有大中型企业主辅分离辅业改制的通知》（国资发分配〔2005〕250号）、《最高人民法院关于正确审理企业破产案件为维护市场经济秩序提供司法保障若干问题的意见》（法发〔2009〕36号）等法律和政策规定，做好职工安置和经济补偿工作，避免大规模裁员，维护职工的劳动权益和经济权益。要协助企业尽可能地把问题解决在改制重组关闭破产过程中，暂时不能解决的，要把遗留问题的解决方法和时限向职工公开，通过职工代表大会广泛听取职工的意见，接受职工群众监督。对依法按政策确实不能解决的，要协助企业做好解释工作，取得职工的理解和支持，在改制完成的企业推动建立健全以职工代表大会为基本形式的企业民主管理制度，实行厂务公开，保障职工各项民主权利的落实，维护职工合法权益。

三、各地工会领导机关要切实加强对企业工会参与改制重组关闭破产工作的领导

各地工会和产业工会要加强源头参与工作。积极主动参与到本地区、本产业企业改革领导机构和企业改革工作中去。积极参与改制方案和有关政策的调研论证和制定、实施，参与、监督企业资产的评估、处置和企业股权配置，参与关于职工安置方案、经济补偿办法的制定与实施等。要对企业改制重组关闭破产中履行民主程序提出明确要求，对改制方案中涉及职工切身利益的问题要重点审核，严格把关，并监督实施。

要加强对改制重组关闭破产企业工会工作的指导，大力支持企业工会积极主动开展工作。要支持企业工会主席切实履行职权，参与企业改制方案的调研论证，积极反映职工的意愿和要求，代表职工提出工会的意见，完善企业改革方案；支持企业工会主席敢于坚持原则，对侵犯职工合法权益的行为予以纠正，对暗箱操作、违规操作、严重损害国家利益和侵犯职工合法权益的行为，督促有关方面依据国家相关法律法规严肃查处。要承担起保护企业工会主席合法权益的责任，对企业工会主席因依法履行职责遭受任何形式打击报复的，要依照《企业工会主席合法权益保护暂行办法》（总工发〔2007〕32号）予以解决。畅通信息渠道，对企业改革过程中出现的不稳定因素，要及时向当地党委、政府和有关部门及上级工会反映，积极做好劳动争议预防和调解工作，切实把企业改革过程中的矛盾和问题解决在基层，解决在萌芽状态，保持职工队伍稳定，保障企业改革工作的顺利进行。

董事会试点中央企业
职工董事履行职责管理办法

（国资发群工〔2009〕53号　国务院国有资产监督管理委员会2009年3月30日印发）

第一章　总　则

第一条　为有效发挥职工董事在董事会中的作用，保障职工民主权利，促进企业和谐发展，根据《中华人民共和国公司法》（以下简称《公司法》）、《中华人民共和国工会法》（以下简称《工会法》）和《国有独资公司董事会试点企业职工董事管理办法（试行）》等有关规定，制定本办法。

第二条　本办法适用于国务院国有资产监督管理委员会（以下简称国资委）履行出资人职责的董事会试点中央企业。

第三条　本办法所称职工董事，是指由公司职工通过职工代表大会（以下简称职代会）选举产生，作为职工代表出任的公司董事。

第四条　职工董事享有与其他董事同等的权利，承担相应的义务。职工董事在履行董事职责时，应该履行由本办法规定的特别职责。

第二章　职工董事的特别职责

第五条　职工董事享有与公司其他董事同等权利、承担相应义务的同时，还应履行关注和反映职工合理诉求、代表职工利益和维护职工合法利益的特别职责。

第六条 公司章程或董事会议事规则应当对职工董事的特别职责作出具体规定。

职工董事特别职责涉及的事项一般可以分为董事会决议事项和向董事会通报事项两类。

（一）决议事项：主要包括公司劳动用工、薪酬制度、劳动保护、休息休假、安全生产、培训教育和生活福利等涉及职工切身利益的基本管理制度的制定及修改。

（二）通报事项：主要包括职工民主管理和民主监督方面的诉求、意见与建议，以及涉及职工利益的有关诉求意见或倾向性问题。

第七条 职工董事履行特别职责的基本方法：

（一）职工董事就履行特别职责的相关事宜听取职代会、工会等方面的意见。开展各种形式的调查研究活动，直接听取职工意见和建议。

（二）职工董事就职工利益诉求方面的情况与董事会其他成员保持经常性沟通和交流，并可通过会议等形式，听取外部董事的意见和建议。

（三）职工董事可参与决议事项的议案拟定，将征集的职工有关意见或合理诉求在议案形成过程中得以体现，或在董事会会议决议过程中反映、说明或提出建议意见。

（四）在董事会会议研究决定涉及职工切身利益的决议程序中，职工董事可提供该决议事项需要特别说明的调查材料或资料，并就该事项的决议发表意见。

（五）董事会会议可听取职工董事关于职工对公司经营管理的建议、职工相关利益诉求和倾向性问题等方面的通报性事项专题报告。

第八条 职工董事履行特别职责应承担相应义务：

（一）遵照国家法律法规和公司章程的有关规定，对公司负有忠实勤勉和保守商业秘密等义务，对公司职工负有忠实代表和维护其合法权益的义务。

（二）积极参加有关培训和学习，不断提高履职能力和专业知识水平。

（三）全面准确地反映职工诉求和意愿，在反映诉求、发表专项意见和参与董事会决策中，应充分考虑出资人、公司和职工的利益关系，依法维护职工的合法权益。

（四）自觉接受出资人和职工的监督和评价。

（五）职工董事独立在董事会上表决，个人负责。

（六）依法接受监事会的监督。

第三章　职工董事履职的工作条件

第九条　企业党组织、公司经理层、职代会和工会组织等应支持职工董事履行反映职工合理诉求、维护职工合法权益的职责；企业要建立和完善职工董事履行职责的信息沟通机制，为职工董事履职创造必要的工作条件。

第十条　企业党组织应支持职工董事全面履行董事职责。

（一）确定工会负责人人选，应考虑兼备职工董事的资格和能力，如该人选具备董事履职的资格和能力，一般应推荐为职工董事的候选人。

（二）职工董事由非工会负责人担任时，可以推荐职工董事作为工会副主席候选人或兼任工会组织中其他相当的职务。

（三）为职工董事开展调查研究、了解职工队伍的思想状况等履职活动提供相应的条件。

（四）党组织主要负责人应定期与职工董事交换意见和沟通情况，帮助职工董事及时了解和掌握企业的有关情况。

第十一条　公司经理层应按《公司法》、《工会法》和公司章程等有关规定为职工董事履职提供条件。

（一）公司经理层在研究涉及职工切身利益的重大问题时，应当邀请职工董事列席会议。

（二）根据职工董事履职需要，公司高级管理人员应接受职工董事的约谈，并如实反映相关情况。

（三）为职工董事调查研究、查阅资料等履职活动提供条件；为职工董事提供履职所需的办公条件和工作经费；职工董事履职出差、办公等有关待遇参照其他董事执行。

（四）保证职工董事履职活动所必需的工作时间。

第十二条　公司职代会对职工董事履职活动的支持。

（一）职代会的工作机构应及时向职工董事提供每次职代会的议题、议案、建议和决议情况等书面材料。

（二）职代会下设的各专门工作委员会，应当协助职工董事开展专题调查研究和巡视检查。

（三）职代会各代表团（小组）、职工代表应协助职工董事的履职工作，按照职工董事的要求，全面、及时地向职工董事反映职工的有关意见和建议。

第十三条　公司工会应对职工董事履职活动提供相应的服务。

（一）为职工董事提供有关维护职工合法权益方面的法律法规、政策文件等信息资料。

（二）在涉及职工切身利益的重要制度的制订、重大事项决议的执行过程中，向职工董事提供职工群众的相关意见。

（三）为职工董事收集、整理和提供职工权益诉求和民主管理方面的信息，包括职工对劳动用工、薪酬制度、劳动保护、休息休假、安全生产、培训教育、生活福利及对公司生产经营方面的倾向性意见或合理化建议等。

（四）为职工董事召开座谈会、走访职工等调查研究活动做好组织工作和提供相应的服务。

（五）董事会在听取或研究涉及职工利益的通报事项时，公司工会应在董事会会议召开前（一般不少于10个工作日），为职工董事起草书面报告提供条件和资料。

第四章　职工董事的履职管理

第十四条　职工董事的上岗培训、履职指导和评价考核等日常管理由公司董事的委派（选聘）机构负责。

第十五条　公司要为职工董事安排相应的培训和学习，确保职工董事参加培训学习所需的时间，提高职工董事履职所需的专业素质和工作能力。

第十六条　公司董事的委派（选聘）机构在对董事的工作绩效进行评价时，应听取公司工会和监事会关于职工董事履行特别职责的意见，并纳入总体评价意见。

第十七条　公司工会要了解职工董事履职的工作情况，职工董事要及时与公司工会沟通工作情况。公司职代会每年应向公司董事的委派（选聘）机构提出职工董事履职行为的评价性意见，并对职工董事履职情况进行无记名投票测评，主要内容应包括出席董事会会议、就相关决议事项开展调查研究、反映职工诉求和意愿等履职活动的记录、勤勉尽职程度和履行职责的能力。

第十八条　职工董事或公司工会代表职工董事每年应向职代会或职工大会报告工作情况，听取职工代表对职工董事履职情况的意见，工会要及时向职工董事反馈职工的意见和建议。

第十九条　公司董事会办公室等相应办事机构应为职工董事履行职责提供服务和帮助。

第五章　附　则

第二十条　本管理办法自公布之日起施行。

中共中央办公厅、国务院办公厅关于进一步推进国有企业贯彻落实“三重一大”决策制度的意见

（中办发〔2010〕17号　2010年7月15日）

为全面贯彻党的十七大和十七届四中全会精神，切实加强国有企业反腐倡廉建设，进一步促进国有企业领导人员廉洁从业，规范决策行为，提高决策水平，防范决策风险，保证国有企业科学发展，按照中央关于凡属重大决策、重要人事任免、重大项目安排和大额度资金运作（简称“三重一大”）事项必须由领导班子集体作出决定的要求，现就进一步推进国有企业贯彻落实“三重一大”决策制度提出如下意见。

一、指导思想和基本原则

（一）高举中国特色社会主义伟大旗帜，以邓小平理论和“三个代表”重要思想为指导，深入贯彻落实科学发展观，根据《建立健全惩治和预防腐败体系2008—2012年工作规划》部署，落实《国有企业领导人员廉洁从业若干规定》要求，以明确决策范围、规范决策程序、强化监督检查和责任追究为重点，进一步推进国有企业“三重一大”决策制度的贯彻落实。

（二）“三重一大”事项坚持集体决策原则。国有企业应当健全议事规则，明确“三重一大”事项的决策规则和程序，完善群众参与、专家咨询和集体决策相结合的决策机制。国有企业党委（党组）、董事会、未设董事会的经理班子等决策机构要依据各自的职责、权限和议事规则，集体讨论决定“三重一大”事项，防止个人或少数人专断。要坚持务实高效，保证决策的科学性；充分发扬民主，广泛听取意见，保证决策的民主性；遵守国家法律法规、党内法规和有关政策，保证决策合法合规。

二、“三重一大”事项的主要范围

（三）重大决策事项，是指依照《中华人民共和国公司法》、《中华人民共和国全民所有制工业企业法》、《中华人民共和国企业国有资产法》、《中华人民共和国商业银行法》、《中华人民共和国证券法》、《中华人民共和国保险法》以及其他有关法律法规和党内法规规定的应当由股东大会（股东会）、董事会、未设董事会的经理班子、职工代表大会和党委（党组）决定的事项。

主要包括企业贯彻执行党和国家的路线方针政策、法律法规和上级重要决定的重大措施，企业发展战略、破产、改制、兼并重组、资产调整、产权转让、对外投资、利益调配、机构调整等方面的重大决策，企业党的建设和安全稳定的重大决策，以及其他重大决策事项。

（四）重要人事任免事项，是指企业直接管理的领导人员以及其他经营管理人员的职务调整事项。主要包括企业中层以上经营管理人员和下属企业、单位领导班子成员的任免、聘用、解除聘用和后备人选的确定，向控股和参股企业委派股东代表，推荐董事会、监事会成员和经理、财务负责人，以及其他重要人事任免事项。

（五）重大项目安排事项，是指对企业资产规模、资本结构、盈利能力以及生产装备、技术状况等产生重要影响的项目的设立和安排。主要包括年度投资计划，融资、担保项目，期权、期货等金融衍生业务，重要设备和技术引进，采购大宗物资和购买服务，重大工程建设项目，以及其他重大项目安排事项。

（六）大额度资金运作事项，是指超过由企业或者履行国有资产出资人职责的机构所规定的企业领导人员有权调动、使用的资金限额的资金调动和使用。主要包括年度预算内大额度资金调动和使用，超预算的资金调动和使用，对外大额捐赠、赞助，以及其他大额度资金运作事项。

三、“三重一大”事项决策的基本程序

（七）“三重一大”事项提交会议集体决策前应当认真调查研究，经过必要的研究论证程序，充分吸收各方面意见。重大投资和工程建设项目，应当事先充分听取有关专家的意见。重要人事任免，应当事先征求国有企业和履行国有资产出资人职责机构的纪检监察机构的意见。研究决定企业改制以及经营管理方面的重大问题、涉及职工切身利益的重大事项、制定重要的规章制度，应当听取企业工会的意见，并通过职工代表大会或者其他形式听取职工群众的意见和建议。

（八）决策事项应当提前告知所有参与决策人员，并为所有参与决策人员提供相关材料。必要时，可事先听取反馈意见。

（九）党委（党组）、董事会、未设董事会的经理班子应当以会议的形式，对职责权限内的“三重一大”事项作出集体决策。不得以个别征求意见等方式作出决策。紧急情况下由个人或少数人临时决定的，应在事后及时向党委（党组）、董事会或未设董事会的经理班子报告；临时决定人应当对决策情况负责，党委（党组）、董事会或未设董事会的经理班子应当在事后按程序予以追认。经董事会授权，经理班子决策“三重一大”事项的，按照本意见执行。

（十）决策会议符合规定人数方可召开。与会人员要充分讨论并分别发表意见，主要负责人应当最后发表结论性意见。会议决定多个事项时，应逐项研究决定。若存在严重分歧，一般应当推迟作出决定。

（十一）会议决定的事项、过程、参与人及其意见、结论等内容，应当完整、详细记录并存档备查。

（十二）决策作出后，企业应当及时向履行国有资产出资人职责的机构报告有关决策情况；企业负责人应当按照分工组织实施，并明确落实部门和责任人。参与决策的个人对集体决策有不同意见，可以保留或者向上级反映，但在没有作出新的决策前，不得擅自变更或者拒绝执行。如遇特殊情况需对决策内容作重大调整，应当重新按规定履行决策程序。

（十三）董事会、未设董事会的经理班子研究“三重一大”事项时，应事先与党委（党组）沟通，听取党委（党组）的意见。进入董事会、未设董事会的经理班子的党委（党组）成员，应当贯彻党组织的意见或决定。企业党组织要团结带领全体党员和广大职工群众，推动决策的实施，并对实施中发现的与党和国家方针政策、法律法规不符或脱离实际的情况及时提出意见，如得不到纠正，应当向上级反映。

（十四）建立“三重一大”事项决策的回避制度；建立对决策的考核评价和后评估制度，逐步健全决策失误纠错改正机制和责任追究制度。

四、组织实施和监督检查

（十五）国有企业党委（党组）书记、董事长、未设董事会的总经理（总裁）为本企业实施本意见的主要责任人。

（十六）国有企业应当依据本意见制定具体的实施办法，报履行国有资产出资人职责的机构审查批准。履行国有资产出资人职责的机构，在制定或审批国有企业章程时，应当根据本意见明确相关要求。

（十七）履行国有资产出资人职责的机构应当对国有企业制定的“三重一大”事项范围是否全面科学、决策程序是否严密、责任追究措施是否有效进行严格审查，予以批准的，应当在批准后监督其实施。

（十八）纪检监察机关应当督促指导履行国有资产出资人职责机构的纪检监察机构，切实加强对所管辖的国有企业贯彻落实“三重一大”决策制度情况的监督检查。

（十九）国有企业的纪检监察机构在依照《国有企业领导人员廉洁从业若干规定》的规定，结合年度考核进行监督检查，作出评估，并向企业党组织和上级纪检监察机构报告时，应当将国有企业领导人员执行“三重一大”决策制度的情况作为重点内容。

（二十）“三重一大”决策制度的执行情况，应当作为巡视、党风廉政建设责任制考核的重要内容和企业领导人员经济责任审计的重点事项；作为民主生活会、企业领导人员述职述廉的重要内容；作为厂务公开的重要内容，除按照国家法律法规和有关政策应当保密的事项外，在适当范围内公开。

（二十一）组织人事部门、履行国有资产出资人职责的机构和审计机关，应当将“三重一大”决策制度的执行情况，作为对企业领导人员考察、考核的重要内容和任免以及经济责任履行情况审计评价的重要依据。

（二十二）国有企业领导人员违反“三重一大”决策制度的，应当依照《国有企业领导人员廉洁从业若干规定》和相关法律法规给予相应的处理，违反规定获取的不正当经济利益，应当责令清退；给国有企业造成经济损失的，应当承担经济赔偿责任。

（二十三）本意见适用于国有和国有控股企业（含国有和国有控股金融机构）。

中华全国总工会关于推行区域（行业）职工代表大会制度的意见（试行）

（总工发〔2010〕47号　2010年9月14日）

根据《劳动法》、《劳动合同法》、《工会法》等法律法规的有关规定，总结一些地方召开区域（行业）职工代表大会的做法和经验，现就推行区域（行业）职工代表大会制度提出以下意见。

一、推行区域（行业）职工代表大会制度的重要意义

当前，我国正处于经济社会发展的重要机遇期。随着工业化、城镇化进程不断加快，转变经济发展方式、调整经济结构的力度进一步加大，非公有制经济迅速发展，中小企业已经成为国民经济和社会发展的重要力量，成为吸纳劳动力、扩大和稳定就业的主渠道。适应非公有制中小企业快速发展和劳动关系的深刻变化，认真总结实践经验，大力推行区域（行业）职工代表大会制度，对于认真贯彻落实党的全心全意依靠工人阶级的指导方针，扩大职工参与民主管理的覆盖面，充分调动、发挥区域（行业）内中小企业职工投身改革发展的积极性和创造性；对于畅通职工理性合法表达利益诉求的渠道，加强厂务公开民主管理制度建设，切实维护职工合法权益；对于促进企业健康发展，推动所在地区经济社会的协调发展等，具有十分重要的意义。

各级工会要站在工会工作全局的高度，充分认识推行区域（行业）职工代表大会制度的重要性和紧迫性，采取有效措施，大力推行区域（行业）职工代表大会制度，为职工参与企业管理，构建和谐稳定的劳动关系，促进区域经济和企业的健康发展作出新的贡献。

二、推行区域（行业）职工代表大会制度的原则

区域（行业）职工代表大会，是县级以下一定区域或性质相近的行业内若干尚不具备单独建立职工代表大会制度条件的中小企业，通过民主选举代表联合召开会议，组织职工参与企业管理，行使民主管理权利，协调解决区域（行业）内劳动关系共性问题的民主管理制度。区域（行业）职工代表大会是本区域（行业）内职工参与民主管理的基本形式，也是区域（行业）实行政务公开、厂务公开的有效渠道。

推行区域（行业）职工代表大会制度，要坚持以下原则：

一是坚持党的领导。各级工会在推行区域（行业）职工代表大会制度中，要在区域（行业）党组织的领导下进行，认真贯彻落实党和政府的有关方针政策。

二是坚持实事求是。要根据所在地区经济社会发展和不同行业中小企业的实际情况，因区域、行业、企业制宜，加强区域（行业）职工代表大会制度建设。

三是坚持借鉴创新。根据区域（行业）职工代表大会所覆盖企业的性质和特点，认真借鉴企业职工代表大会制度的经验，从制度内容、形式、方法等方面进行创新，并在实践中不断完善。

四是坚持协调合作。区域（行业）工会组织与相关部门、区域（行业）内企业职工和经营管理者应依照法律法规和有关政策加强协调、密切合作，共同推进区域（行业）职工代表大会制度建设。

三、区域（行业）职工代表大会的职责

要通过建立和完善区域（行业）职工代表大会，组织职工参与企业管理，行使民主管理权利，推进政务公开、厂务公开；促进区域（行业）内企业经营管理者与职工进行有效沟通协调，推动平等协商、集体合同制度的建立与实施，维护职工民主权利和劳动经济利益，构建和谐稳定的劳动关系，促进企业改革发展和所在地区经济社会协调发展。

区域（行业）职工代表大会的主要职责：

（一）听取区域（行业）执行国家有关劳动法规政策情况报告，区域（行业）劳动关系状况报告，并提出意见和建议；

（二）讨论区域（行业）内企业有关劳动报酬、工作时间、休息休假、劳动安全卫生、保险福利、职工培训、劳动纪律以及劳动定额管理等直接涉及职工切身利益的重大问题，提出意见和建议；

（三）讨论通过区域（行业）集体合同草案和专项集体合同草案；

（四）审议监督区域（行业）内企业执行劳动法律法规和区域（行业）职工代表大会决定事项情况，签订和履行劳动合同、集体合同情况，缴纳社会保险费情况，实行厂务公开情况等；

（五）审议决定区域（行业）职工代表大会的其他事项。

四、区域（行业）职工代表大会的工作制度和组织制度

区域（行业）职工代表大会的职工代表经区域（行业）工会与有关方面协调形成推选方案后，由区域（行业）内的企业职工民主选举产生。区域（行业）职工代表大会的职工代表应当有充分的代表性，应在企业经营管理者、工人、技术人员和区域（行业）工会、企业代表组织以及管理部门中合理分配代表名额，企业工人代表人数不得少于代表总人数的50%。

区域（行业）职工代表大会届期为三年至五年，具体届期由区域（行业）职工代表大会确定。如需要提前或者延期换届的，应当由区域（行业）职工代表大会决定。区域（行业）职工代表大会的职工代表任期与区域（行业）职工代表大会届期相同。

区域（行业）职工代表大会每年至少召开一次。区域（行业）职工代表大会每次会议必须有三分之二以上的职工代表出席。

区域（行业）职工代表大会应当召开预备会议，选举产生主席团。主席团负责主持召开大会，协调处理有关事宜。

区域（行业）职工代表大会根据需要，可以设立若干专门委员会（小组），负责办理区域（行业）职工代表大会交办的事项。

区域（行业）职工代表大会进行选举和表决时，实行少数服从多数的原则，以无记名投票方式经全体职工代表过半数通过。

区域（行业）工会组织作为区域（行业）职工代表大会的工作机构，要认真负责地做好区域（行业）职工代表大会的日常工作，包括征集职工代表提案，提出区域（行业）职工代表大会议题的建议；负责区域（行业）职工代表大会的筹备工作和组织工作，提出大会的议程和日程建议；提出区域（行业）职工代表大会主席团、专门委员会（小组）的设立方案和组成人员建议名单；在区域（行业）职工代表大会闭会期间，负责组织职工代表开展巡视、检查、质询等活动，监督区域（行业）职工代表大会决议的执行情况；对职工代表进行劳动法律法规和民主管理方面知识的宣传教育，组织职工代表开展学习和培训，提高职工代表素质。

五、大力推行区域（行业）职工代表大会制度

推行区域（行业）职工代表大会制度，工作涉及面宽、政策性强。各级工会要在同级党委的领导下，加强与政府及有关部门的联系，加强与行业协会、商会等企业代表组织的协商沟通及合作，整合各方面资源，积极主动推进建立区域（行业）职工代表大会制度。尚未建立区域（行业）职工代表大会制度的地方，上级工会要在具备条件的区域或行业进行试点，认真总结实践经验，发挥典型的示范作用，用实际工作成效赢得广大职工群众的认可，争取政府及有关部门的大力支持。

要从本地区经济社会发展的实际出发，紧紧围绕维护职工合法权益、构建和谐劳动关系，推动解决工资集体协商、劳动用工、劳动标准、工作条件、社会保险、职业安全卫生等涉及职工切身利益问题，推进区域（行业）职工代表大会制度建设。要把推行区域（行业）职工代表大会制度与推进政府和工会的联席（联系）会议制度、劳动关系三方协商机制紧密结合，与推动企业依法普遍建立工会组织、依法普遍开展工资集体协商紧密结合，与建立健全厂务公开工作机制、劳动争议调处机制紧密结合，使之相互衔接、相辅相成，更好地发挥区域（行业）职工代表大会制度的作用。

要加强调查研究和理论政策研究，在不断总结工作经验的基础上，逐步规范和完善区域（行业）职工代表大会的职责、组织制度和工作规则。要加强宣传工作和舆论引导，努力营造企业民主管理的良好社会氛围，推进区域（行业）职工代表大会制度建设深入发展。

关于进一步做好职工代表大会民主评议国有企业领导人员工作的意见

（总工发〔2011〕7号）

为了深入贯彻落实党的十七大和十七届四中、五中全会精神以及中央办公厅、国务院办公厅印发的《关于进一步推进国有企业贯彻落实“三重一大”决策制度的意见》（以下简称《意见》）、《国有企业领导人员廉洁从业若干规定》（以下简称《若干规定》）、《中央企业领导人员管理暂行规定》（以下简称《暂行规定》）等文件要求，充分发挥以职工代表大会为基本形式的企业民主管理制度在推进国有企业改革发展、完善现代企业制度中的积极作用，现就进一步做好职工代表大会民主评议国有企业领导人员工作提出如下意见。

一、充分认识新形势下进一步做好职工代表大会民主评议国有企业领导人员工作的重要意义

国有企业是我国国民经济的重要支柱，是发展中国特色社会主义的重要力量，在推动科学发展、加快转变经济发展方式和调整经济结构中发挥着主导作用。职工群众是深化国有企业改革、推进国有企业改制重组、建立现代企业制度的主力军。推进国有企业改革发展，必须充分发挥职工群众的民主决策、民主参与、民主管理、民主监督作用，全心全意依靠广大职工群众办企业。职工代表大会民主评议国有企业领导人员，有利于加强企业党风建设和领导班子建设，建立规范有效的内部监督和约束机制，防止国有企业领导人员行为失范、权力失控、决策失误；有利于维护职工合法权益，构建和谐稳定的劳动关系，维护好、实现好、发展好职工群众的劳动经济权益和民主政治权利，让职工群众共享企业改革发展成果；有利于坚持党的群众路线，密切党群关系和干群关系，保护好、调动好职工群众投身企业改革发展的积极性和创造力；有利于建立和完善中国特色的现代企业制度，规范企业决策行为，提高决策水平，防范决策风险，促进企业科学健康发展。

各地区、各有关部门、各企业要站在贯彻落实科学发展观、构建社会主义和谐社会的高度，充分认识进一步做好职工代表大会民主评议国有企业领导人员工作的重要性和紧迫性，按照中央关于推进国有企业改革发展的部署和《意见》、《若干规定》、《暂行规定》等文件要求，紧密结合企业实际，不断开拓创新，进一步做好职工代表大会民主评议工作。

二、职工代表大会民主评议的对象和内容

职工代表大会民主评议的对象主要是国有独资企业、国有控股企业（含国有独资金融企业和国有控股金融企业）及其分支机构的领导班子及成员。职工代表大会民主评议的具体人员，由各地区、各有关部门、各企业根据企业实际情况确定。

职工代表大会民主评议国有企业领导班子及成员要根据其承担的工作职责和目标任务进行，主要内容包括：政治素质、职业操守情况；履职能力和工作实绩情况；勤奋敬业、尽职尽责维护国家和企业利益情况；依靠职工办企业、维护职工合法权益情况；廉洁从业情况等。

职工代表大会民主评议国有企业领导班子及成员，既要坚持实事求是，注重工作实绩，又要适应新形势新任务新要求，根据不同时期、不同企业特点，确定民主评议的重点，不断深化民主评议内容。当前，要将贯彻中央关于企业重大决策、重要人事任免、重大项目安排和大额度资金运作“三重一大”事项决策制度的执行情况，企业领导人员廉洁从业情况，涉及职工切身利益重大事项的决策及执行情况，重要规章制度的制定及执行情况，实行厂务公开情况等，作为职工代表大会民主评议的重要内容，使职工代表大会制度在促进国有企业党的建设、推动科学发展、构建和谐企业中充分发挥作用。

三、职工代表大会民主评议国有企业领导人员的组织实施

职工代表大会民主评议国有企业领导人员工作要在企业党委（党组）领导下，由职工代表大会主席团主持进行，职工代表大会应建立民主评议专门委员会（或专门小组），负责职工代表大会交办的民主评议事项及监督检查民主评议结果落实等情况。上级组织人事部门要对职工代表大会民主评议国有企业领导人员工作进行指导和监督。

职工代表大会民主评议国有企业领导人员工作应每年进行一次。民主评议前，被评议人应当在职工代表大会上作述职、述廉报告，接受职工代表的质询；民主评议应当采用职工代表无记名投票方式进行测评；民主评议的结果应根据干部管理权限，报上级组织人事部门或董事会，同时抄报（派驻）本企业监事会。

企业党委（党组）书记、董事长、总经理是本企业职工代表大会民主评议国有企业领导人员工作的主要责任人，要重视和支持职工代表大会开展民主评议工作。企业工会作为职工代表大会的工作机构，要协同企业组织人事和纪委等相关部门做好职工代表大会民主评议的具体组织工作。企业要根据有关文件要求，制定或修订本企业职工代表大会民主评议国有企业领导人员的实施办法或操作规程，明确评议内容，规范评议程序，建立规范有效的工作机制，不断提高民主评议工作质量和水平。

四、加强对职工代表大会民主评议国有企业领导人员工作的指导

各地区、各有关部门要高度重视职工代表大会民主评议国有企业领导人员工作，加强组织协调和工作指导，共同做好此项工作。纪检监察部门要把民主评议作为建立健全惩治和预防腐败体系建设的重要工作内容，将群众监督和效能监察有效结合起来，完善拒腐防变长效机制，提高反腐倡廉成效；党委组织部门、国有资产监督管理部门要把民主评议作为综合考核评价企业领导人员的重要形式和有效监管国有资产的重要手段，将民主评议结果作为奖惩、任免干部的重要依据；工会组织要把民主评议作为维护职工合法权益的制度平台，促进劳动关系和谐稳定；工商联组织要指导非公有制企业结合实际，积极探索适合非公有制企业特点的职工代表大会民主评议内容和方式，稳步推进此项工作。

各地区、各有关部门要加强组织领导，适应新形势新任务的要求，不断研究新情况，总结新经验，提出新举措，强化制度建设，狠抓落实和督促检查，扎实做好职工代表大会民主评议国有企业领导人员工作。既要调动好职工群众民主参与和民主监督的积极性，又要保护好企业领导人员依法经营和科学管理的责任感，进一步提高企业的民主决策和科学决策水平，增强企业决策的公信力和执行力，共同推动企业科学管理、健康发展，努力为加快转变经济发展方式、实现经济社会全面协调可持续发展贡献力量。

科技、教育、文化、卫生等事业单位职工代表大会民主评议工作参照本意见精神执行。

中共中央纪委　中共中央组织部
国务院国有资产监督管理委员会　监察部
中华全国总工会　中华全国工商业联合会
2011 年 1 月 30 日

中华全国总工会办公厅关于规范召开企业职工代表大会的意见

（总工办发〔2011〕53 号　2011 年 12 月 7 日）

为规范召开企业职工代表大会（以下简称职代会），充分有效地发挥企业职代会作用，根据相关法律法规，结合企业职代会运行的实际情况，提出以下意见。

一、企业职代会每年至少召开一次。

二、企业职代会实行届期制，每三至五年为一届，到期应当及时换届。

三、企业工会是企业职代会的工作机构。未建工会的企业召开职代会，应当向上级工会组织报告，在其指导下开展相关工作。

四、企业首次召开职代会前应当成立筹备机构，由企业党组织、行政、工会等方面人员组成。筹备机构主要任务是：起草本单位职代会实施办法（细则）；组织选举职工代表；起草职代会筹备工作情况报告；研究确定本次职代会主要议题和议程；听取职工的意见和建议，等等。

五、企业应当根据法律法规的规定，结合实际，制定职代会实施办法（细则）。职代会实施办法（细则）应当提交职代会审议通过。

六、企业应当根据职工人数和生产（行政）单位设置状况确定职工代表总数、划分选区、分配名额，进行职工代表的选举。职工代表人数应当按照企业全体职工人数的一定比例确定，具体比例和人数应当按照本企业职代会实施办法（细则）确定，或由企业与工会协商确定，但最少不得低于三十人。企业职工人数在五十人以下的，应当召开职工大会。

七、职工代表中应当有工人、技术人员、管理人员、企业领导人员和其他方面的职工。其中企业领导人员一般不超过职工代表总数的五分之一。

八、各选区按照分配名额，由工会负责组织职工直接选举职工代表。

九、企业领导（高级管理）人员应当在相应的选区，参加职工代表的选举。

十、选举（撤换）职工代表，必须有选区全体职工三分之二以上参加，得到选区全体职工总数二分之一以上同意票者方可当选（撤换）。

管理层级较多的企业，参加上一级职代会的职工代表，可以在下一级职代会职工代表中选举产生，也可以由全体职工直接选举产生。

十一、职工代表人数较多的可以按选区组成代表团（组），推选团（组）长。

十二、职工代表实行常任制，任期与职代会届期相同，可以连选连任。

十三、职工代表在任期内因跨选区工作岗位变动或企业与其终止、解除劳动关系，其代表资格自行终止，缺额应当由原选举单位按照规定补选。

十四、职代会可以设列席代表和特邀代表；可以组织职工旁听。

十五、工会应当按照企业职代会实施办法（细则）制定职工代表选举方案；负责对职工代表条件、产生程序、人员构成比例等进行审核，并将职工代表名单进行公示，接受职工监督。

十六、确定召开职代会后，工会或职代会提案委员会应当通过职工代表向职工征集提案；经审查立案后提交职代会讨论。

十七、召开职代会前应当以书面形式，通知职工代表参加会议的时间、地点及主要内容。

十八、需要通过职代会讨论表决事项的相关材料，一般应当在会前不少于7个工作日，以书面形式送达职工代表，由职工代表团（组）长组织职工代表充分讨论和征求选区职工的意见。

十九、基层工会组织在召开职代会之前，应当向上一级工会报告会议筹备情况，上一级工会应当予以指导。

二十、正式召开职代会前可以召开预备会议。预备会议由本企业工会主持，全体职工代表参加。

二十一、职代会预备会议的主要程序是：

（一）选举大会主席团；

（二）听取关于本届（次）职代会筹备情况的报告；

（三）审议通过关于职工代表资格审查情况的报告；

（四）通过大会议程；

（五）决定大会其它有关事项。

二十二、召开职代会正式会议必须有全体职工代表的三分之二以上到会。

会议主持人必须向大会报告职工代表出席情况、职代会提案征集处理情况和上次职代会提案的落实情况。

二十三、职代会应当以职工代表团（组）为单位讨论相关事宜。大会主席团成员分别参加本代表团（组）的讨论。

二十四、职代会选举及表决通过决议、重要事项，应当以无记名投票方式进行，得到全体职工代表二分之一以上同意票方为当选（有效）。

二十五、职代会主席团负责处理会议期间的相关事项。

二十六、职代会闭会期间遇有重大问题，可由企业行政、工会或三分之一以上的职工代表联名，提议召开职代会，并按照规范程序进行。

二十七、职代会通过的决议、重要事项和选举结果等应当形成书面文件并及时公示。

职代会应当建立专门档案。

二十八、事业单位、民办非企业单位等其它单位可参照本意见执行。

国有文化企事业单位职工代表大会实施办法（暂行）

（总工发〔2012〕62 号　中华全国总工会、文化部
2012 年 9 月 3 日发布）

第一章　总　则

第一条　为认真贯彻党中央关于坚定不移发展社会主义民主政治、进一步加强基层民主政治建设的要求，规范国有文化企事业单位民主管理活动，保障职工的民主权利和劳动经济权益，充分调动和发挥职工的积极性、主动性和创造性，推进文化体制机制改革创新，推动社会主义文化繁荣发展，依据《宪法》、《劳动法》、《工会法》、《劳动合同法》、《公司法》等法律法规，特制定本办法。

第二条　职工代表大会是国有文化企事业单位实行民主管理的基本形式，是职工行使民主管理权力的机构，也是文化企事业单位治理结构的重要组成部分。

第三条 国有文化企事业单位必须建立和健全职工代表大会（或职工大会，下同）制度和其它职工民主管理制度，实行院（团、馆）务公开，依法设立职工董事和职工监事，推行民主管理。

国有文化企事业单位应当尊重和保障职工依法享有的知情权、参与权、表达权和监督权等民主权利，支持职工参加文化企事业单位管理活动，发挥职工在参与审议文化企事业单位重大决策、监督行政管理、维护自身合法权益等方面的作用。

第四条 国有文化企事业单位职工代表大会接受同级党组织的思想政治领导，贯彻执行党和国家的方针、政策，正确处理国家、企事业单位和职工三者利益关系，在法律规定的范围内行使职权。党组织要定期研究职工代表大会工作，定期听取职工代表大会工作汇报，支持职工代表大会依法行使职权。

第五条 职工代表大会应当积极支持本单位行政领导行使经营管理决策和统一指挥业务活动的职权。

董事会、经理层要积极推进职代会制度和职代会决议的落实。

第六条 国有文化企事业单位工会应当组织职工依法开展民主管理活动，维护职工合法权益。

工会委员会是职工代表大会的工作机构，负责职工代表大会的日常工作，检查、督促职工代表大会决议的执行。

第七条 国有文化企事业单位职工应当尊重和支持本单位依法行使管理职权，积极参与企事业单位管理。

第二章 职工代表大会职权

第八条 职工代表大会行使下列职权：

（一）听取本单位行政负责人的工作报告，讨论审议本单位年度工作报告、发展长远规划和近期目标、重大改革方案、财务预决算报告、收入分配方案，并作出决议；

（二）审议通过岗位责任制、劳动用工、劳动报酬、工作时间、休息休假、劳动安全卫生、保险福利、职工培训、劳动纪律，以及其它涉及职工切身利益的规章制度或者重大事项等；

（三）审议通过集体合同草案，对集体合同履行情况进行监督检查；

（四）审议决定职工福利基金的使用方案和其它有关职工生活福利的重大事项；对职工参加社会保险及各项社会保险费缴纳情况进行监督；

（五）民主评议和监督领导班子成员，并向相关部门提出奖惩和任免的建议；

主管机关任命或者免除行政领导人员的职务时，必须充分考虑职工代表的意见；

（六）选举职工董事、职工监事；推选劳动模范和先进工作者；

（七）其它法律和行政法规规定的须经职工代表大会讨论、审议或者决定的事项。

第三章　职工代表大会组织制度

第九条　国有文化企事业单位可以根据职工人数确定召开职工代表大会或者职工大会。

召开职工代表大会的，职工代表人数按照不少于全体职工人数的百分之五确定，但最少不少于三十人。职工代表人数超过一百人的，超出的代表人数可以由文化企事业单位与工会协商确定。

第十条　职工代表大会每三至五年为一届，每年至少召开一次。召开职工代表大会正式会议必须有全体职工代表的三分之二以上到会方为有效。

第十一条　职工代表大会可以选举主席团主持会议，处理会议期间的相关事项。主席团成员在职工代表中产生。主席团成员应当有领导人员、演职人员（工人）、技术人员、管理人员和其他方面的职工。其中，中层以上管理人员不得超过主席团成员半数。领导人员一般不超过职工代表总数的五分之一。

第十二条　职工代表大会应当围绕增强本单位活力、促进技术进步、提高经济效益，针对本单位经营管理、分配制度和职工生活等方面的重要问题确定议题。

第十三条　职工代表大会可以根据需要，设立提案组、职工保险福利组、财务审查组、规章制度监督组、平等协商组、民主评议组等若干专门小组。各专门小组的人选，一般在职工代表中提名，也可以聘请非职工代表，但必须经职工代表大会表决通过。各专门小组对职工代表大会负责。

专门小组进行活动需要占用工作时间的须经领导同意，方可享受正常出勤同样的待遇。

第十四条　首次召开职工代表大会前应当成立筹备机构，由单位党组织、行政、工会等方面人员组成。筹备机构主要任务是：起草本单位职工代表大会实施办法（细则）；组织选举职工代表；起草职代会筹备工作情况报告；研究确定本次职工代表大会主要议题和议程；听取职工意见和建议，等等。

第十五条　职工代表大会预备会议的主要程序。

（一）选举大会主席团；

（二）听取关于本届（次）职工代表大会筹备情况的报告；

（三）审议通过关于职工代表资格审查情况的报告；

（四）通过大会议程；

（五）决定大会其它有关事项。

第十六条 职工代表大会召开正式会议时，会议主持人必须向大会报告职工代表出席情况、职工代表大会提案征集情况和上次职工代表大会提案的落实情况。职工代表大会应当以职工代表团（组）为单位讨论相关事宜。大会主席团成员分别参加本代表团（组）的讨论。

第十七条 职工代表大会选举及表决通过决议、重要事项，应当以无记名投票方式进行，得到全体职工代表二分之一以上同意方为有效。

职工代表大会形成的决议和决定，非经职工代表大会同意不得修改。确需变更和修改的，必须提请职工代表大会重新审议表决通过后方可执行。

第十八条 职工代表团（组）长和专门小组负责人联席会议。职工代表大会闭会期间，需要临时解决的重要问题，由工会委员会召集职工代表团（组）长和专门小组负责人联席会议，协商处理，并向下一次职工代表大会报告予以确认。联席会议可以根据会议内容邀请党政负责人及相关人员参加。

第十九条 职工代表大会闭会期间遇有重大问题，可由单位行政、工会或者三分之一以上的职工代表联名，提议召开职工代表大会。

第四章 职工代表

第二十条 与企业签订劳动合同建立劳动关系以及与企事业单位存在事实劳动关系的职工，有选举和被选举为职工代表大会代表的权利。

职工代表由职工直接选举产生。选举、罢免职工代表，应当召开选举单位全体职工会议，会议应当有三分之二以上职工参加。选举、罢免职工代表的决定，应当经全体职工过半数通过方为有效。

第二十一条 职工代表中应当有领导人员、演职人员（工人）、技术人员、管理人员和其他职工；中层以上管理人员不得高于20%；青年职工和女职工应占一定比例；有劳务派遣职工的企事业单位，职工代表中应当有适当比例的劳务派遣职工代表。

第二十二条 职工代表实行常任制，任期与职工代表大会届期相同，一般每三至五年改选一次，可以连选连任。职工代表对选举单位的职工负责。

第二十三条 职工代表在任期内因跨选区工作岗位变动或者单位与其终止、解除劳动关系，其代表资格自行终止，缺额应当由原选举单位按照规定补选。职工代表任期未满，在单位内部调动工作，代表资格保留；职工代表与企事业解除劳动关系，代表资格自行终止，由原选举单位按法定程序替补。

第二十四条 职工代表的权利

（一）有选举权、被选举权、建议权、表决权、知情权、监督权和提案权；

（二）参加职工代表大会及其工作机构组织的各项活动；参加单位对执行职工代表大会决议和提案落实情况的检查；参加对行政领导班子成员的民主评议和监督；

（三）因参加职工代表大会的各项活动而占用生产或者工作时间，视为正常出勤；

（四）依照其它法律法规的规定行使民主权利。

第二十五条 职工代表的义务

（一）努力学习和掌握党的方针、政策和国家有关法律、法规以及业务知识，不断提高思想觉悟、业务水平和参加管理的能力；

（二）代表职工合法权益，如实反映职工群众的意见和要求，认真执行职工代表大会的决议，做好职工代表大会交办的各项工作；

（三）职工董事、职工监事和参加平等协商、签订集体合同的职工代表向职工代表大会负责，并报告工作；

（四）遵守国家法律、法规和企事业单位规章制度，做好本职工作；

（五）其它法律法规规定的义务。

第五章 职工代表大会工作机构

第二十六条 国有文化企事业单位工会委员会作为职工代表大会的工作机构承担下列工作：

（一）组织职工选举职工代表；

（二）提出职工代表大会议题的建议，主持职工代表大会的筹备工作和会议的组织工作；

（三）提出职工代表大会主席团、专门小组的组建方案，组织专门小组和职工代表开展日常的监督、检查、调研等活动；

（四）建立与职工联系制度和职工反映意见、要求、建议的渠道，接受和处理职工代表的申诉与建议，维护职工代表的合法权益；

（五）定期培训职工代表，组织职工代表学习党的有关方针政策、业务管理知识，提高职工代表参与决策、管理和监督的能力；

（六）提名参加董事会、监事会的职工代表候选人；

（七）闭会期间，监督检查大会决议的落实和提案处理情况；

（八）组织开展民主管理的其它工作。

第六章　其它形式的民主管理制度

第二十七条　国有文化企事业单位应当实行院（团、馆）务公开制度。要在法律、法规允许的范围内，以职工代表大会为主要形式，并通过其它形式，将企事业单位重大决策、生产经营管理的重要问题，涉及职工切身利益的问题以及与企业领导班子建设和党风廉政建设密切相关的问题，向职工公开，切实保障职工的知情权、表达权、参与权、监督权等各项权利的落实。

第二十八条　国有文化企事业单位建立集体合同制度的，工会要代表职工就职工劳动报酬、工作时间、休息休假、劳动安全卫生、保险福利等涉及职工切身利益的事项与单位进行集体协商，集体合同草案应提交职工代表大会或者全体职工讨论通过。

第二十九条　实行公司制的文化企业单位，应当按照《公司法》的规定建立职工董事、职工监事制度。通过职工代表大会民主选举一定数量的职工代表进入董事会、监事会。职工董事、职工监事代表职工参与企业的决策，发挥监督作用。

第三十条　国有文化企事业单位在建立健全职工代表大会制度的同时，还可以通过劳资恳谈会、民主议事会等形式，广泛开展多种形式的民主管理活动，提高和扩大职工的参与程度和范围。

第三十一条　本实施办法（暂行）自公布之日起施行。

第三十二条　非国有文化企事业单位参照本办法执行。

中华全国总工会办公厅关于在推进事业单位改革中加强民主管理工作的通知

（总工办发〔2012〕38号）

各省、自治区、直辖市总工会，各全国产业工会，中共中央直属机关工会联合会、中央国家机关工会联合会，全总各部门、各直属单位：

为贯彻落实《中共中央、国务院关于分类推进事业单位改革的指导意见》和《中共中央办公厅、国务院办公厅印发〈关于进一步深化事业单位人事制度改革的意见〉的通知》精神，推进事业单位改革工作顺利进行，切实维护事业单位职工合法权益，保持职工队伍稳定，更好地服务党和国家工作大局，现就加强民主管理工作推进事业单位改革的有关问题通知如下。

一、统一思想认识，高度重视在推进事业单位改革中加强民主管理工作

按照党中央、国务院的战略部署，我国事业单位的清理规范工作基本完成，事业单位改革正在分类推进，事业单位人事制度改革进一步深化。推进事业单位改革，是加快社会事业发展、满足人民群众公益服务需求、全面建设小康社会和构建社会主义和谐社会的客观需要与必然选择，是我国深化改革的重要组成部分。事业单位改革涉及120万个单位的3000多万职工的切身利益。在推进事业单位改革中坚持党的群众路线，通过公开民主的方法切实维护职工权益，才能更好地取得职工群众的理解、支持与配合，保证改革的顺利进行。

在事业单位改革中切实加强民主管理工作，是贯彻落实科学发展观，尊重和保障职工民主权利，保障事业单位改革顺利推进的基础，也是党中央、国务院关于深化事业单位人事制度改革要坚持科学化、民主化、制度化方向，坚持民主、公开、竞争、择优原则的要求。以往我国企事业单位改革的经验证明：凡在改革中坚持和完善民主管理制度，积极组织和引导职工参与改革的，改革都能够平稳有序地推进，达到预期目标；凡在推进改革中民主管理工作缺失或履行民主程序不规范的，往往会造成职工对改革缺乏理解和信心，改革进程就会变得艰难曲折，甚至影响职工队伍与社会和谐稳定。

各级工会要从改革开放和社会主义现代化建设全局的高度，充分认识事业单位改革中加强民主管理工作的重要性和必要性，充分发挥党和政府联系职工群众的桥梁纽带作用，切实履行维护职工合法权益的基本职责。要认真学习和把握党中央、国务院关于事业单位改革的方针政策、原则要求和工作步骤，把实行以职代会为基本形式的民主管理制度作为服务事业单位改革大局的重要工作，认真贯彻执行《学校教职工代表大会规定》等部颁规章，面向事业单位推行职工代表大会、教职工代表大会（以下简称职代会）和院务公开、校务公开、所务公开（以下简称厂务公开）等民主管理制度，积极组织动员职工群众参与事业单位改革，推动事业单位改革顺利进行。

二、坚持民主程序，在事业单位改革中切实代表和维护职工民主权利和劳动权益

各事业单位工会要按照中央关于“健全民主管理制度，充分发挥职工代表大会和工会的职能作用”的要求，坚持涉及职工切身利益的改革方案必须提交职代会审议，实行厂务公开，履行民主程序，最大限度地保障职工的知情权、参与权、表达权和监督权。要监督事业单位将改革的目标任务、进展情况和人事制度、收入分配制度、社会保障制度的方案草案等及时进行公开，提交职代会审议；重大事项或方案等应争取提交职代会审议通过后实施。职代会制度健全的，应严格履行相关民主程序；职代会制度不健全的，如未及时换届、职工代表人数不符合法定要求的，应在完善职代会制度后，再履行相关民主程序；未建职代会制度的事业单位应当建立健全职代会制度或召开专题职工大会。召开职代会时，出席职代会的职工代表应不少于全体职工代表的三分之二；对重要事项的表决，应采用无记名投票的方式分项表决，经全体职工代表的过半数通过方为有效。事业单位工会要切实承担起职代会工作机构的职责，努力推动健全和完善职代会制度，严格按照召开职代会、实行厂务公开的要求履行民主程序，在事业单位改革中充分发挥民主管理的作用。

各事业单位工会应当积极取得本单位党组织的领导和支持，积极参加本单位改革领导机构，参与改革的各项工作，从源头上代表和反映职工的利益诉求。要深入职工群众，充分听取职工意见建议，主动向所在单位的党政以及上级工会反映职工的思想动态，代表好、表达好职工的合理利益诉求，维护好、实现好职工群众的合法权益。

各事业单位工会要积极协助党政及有关部门宣传改革的意义和具体做法，认真解答职工在改革中的疑惑，做好职工思想政治工作，同时，要加强对职工的人文关怀和心理疏导，增强职工对改革的认同感，保护调动职工参与改革的积极性，激发职工推进企事业单位发展的主人翁责任感和创造精神，在推动改革、促进发展中切实维护职工队伍的稳定。

三、注重源头参与，切实加强对事业单位改革中民主管理工作的分类指导

各地工会和有关产业工会要加强源头参与，主动与本地区、本产业的推进事业单位改革领导机构沟通协调，积极争取进入地方或产业的事业单位改革领导机构，及时了解和掌握事业单位改革的相关政策举措，根据职工反映的意见诉求，对事业单位改革的方案、重大事项和相关政策措施提出意见和建议；要积极争取与有关部门共同制定下发在事业单位改革中坚持民主管理制度的政策文件，对改革中履行民主程序提出明确要求，保障改革过程中职工的民主权利与合理诉求得到有效维护，切实将维权关口前移。

各地工会和有关产业工会要深入实际调查研究，注意总结借鉴事业单位改革试点地区的成功经验，及时了解发现改革中的新情况新问题，提出相应的对策建议。对改革过程中出现的不稳定因素，要及时向当地党委、政府和有关部门反映，力争把改革中的矛盾和问题解决在基层，解决在萌芽状态，确保职工队伍与社会和谐稳定。

各地工会和有关产业工会要加强对事业单位工会参与改革工作的分类指

导，帮助基层工会解决改革中遇到的实际问题。对于划转为行政机构的，要指导基层工会重点关注被裁减人员的分流安置问题，切实保障分流职工的权益；对于纳入事业单位管理的，要重点关注定岗定编、绩效工资、社会保险、职业年金等方案的制订和审议；对于转为企业的，则要重点关注对职工的经济补偿、劳动关系接续、转企后待遇等方案的制订和审议，解决好职工切身利益问题。要督促和指导改制后的事业单位和企业，建立健全工会组织，配齐配强工会干部，按照党的十七大关于“完善以职工代表大会为基本形式的企事业单位民主管理制度，推进厂务公开，支持职工参与管理，维护职工合法权益”的要求，建立健全职代会制度，实行厂务公开，在公司制企业建立职工董事职工监事制度，推动企事业单位科学管理，构建和谐劳动关系。

请各省、自治区、直辖市总工会及时将参与事业单位改革的进展情况报全国总工会民主管理部。

中华全国总工会办公厅

2012 年 9 月 21 日

中华全国总工会关于加强公司制企业民主管理工作的意见

（总工发〔2012〕78 号　2012 年 12 月 13 日）

为贯彻落实党的十八大关于扩大社会主义民主、完善基层民主制度的精神，适应当前我国现代企业发展形势的要求，充分发挥以职工代表大会为基本形式的企业民主管理制度在完善现代企业法人治理结构、维护职工合法权益、构建和谐劳动关系、促进公司制企业又好又快发展中的积极作用，根据《公司法》、《劳动法》、《劳动合同法》及《企业民主管理规定》等法律法规，现就加强公司制企业民主管理工作提出如下意见。

一、充分认识加强公司制企业民主管理工作的重要意义

随着我国公有制企业改革逐步深化、非公有制企业不断发展，公司制作为现代企业的有效组织形式已成为不同所有制企业改革发展的普遍选择。依照《公司法》、《公司登记管理条例》成立的公司制企业，其法人治理结构在推动企业明晰产权、明确责权、强化监督、科学管理方面发挥了积极作用。同时，公司制企业依照《公司法》设立职工董事职工监事，建立健全以职工代表大会为基本形式的企业民主管理制度，加强了所有者、经营者和劳动者之间的有效沟通和协调，维护了职工合法权益，推动了劳动关系和谐发展，完善了法人治理结构，形成了中国特色企业管理制度。

根据当前经济形势和企业发展的客观需要，按照党的十八大关于“全心全意依靠工人阶级，健全以职工代表大会为基本形式的企事业单位民主管理制度，保障职工参与管理和监督的民主权利”的要求，依靠职工办企业，将民主管理制度融入企业法人治理结构，是加强基层民主政治建设的客观需要，是企业遵守国家法律法规经营管理的法定责任，是完善企业决策机制、实现科学管理可持续发展的必然要求，是构建和谐劳动关系、实现职工与企业共同发展的重要保证。

各级工会要充分认识加强公司制企业民主管理工作的重要性和必要性，促进公司制企业不断拓宽民主管理的范围和途径，不断丰富内容和形式，保障广大职工享有更多更切实的民主权利。要认真贯彻执行《公司法》、《中共中央办公厅、国务院办公厅关于在国有企业、集体企业及其控股企业深入实行厂务公开制度的通知》、《企业民主管理规定》等法律法规和政策规定，推动公司制企业依法建立健全职工代表大会制度、职工董事职工监事制度，推进厂务公开，开展民主协商，建立集体合同制度，维护职工合法权益，促进公司制企业又好又快发展。

二、大力推进公司制企业依法建立健全民主管理制度

各级工会要推动公司制企业严格执行企业民主管理相关法律法规和政策规定，将以职工代表大会为基本形式的企业民主管理制度作为中国特色企业管理制度的重要组成部分，真正融入到董事会决策、经理层执行、监事会监督的公司法人治理过程之中，融入到企业经营管理的活动之中，最大限度地激发和调动职工工作热情和创造活力，增强职工的主人翁意识和责任感，充分发挥民主管理对完善公司法人治理结构的积极作用。一方面推动公司制企业法人治理的权力运行和监督机制更加有效，防止企业领导人员行为失范、权力失控、决策失误，维护好投资人的合理利益；另一方面促进公司制企业经营管理者与劳动者相互协商、相互合作的民主决策意识不断强化，既维护好职工合法权益，又不断提高经营管理水平，为企业持续健康稳定发展提供制度性保障。

（一）推动公司制企业依法建立健全职工代表大会制度，加强民主决策和科学管理。

要督促公司制企业依法建立健全职工代表大会制度，按照《企业民主管理规定》的要求，定期召开职工代表大会，保障职工的知情权、参与权、表达权、监督权等民主权利，夯实公司制企业重要决策的民意基础。

一是发挥职工代表大会在推动董事会民主决策科学决策方面的积极作用。职工代表大会应当通过职工董事参与董事会的决策过程，充分发挥职工代表大会在了解民心、汇聚民意、形成共识方面的独特作用，真实、充分反映职工的意见建议，使董事会的决策和管理更加符合企业实际，符合大多数职工的意愿，得到广大职工的理解和支持。要督促董事会在经职工代表大会广泛听取职工意见的基础上进行决策。职工代表大会要及时宣传董事会决策精神，推动董事会决策事项的实施。

二是发挥职工代表大会在增强经理层经营管理效能方面的积极作用。职工代表大会应当监督和支持经营管理者依法将生产经营情况、发展规划和管理办法，以及改革发展过程中遇到的问题，通过职工代表大会等形式，向职工报告和说明；在制定、修改或者决定直接涉及劳动者切身利益的规章制度或者重大事项时，必须依法提交职工代表大会审议，集体合同草案必须依法提交职工代表大会审议通过；通过开展“公开解难题、民主促发展”主题活动，广泛征集职工代表提案，组织职工开展劳动竞赛和技术攻关、技术革新、发明创造等科技创新活动，群策群力破解经营管理难题、完善经营管理制度，提高企业市场竞争能力。

三是发挥职工代表大会在提高监事会监督实效性方面的积极作用。职工代表大会应当充分发挥民主监督的优势和作用，使职工代表大会广泛、深入的群众性监督与监事会专职、专业的权利性监督优势互补、形成合力。要组织职工代表开展调研巡查，通过对经营管理重大事项及董事和高级管理人员职务行为进行质询，民主评议领导人员等监督检查活动，为监事会及时提供详实的信息，督促企业执行劳动法律法规和规章，履行社会责任，推动企业健全权力运行的内部民主监督机制，提高监事会监督的效能。

职工代表大会还应当通过由其选举产生的职工董事职工监事影响和监督董事会、监事会的各项活动，督导职工董事职工监事在董事会决策、监事会监督的过程中发挥应有作用。

（二）推动公司制企业建立健全厂务公开制度，促进信息公开和廉洁从业。

要推动公司制企业实行厂务公开，积极推进厂务公开制度化、规范化建设，充分发挥厂务公开在保障职工民主权利、加强权力运行监督、促进反腐倡廉建设、推动企业健康发展方面的积极作用。

一是要推动所有公司制企业实行厂务公开，建立相应的工作制度。国有独资及其控股的公司制企业必须健全和完善厂务公开制度，并根据企业实际情况不断创新发展。

二是要丰富内容和形式，规范厂务公开制度。公司制企业的厂务公开要以职工代表大会为主要载体，并通过厂务公开栏、厂情发布会、民主议事会、劳资恳谈会和内部信息刊物、网络、广播、电视等形式，将生产经营管理的重大事项、涉及职工切身利益的规章制度和经营管理人员廉洁从业相关情况，按照一定程序向职工公开，听取职工意见，积极争取职工的理解和支持，接受职工监督。

三是要把厂务公开与公司制企业信息披露相结合。要将法定的公司信息披露制度与厂务公开制度紧密结合、同步推进，通过厂务公开将企业经营管理活动置于职工的监督之下，从而使对外公开与对内公开相结合，外部监督与内部监督相促进，保证披露信息和公开事项的真实性，增加职工和投资者的信心，推动企业健康发展。

（三）推动公司制企业依法建立健全职工董事职工监事制度，强化职工参与和内部监督。

要督促公司制企业依照法律法规和政策规定，支持和保证职工董事职工监事与董事会、监事会其他成员平等地参与企业决策、管理和监督，代表和维护职工合法权益。

一是要推动所有设立董事会、监事会的公司制企业建立职工董事职工监事制度。国有独资公司设立董事会的，以及两个以上的国有企业或者其他两个以上的国有投资主体投资设立的有限责任公司设立董事会的，必须依照《公司法》的规定设立职工董事；同时要督促其他设立董事会的公司制企业建立职工董事制度。设立监事会的各类公司制企业都必须设立职工监事，职工监事的比例不得低于监事会成员的三分之一。

二是要坚持职工董事职工监事必须依法由职工代表大会选举产生。职工董事职工监事的候选人应当由公司制企业工会在充分听取职工意见的基础上提名，经职工代表大会全体代表过半数通过方可当选，并报上一级工会组织备案。

公司制企业应当依法在公司章程中明确职工董事职工监事在董事会、监事会中的具体比例和人数，并明确工会主席、副主席作为职工董事职工监事候选人人选。

三是要加强对职工董事职工监事的支持与监督。必须明确职工董事职工监事是职工代表，对职工代表大会负责，在董事会、监事会会议上，要按照职工代表大会的有关决议发表意见，全面真实准确地反映职工代表大会的意见和建议，表达和维护职工合法权益和利益诉求；要定期向职工代表大会报告工作，接受职工代表大会的质询和监督。职工董事职工监事不履行职责或者有严重过错的，经三分之一以上的职工代表联名提议，职工代表大会全体代表的过半数通过，应当予以罢免。

要督促公司制企业依法为职工董事职工监事开展工作提供必要的信息和条件，保障职工董事职工监事依法履行职责应享有的各项权益，以及与公司制企业的其他董事监事享有同等的权利和相应的待遇。职工董事职工监事在任职期间，除法定情形外，企业不得与其解除劳动合同。

三、切实加强对公司制企业民主管理工作的指导

各级工会要把加强公司制企业民主管理工作作为一项重点工作来抓，从本地区、本产业和企业实际情况出发，加强组织领导，制订工作规划，加强对公司制企业民主管理工作的指导和监督。

积极推进公司制企业建立健全民主管理制度。要一手抓建制、一手抓规范。督促公司制企业在公司章程中明确建立企业民主管理制度相关内容。对尚未建立职工代表大会、厂务公开制度的公司制企业，依法应当设立却尚未设立职工董事职工监事制度的公司制企业，上级工会要加大建制工作力度，指导和帮助这些企业尽快建立职工代表大会制度，选举产生职工董事职工监事，实行厂务公开，同时，健全工作制度、规范工作程序，使厂务公开民主管理工作在推动企业发展、维护职工权益中发挥积极作用。

努力推动公司制企业民主管理工作创新发展。要及时总结公司制企业民主管理工作中的创新经验，大力宣传和推广先进典型，以点带面整体推进厂务公开民主管理工作。要加强与党委纪检部门、组织部门，政府国有资产监督管理机构、监察机关，企业代表组织等有关单位协作配合，齐抓共管、形成合力，共同把公司制企业民主管理工作抓好抓实。要加强立法源头参与，推动地方出台公司制企业民主管理工作的相关法规，为国家修改《公司法》和制定企业民主管理的法律法规奠定实践基础。要积极推动立法机关开展执法检查和政府有关部门行政监察，依法推进公司制企业实行民主管理。要加强调查研究，及时研究解决实践中出现的新情况、新问题，深入开展理论研究，为实践提供理论依据，推动公司制企业民主管理工作创新发展。

充分发挥公司制企业工会在企业民主管理工作中的作用。公司制企业工会要积极争取党组织的领导和经营管理者的支持，推动企业建立健全民主管理制度。要切实履行职工代表大会工作机构的职责，努力做好职工代表大会的组织工作，健全各项工作制度，推动职工代表大会各项决议的落实，积极开展职工代表的培训工作，努力提高职工代表的综合素质和履职能力。要认真做好厂务公开协调领导机构交办的各项工作，努力落实工作责任，完善考核评价和监督检查机制。要监督集体合同草案提交职工代表大会审议通过的民主程序落实和集体合同的切实履行。要及时了解和掌握职工的意愿和要求，积极为职工董事职工监事提供履行职责必要的信息和建议，帮助提高职工董事职工监事的履职能力。

DIFANGXING FAGUI

地方性法规

民主管理条例

内蒙古自治区职工民主管理条例

（2002年12月3日　内蒙古自治区第九届人民代表大会常务委员会第三十三次会议通过）

第一条　为了保障职工参与民主管理的权利，维护职工合法权益，保护、调动和发挥职工的积极性和创造性，促进企业、事业单位的健康发展，根据《中华人民共和国宪法》、《中华人民共和国工会法》和《中华人民共和国劳动法》等有关法律、法规，结合自治区实际，制定本条例。

第二条　本条例适用于自治区行政区域内的企业、事业单位。

第三条　本条例所称职工参与民主管理，是指企业、事业单位职工依照有关法律、法规的规定，通过职工代表大会或者与企业、事业单位相适应的其他形式参与本单位的民主决策和管理，行使民主权利的活动。

第四条　企业、事业单位应当建立与本单位相适应的职工参与民主管理制度，保障职工依法行使参与民主管理的权利；职工应当积极参与民主管理。

第五条　旗县级以上人民政府有关企业、事业单位主管部门负责职工参与民主管理工作的监督检查，劳动和社会保障行政部门等其他有关部门在各自职责范围内负责职工参与民主管理的有关工作。

第六条　企业、事业单位工会应当组织职工依法参与本单位的民主管理，维护职工行使民主管理的权利。

上级工会应当支持、指导和帮助企业、事业单位职工依法参与民主管理，对企业、事业单位开展民主管理的情况进行监督。

第七条　企业、事业单位职工应当通过下列与本单位相适应的形式，参与民主管理：

（一）职工大会或者职工代表大会；

（二）实行厂务或者事务公开；

（三）平等协商和签订集体合同；

（四）设立职工董事和职工监事；

（五）提出合理化建议；

（六）法律、法规规定的其他形式。

第八条 职工大会或者职工代表大会是企业、事业单位职工参与民主管理的基本形式，是职工行使民主管理权力的机构。

第九条 国有、集体企业、事业单位职工大会或者职工代表大会应当分别按照有关法律、法规规定的期限和程序召开会议，依法进行民主参与、民主决策和民主监督。

非公有制企业、事业单位应当积极探索建立职工代表大会制度，推进职工参与民主管理工作。

第十条 企业、事业单位应当按照国家和自治区的有关规定实行厂务或者事务公开制度，保证公开的真实性。

第十一条 企业、实行企业化管理的事业单位应当建立平等协商和集体合同制度。集体合同草案应当提交职工代表大会或者全体职工讨论通过。

第十二条 公司制企业、事业单位设立董事会和监事会的，职工代表依照公司法和公司章程参加董事会和监事会。职工董事、职工监事由公司职工民主选举产生。

第十三条 国有、集体企业、事业单位职工参与本单位民主管理的主要内容包括：

（一）改革和发展中重大决策方面的事项；

（二）生产经营管理方面的重要事项；

（三）涉及职工切身利益的事项；

（四）领导班子建设和廉政建设的重要事项；

（五）法律、法规规定的其他重大事项。

第十四条 非公有制企业、事业单位职工参与本单位民主管理的主要内容包括：

（一）对本单位经营管理、发展规划和年度计划提出建议；

（二）对本单位规章制度提出意见；

（三）对本单位依法缴纳养老、失业和医疗等社会保险金情况进行监督，保障职工合法权益；

（四）依法行使选举、罢免参加平等协商的职工代表等民主权利；

（五）法律、法规规定的其他事项。

第十五条 企业、事业单位的工会负责职工参与民主管理的日常工作，并依法代表职工参与企业、事业单位的民主管理：

（一）负责组织选举职工代表的工作和征集职工或者职工代表提案工作，

负责职工参与民主管理有关会议的筹备和组织工作，提出会议建议议题；

（二）组织职工代表检查有关职工参与民主管理决议的执行情况、职工代表提案和职工合理化建议的落实情况；

（三）监督检查厂务或者事务的公开情况和集体合同履行情况；

（四）组织职工学习政治、业务和科学知识，增强职工参与民主管理的意识，提高职工议事能力；

（五）完成职工大会或者职工代表大会交办的其他有关职工参与民主管理的工作。

第十六条 企业、事业单位法定代表人和经营管理者应当鼓励、支持和保障职工依法参与民主管理；职工应当遵守本单位的规章制度，支持本单位法定代表人和经营管理者依法决策、经营和管理。

第十七条 法律、法规规定企业、事业单位应当听取职工意见或者须经职工代表大会审议、通过、决定的事项，有关单位应当依法进行，否则作出的决定无效。

第十八条 任何组织和个人不得对职工行使参与民主管理权力进行压制、阻挠和打击报复。

第十九条 企业、事业单位违反本条例规定，有下列情形之一的，由旗县级以上人民政府有关企业、事业单位主管部门或者劳动和社会保障行政部门以及其他有关部门责令限期改正；拒不改正的，提请同级人民政府依照有关法律、法规予以处理：

（一）拒绝建立职工参与民主管理制度的；

（二）妨碍职工依法行使民主管理权力的；

（三）无正当理由拒绝进行平等协商的；

（四）拒绝签订集体合同的；

（五）拒绝职工董事、职工监事依法参加董事会、监事会的；

（六）阻挠职工民主管理机构依法履行职责或者对履行职责的职工代表、工会工作人员打击报复的。

第二十条 企业、事业单位法定代表人和经营管理者违反本条例规定，以暴力、威胁等手段妨碍、阻挠职工行使参与民主管理权力，构成犯罪的，依法追究刑事责任。

第二十一条 本条例自 2003 年 3 月 1 日起施行。

山西省企业民主管理条例

（2005 年 5 月 31 日　山西省第十届人民代表大会常务委员会第十七次会议通过）

第一章　总　则

第一条　为保障企业职工行使民主管理的权利，促进企业健康发展，根据宪法和有关法律、法规的规定，结合本省实际，制定本条例。

第二条　本条例适用于本省行政区域内的企业。

第三条　企业应当建立民主管理制度。

企业民主管理的基本形式是职工代表大会或者职工大会。企业民主管理的形式还包括企务公开、设立职工董事和职工监事等。

第四条　县级以上人民政府及其有关部门负责对企业民主管理工作实施监督。

地方总工会、产业工会负责对本地区、本系统的企业民主管理工作进行指导、检查。

企业工会依法通过职工（代表）大会或者其他形式，组织职工参与本企业的民主决策、民主管理和民主监督。

第五条　企业应当保障职工民主管理活动的开展，办理职工（代表）大会依照法律、法规规定审议、通过、决定的事项。

第六条　企业职工参与本企业的民主管理活动，应当依照法律、法规的规定进行，遵守企业规章制度，支持股东会、董事会、监事会和经理（厂长）依法行使职权。

第二章　职工（代表）大会

第一节　职　权

第七条　国有企业和国有控股企业职工（代表）大会行使下列职权：

（一）听取和审议企业法定代表人关于企业的经营方针、长远规划和年度计划，基本建设方案，重大技术改造方案，年度财务预算和决算，职工培训计划，企业改制、改组和破产等生产经营和管理情况的报告，提出意见和建议；

（二）审查同意或者否决集体合同草案，职工工资调整、奖金分配，企业改制、改组和破产时职工的安置等方案，以及劳动安全卫生和女职工特殊保护措施、职工奖惩办法等重要规章制度；

（三）监督集体合同的履行以及养老、失业、医疗、工伤、生育等社会保险费用的缴纳和工会经费的拨缴；

（四）审议并决定职工福利基金使用方案、职工住房出售方案等有关职工生活福利的重大事项；

（五）评议、监督企业各级行政领导人员，并提出奖惩和任免建议；

（六）选举、变更职工董事、职工监事、职工协商代表，听取其工作汇报，并对其履行职责的情况进行监督；

（七）法律、法规规定的其他职权。

第八条 集体所有制企业职工（代表）大会行使下列职权：

（一）制定、修改企业章程和其他重要规章制度；

（二）选举、罢免、聘用、解聘经理（厂长）、副经理（副厂长）；

（三）审议经理（厂长）提交的各项议案，决定企业经营管理的重大问题；

（四）审议通过企业集体合同草案，改制、裁员、破产方案以及劳动安全卫生和女职工特殊保护措施；

（五）审议并决定企业工资分配和调整方案、奖金和分红方案、职工住房出售方案等有关职工生活福利的重大事项；

（六）监督养老、失业、医疗、工伤、生育等社会保险费用的缴纳和工会经费的拨缴；

（七）选举、变更职工协商代表，听取其工作汇报，并对其履行职责的情况进行监督；

（八）法律、法规规定的其他职权。

第九条 本条例第七条、第八条、第四十六条规定以外的企业，应当保障职工依法参加和组建工会，由工会组织实行民主管理，代表和维护职工的合法权益。

前款规定的企业，其职工（代表）大会行使下列职权：

（一）听取和审议企业经营管理情况的报告，提出意见和建议；

（二）审议通过企业集体合同草案以及劳动安全卫生和女职工特殊保护措施；

（三）监督企业签订劳动合同、集体合同，执行最低工资标准以及养老、失业、医疗、工伤、生育等社会保险费用的缴纳和工会经费的拨缴；

（四）选举、变更职工董事、职工监事、职工协商代表；

（五）法律、法规规定的其他职权。

第二节　职工代表

第十条　依法享有政治权利并与企业建立劳动关系的职工，可以当选为职工代表。

第十一条　职工代表应当由职工民主选举产生，可以连选连任。

职工代表的选举，以班组（科、室）、工段或者分厂（车间）为选区进行，应当有本选区全体职工三分之二以上参加。候选人获得应到会人员的过半数同意始得当选。

职工代表的选举，可以通过竞选的方式进行。竞选方案由企业工会提出，并与企业协商确定。

第十二条　职工代表由工人、技术人员、管理人员、企业领导人员和其他方面的职工组成。其中，企业各级领导代表一般不得高于代表总数的百分之二十。职工代表中应当有适当比例的青年职工和女职工。

第十三条　职工代表享有下列权利：

（一）在职工（代表）大会上有选举权、被选举权和表决权；

（二）参加职工（代表）大会及其工作机构组织的民主管理活动；

（三）因参加职工（代表）大会及其工作机构组织的活动而占用生产或者工作时间时，按照正常出勤对待，享受应得待遇。

第十四条　职工代表应当履行下列义务：

（一）学习并模范遵守法律、法规、政策、企业的规章制度，提高自身素质和参与企业民主管理的能力；

（二）密切联系职工，代表职工利益，反映职工的意见和要求；

（三）每年向本选区职工述职，并接受评议；

（四）认真执行职工（代表）大会的决议，完成职工（代表）大会交付的任务。

第十五条　职工代表依法行使职权，任何组织和个人不得阻挠和打击报复。

职工代表自任职后，尚未履行的劳动合同期限短于其任期的，经征得职工代表同意后，劳动合同期限延长至任期届满，但任职期间有侵害职工利益的行为或者达到法定退休年龄以及国家另有规定的除外。

第十六条　职工代表不履行职责，不能代表和反映职工意愿的，由原选区职工全体会议予以撤换。

职工代表调离本企业或者退休时，其代表资格自行终止。职工代表出现缺额时，由原选区按规定补选。

第十七条 企业可以决定并通过本企业工会给予职工代表适当的津贴。

在企业民主管理工作中有突出贡献的职工代表，企业应当给予奖励。

第三节 组织制度

第十八条 职工人数在200人以上的企业，应当建立职工代表大会制度；100人以上200人以下的企业，应当建立职工大会制度或者职工代表大会制度；100人以下的企业，应当建立职工大会制度。

小型企业较多的地区和行业，可以建立区域性、行业性职工代表大会制度。

第十九条 企业建立职工代表大会制度的，其分公司、子公司、分厂（车间）建立职工代表大会或者职工大会制度。班组（科、室）、工段、项目管理体及人数较少的商业网点等，可以建立民主管理会（小组）。

第二十条 职工（代表）大会一般每届3年，每年应当至少召开1次会议；闭会期间，经企业经营者、企业工会或者三分之一以上职工代表提议，可以召开临时会议。

第二十一条 职工（代表）大会应当有全体职工（代表）三分之二以上出席，方可召开。会议的议案等主要文件，应当在会议召开7日前发给职工（代表），并由职工代表向职工征求意见。

第二十二条 由职工（代表）大会选举、表决的事项，获得应到会职工代表的过半数同意方可通过。选举或者对重要事项的表决，应当采用无记名投票的方式。

第二十三条 法律、法规规定应当提请职工（代表）大会审议、通过、决定的事项，未按照法定程序审议、通过或者决定的，不具有效力。职工（代表）大会通过的决议、决定和方案需要修改时，应当提请职工（代表）大会按照法定程序重新审议、表决。

第二十四条 职工（代表）大会会议由选举产生的主席团主持。主席团由职工（代表）中的工人、技术人员、管理人员和企业领导人员组成；其中，工人、技术人员、管理人员应当超过半数。青年职工（代表）和女职工（代表）在主席团成员中应当有适当名额。

第二十五条 职工（代表）大会根据需要可以设立若干专门委员会（小组）。专门委员会（小组）应当做好下列工作：

（一）审议提请职工（代表）大会的有关议案；

（二）在职工（代表）大会闭会期间，根据大会的授权，审定属于本委员会（小组）职责范围内需要临时决定的事项，并将审定事项报告下一次职工（代表）大会，由大会予以确认；

（三）检查、督促企业有关部门执行职工（代表）大会的决议、决定，处理职工提案，并将有关情况报告下一次职工（代表）大会；

（四）办理职工（代表）大会交办的其他事项。

第二十六条 在职工（代表）大会闭会期间，企业工会可以组织召开职工代表团（组）长和专门委员会（小组）负责人联席会议，根据职工（代表）大会的授权，研究解决需要临时解决的重要问题以及职工（代表）大会通过的事项在实施过程中出现的问题，并向下一次职工（代表）大会报告，由大会予以确认。

第二十七条 企业职工（代表）大会所需经费，在企业管理费中列支。

第二十八条 企业工会是职工（代表）大会的工作机构，负责职工（代表）大会的日常工作。

职工（代表）大会工作机构应当履行下列主要职责：

（一）宣传有关企业民主管理的法律、法规和政策，增强职工参与企业民主管理的意识；

（二）负责职工（代表）大会的筹备工作，组织选举职工代表，提出职工（代表）大会的议程和日程建议，征集职工提案；

（三）提出职工（代表）大会主席团、专门委员会（小组）组成人员的名单草案；

（四）在职工（代表）大会闭会期间，检查、监督大会决议、决定的执行情况；

（五）提名职工董事、职工监事和职工协商代表候选人；

（六）组织专门委员会（小组）和职工代表开展巡视、检查、调查研究、质询等活动；

（七）组织开展职工代表的培训、述职和评议工作；

（八）受理职工代表的申诉和建议，维护职工代表的合法权益。

第三章 企务公开

第二十九条 实行企务公开应当遵守法律、法规以及国家和省其他有关规定，坚持实事求是、及时准确、注重实效的原则，有利于企业发展和维护职工合法权益。

实行企务公开应当保守国家秘密和企业的商业秘密。

第三十条 国有企业和国有控股企业、集体所有制企业实行企务公开，除公开本条例第七条、第八条规定的内容外，还应当公开下列内容：

（一）企业投资和生产经营重大决策方案、业务招待费的使用等事项；

（二）企业担保，大额资金使用，工程建设项目的招标和投标，大宗物资采购供应、产品销售和盈亏情况，承包、租赁合同的执行，企业内部经济责任制的落实等生产经营管理事项；

（三）劳动法律、法规的执行，职工招聘，职工提薪晋级、专业技术职务的评聘，评选劳动模范和优秀职工的条件、名额和结果，企业公积金、公益金的使用方案，职工培训经费的使用等涉及职工切身利益的事项；

（四）企业中层领导人员、重要岗位人员的选聘和任用，企业领导人员出国出境费用的支出、工资（年薪）、奖金、补贴、住房、用车、通信工具的使用等与企业领导班子建设和廉政建设相关的事项。

第三十一条 本条例第三十条规定以外的企业实行企务公开，除公开本条例第九条规定的内容外，还应当公开下列内容：

（一）企业的规章制度；

（二）辞退、处分职工的情况和理由；

（三）评选劳动模范和优秀职工的条件、名额和结果。

第三十二条 企务公开主要通过职工（代表）大会进行；在职工（代表）大会闭会期间，应当通过企务公开栏、企业情况发布会和企业内部信息网络等形式进行。

第三十三条 企业应当按照国家有关规定，设立企务公开领导机构。

企务公开应当按照下列程序进行：

（一）企业提出公开方案；

（二）企务公开领导机构审查和通过企业提出的方案；

（三）企业按照方案确定的具体内容、时间、范围和形式进行公开，但紧急事项应当及时公开；

（四）企务公开领导机构对公开情况实施监督，并收集职工的意见和建议；

（五）企业根据职工的意见和建议进行整改；

（六）企务公开领导机构及时向职工反馈整改情况。

第三十四条 按照本条例规定应当公开后方可实施的事项，未经公开的，企业不得实施。

第四章 职工董事、职工监事

第三十五条 公司制企业的董事会和监事会，应当依照公司法的规定设立职工董事和职工监事。

第三十六条　担任职工董事、职工监事，应当符合公司法规定的任职条件。

第三十七条　职工董事、职工监事由职工（代表）大会选举产生，其候选人由企业工会负责在工会工作人员和职工中组织推选。

第三十八条　职工董事、职工监事的变更、罢免，应当由职工（代表）大会依照法定程序进行。

第三十九条　职工董事、职工监事与董事会、监事会中的其他董事、监事享有同等权利，履行同等义务。

公司董事会、监事会应当为职工董事、职工监事开展工作提供必要的条件。

第四十条　职工董事、职工监事应当依法履行职责，接受职工（代表）大会和企业工会的监督，每年向职工（代表）大会报告一次工作。

第五章　法律责任

第四十一条　企业违反本条例规定，有下列行为之一的，由县级以上地方总工会责令改正；拒不改正的，由县级以上地方总工会通报批评，并提请县级以上人民政府或者有关部门处理：

（一）拒不建立或者实行民主管理制度的；

（二）不按照规定召开职工（代表）大会或者实行企务公开的；

（三）应当提交职工（代表）大会审议、通过、决定、选举的事项而不提交的；

（四）拒不执行职工（代表）大会决定的；

（五）拒绝职工董事、职工监事依法参加董事会、监事会，或者以其他方式妨碍职工董事、职工监事行使职权的；

（六）打击报复职工代表、职工董事或者职工监事的；

（七）其他违反本条例规定的行为。

第四十二条　企业法定代表人、经营管理者违反本条例规定，以暴力、威胁等手段妨碍、阻挠职工行使民主管理权力，或者打击报复职工代表、职工董事或者职工监事的，依照有关治安管理的法律规定处罚；构成犯罪的，依法追究刑事责任。

第四十三条　违反法律、法规和本条例的规定，解除依法行使职权的职工代表、职工董事、职工监事和工会工作人员的劳动合同的，由县级以上人民政府劳动和社会保障行政部门责令改正；造成损失的，依法承担赔偿责任。

第四十四条 县级以上人民政府及其有关部门的工作人员，在对企业民主管理工作实施监督的过程中滥用职权、玩忽职守、徇私舞弊的，由同级人民政府或者有关部门依法给予行政处分；构成犯罪的，依法追究刑事责任。

第四十五条 工会工作人员违反本条例规定，妨碍职工行使民主管理权力，使职工合法权益遭受损害的，由同级工会或者上级工会依法给予处分；造成损失的，依法承担赔偿责任；构成犯罪的，依法追究刑事责任。

第六章 附 则

第四十六条 股份合作制企业参照本条例有关集体所有制企业的规定开展民主管理活动。

第四十七条 实行企业化管理的事业单位的民主管理活动，参照本条例的规定执行。

第四十八条 本条例自2005年7月1日起施行。

江苏省企业民主管理条例

（2007年9月27日 江苏省第十届人民代表大会常务委员会第三十二次会议通过）

第一章 总 则

第一条 为了建立稳定和谐的劳动关系，保障职工民主权利，促进企业发展，根据《中华人民共和国劳动法》、《中华人民共和国工会法》、《中华人民共和国公司法》等法律，结合本省实际，制定本条例。

第二条 本省行政区域内的企业实行民主管理适用本条例。

第三条 企业实行民主管理，应当坚持有利于保障职工合法权益、有利于企业发展的原则。企业应当建立民主管理制度，通过职工代表大会、平等协商和集体合同、职工董事和职工监事、企业事务公开等形式，组织职工参与管理，保障职工行使民主权利。

职工应当依法行使民主权利，支持企业依法经营和管理。

第四条 县级以上地方人民政府及其劳动行政等部门依法对企业民主管理进行指导、检查和监督。

地方总工会、产业工会协助县级以上地方人民政府指导和帮助企业实行民主管理，并依法进行监督。企业工会具体组织职工开展民主管理活动。

劳动行政部门、总工会和企业方面代表组成的协调劳动关系三方，共同研究解决有关企业民主管理的重大问题。

第二章　企业职工代表大会

第五条　企业应当建立职工代表大会制度。

职工代表大会是企业实行民主管理的基本形式。职工代表大会实行民主集中制。

设立分公司、分厂的企业，可以分级召开职工代表大会。

职工一百人以上的企业应当召开职工代表大会；职工不足一百人的企业，可以召开全体职工大会行使本条例所列的职工代表大会的各项职权。

第六条　职工代表大会行使下列职权：

（一）审议通过集体合同草案和劳动安全卫生、女职工权益保护、工资调整机制等专项集体合同草案；

（二）选举参加平等协商的职工方协商代表和职工董事、职工监事，听取其履行职责情况报告；

（三）讨论企业有关劳动报酬、工作时间、休息休假、劳动安全卫生、保险福利、职工培训、劳动纪律以及劳动定额管理等直接涉及职工切身利益的规章制度草案或者重大事项方案，提出意见；

（四）对企业经营管理和劳动管理提出意见和建议；

（五）围绕企业经营管理和职工生活福利等事项，征集职工代表大会代表提案和合理化建议；

（六）监督企业执行劳动法律法规、实行企业事务公开、履行集体合同和劳动合同、执行职工代表大会决议和办理职工代表大会提案的情况；

（七）法律法规规定的其他权利。

第七条　国有、集体企业以及国有、集体控股企业职工代表大会除行使第六条规定的职权外，还行使下列职权：

（一）听取和审议企业生产经营管理重大决策，企业重组、改制、破产和裁员的实施方案，企业中高级管理人员的劳动报酬、廉洁从业情况的报告；

（二）通过有关劳动报酬、工作时间、休息休假、生活福利、奖惩与裁员、企业改制职工分流安置等涉及职工切身利益重大事项的方案；

（三）民主评议和监督企业中高级管理人员，提出意见和建议。

集体企业职工代表大会有权选举和罢免企业中高级管理人员，制定、修改企业章程，决定企业经营管理的重大问题。

第八条　企业职工有选举和被选举为职工代表大会代表的权利。

职工代表大会代表由职工直接选举，可以竞选和连选连任。选举时应当以分公司、分厂、车间、班组或者科室为单位，设立选区。

选区内半数以上职工对职工代表大会代表履行职责不满意的，应当向企业工会报告，并按照程序予以罢免。

职工代表大会代表与企业依法解除或者终止劳动关系的，其代表资格终止。

第九条 职工代表大会的代表名额，按照下列规定确定：

（一）职工不足一百人的企业召开职工代表大会的，代表名额不得少于三十名；

（二）职工一百人以上一千人以下的企业，代表名额以四十名为基数，职工每超过一百人，代表名额增加七名；

（三）职工一千人以上五千人以下的企业，代表名额以一百名为基数，职工每超过一千人，代表名额增加二十五名；

（四）职工超过五千人的企业，代表名额不得少于二百名。

在职工代表大会届期内，职工人数有明显变化的，代表名额应当按照前款规定作出调整，并由企业工会报上一级工会备案。

职工代表大会代表中，企业董事会成员、执行董事、中高级管理人员不得超过代表总名额的百分之二十。女代表比例应当与女职工人数所占比例相适应。

第十条 职工代表大会代表应当依法行使代表的职权，真实反映职工意见，向选区内职工报告职工代表大会情况和履行代表职责情况，接受职工的民主监督。

职工代表大会代表因参加职工代表大会组织的各项活动占用工作时间的，视为提供正常劳动。

第十一条 职工代表大会每届任期与企业工会相同，为三年或者五年。

经上一级工会同意，职工代表大会可以提前或者延期换届，但提前或者延期换届时间不得超过半年。

第十二条 职工代表大会每年至少召开一次，会议议题由企业工会听取职工意见后与企业经营者协商确定。

经三分之一以上职工代表大会代表或者企业工会、企业经营者提议，可以临时召集职工代表大会。

第十三条 职工代表大会应当有三分之二以上的代表出席，才能举行。进行选举、作出决议和通过事项应当经全体代表的过半数通过。

本条例规定应当由职工代表大会通过的事项，应当采用无记名投票表决方式。

第十四条 职工代表大会在职权范围内作出的决议和通过的事项，对企业和职工具有约束力。企业每年应当向职工代表大会报告职工代表大会决议的执行情况。

企业应当将属于职工代表大会职权范围内的事项提交职工代表大会审议或者通过。

职工代表大会应当支持企业股东大会、董事会、监事会和经理等高级管理人员依法行使职权。

第三章 区域、行业职工代表大会

第十五条 在小企业比较集中的区域，可以由乡镇、街道、村、社区、开发区、工业园区工会等区域工会或者县级以下行业工会，组织企业职工，通过召开区域或者行业职工代表大会，开展民主管理活动。

第十六条 区域、行业职工代表大会行使下列职权：

（一）听取和讨论本区域、行业内有关经济发展、劳动用工、企业管理、社会保障等情况的报告，提出意见和建议；

（二）审议通过区域、行业集体合同及劳动安全卫生、女职工权益保护、工资调整机制等专项集体合同草案；

（三）监督区域、行业内有关企业执行劳动法律法规、实行企业事务公开、履行集体合同与劳动合同、执行职工代表大会决议等情况。

第十七条 区域、行业职工代表大会代表由区域、行业内企业的职工，按一定比例民主推荐并直接选举产生。

区域、行业职工代表大会代表中，企业经营者不得超过代表总名额的百分之二十。

区域、行业工会负责人以及企业工会和工会女职工委员会负责人应当作为代表候选人。

第四章 职工董事和职工监事

第十八条 国有独资公司、两个以上的国有企业或者其他两个以上的国有投资主体投资设立的有限责任公司的董事会中应当有职工董事，其人数由公司章程规定。其他有限责任公司和股份有限公司的董事会中，可以有职工董事。

有限责任公司和股份有限公司的监事会中应当有适当比例的职工监事，其比例由公司章程规定，但不得低于监事会成员总数的三分之一。

第十九条 职工董事、职工监事由公司职工通过职工代表大会、职工大会等形式民主选举产生。

职工董事、职工监事候选人中应当有公司工会负责人。公司高级管理人员不得作为职工董事、职工监事候选人。

第二十条 职工董事、职工监事在董事会、监事会中行使职权时与其他董事、监事享有同等权利，履行同等义务。

职工董事、职工监事应当听取职工的意见和建议，参与公司决策、监督时，应当真实、准确、全面地反映职工意见，并向职工代表大会报告参与公司决策、监督的情况，接受职工监督。

第五章 企业事务公开

第二十一条 企业应当向职工公开下列内容，接受职工民主监督：

（一）企业章程和有关劳动报酬、工作时间、休息休假、劳动安全卫生、保险福利、职工培训、劳动纪律以及劳动定额管理等直接涉及职工切身利益的规章制度；

（二）除商业秘密外的企业发展规划和生产经营情况；

（三）平等协商和签订、履行集体合同情况；

（四）用工管理和签订、履行劳动合同情况；

（五）缴纳职工社会保险、住房公积金、补充保险、企业年金情况；

（六）劳动安全卫生以及女职工权益保护情况；

（七）职工奖惩情况和裁员方案；

（八）法律法规和企业章程规定的其他事项。

国有、集体企业以及国有、集体控股企业还应当公开除商业秘密外的企业投资和生产经营重大决策方案、重大技术改造方案、年度生产经营目标及完成情况、大额资金使用、工程建设项目的招投标、大宗物资采购供应、企业重大资产权属变化以及企业中高级管理人员的选聘和任用情况等内容。

第二十二条 企业可以通过下列形式公开企业事务：

（一）召开职工代表大会；

（二）职工董事、职工监事参加董事会、监事会；

（三）设立企业事务公开栏和企业网站、企业报刊、板报；

（四）召开企业情况发布会；

（五）法律法规和企业章程规定的其他形式。

第二十三条 企业应当建立企业事务公开责任制。企业经营者是企业事务公开的主要责任人。

企业应当向职工代表大会或者职工大会通报企业事务公开实施情况。

第六章　监督检查

第二十四条　企业工会在企业民主管理中履行下列职责：

（一）承担职工代表大会工作机构的任务，组织选举职工代表大会代表，筹备召集职工代表大会，征集提案，督促企业执行职工代表大会决议；

（二）负责处理职工代表大会闭会期间的企业民主管理日常工作，组织职工代表大会代表开展巡视活动；

（三）代表职工与企业进行平等协商，签订集体合同，帮助和指导职工签订劳动合同，并督促履行；

（四）配合做好企业事务公开工作，组织职工民主评议企业事务公开情况，收集、反馈职工意见和建议，并督促企业予以改进；

（五）为职工董事、职工监事履行职责提供服务；

（六）接受、办理职工的申诉和建议；

（七）建立企业民主管理工作档案，定期向上一级工会报告民主管理工作情况。

区域、行业工会组织本区域、行业内企业职工开展民主管理活动，其职责参照前款规定。

第二十五条　地方总工会对企业侵犯职工民主管理权利的行为，可以发出工会劳动法律监督整改意见书，要求企业予以改正；对逾期不改正的，向同级劳动行政部门提出工会劳动法律监督处理建议书。

地方总工会和产业工会依法对企业实行民主管理情况进行监督时，企业应当如实提供相关资料和说明。

第二十六条　劳动行政部门应当将企业实行民主管理情况列入企业守法诚信档案。对妨碍企业职工开展民主管理活动、侵害职工民主管理权利的行为，应当及时进行调查处理，并依法向社会公开。

第二十七条　企业工会与企业经营者因民主管理事项发生争议，双方应当协商解决；协商不成的，提请地方总工会或者劳动行政部门协调解决。

第七章　法律责任

第二十八条　违反本条例规定，企业有下列情形之一的，由劳动行政部门责令其限期改正；逾期不改正的，处以三千元以上三万元以下罚款，并可以对企业法定代表人或者主要负责人以及其他责任人员处以五百元以上二千元以下罚款：

（一）拒绝召开职工代表大会的；

（二）对职工代表大会依法作出的决议，应当执行而拒不执行的；

（三）阻挠职工代表大会代表、职工董事和职工监事依法履行职责的。

第二十九条 违反本条例规定，企业对依法履行职责的职工代表大会代表、职工董事、职工监事和工会工作人员无正当理由调动工作岗位、解除劳动合同，进行打击报复的，由劳动行政部门责令改正；给职工造成损害的，依法承担赔偿责任。

以暴力、威胁等手段阻挠职工行使民主管理权力造成严重后果的，或者对依法履行职责的职工代表大会代表、职工董事、职工监事和工会工作人员进行侮辱、诽谤或者进行人身伤害的，由公安机关依照《中华人民共和国治安管理处罚法》的规定处罚；构成犯罪的，依法追究刑事责任。

第三十条 违反本条例的规定，在企业民主管理活动中，企业妨碍、阻挠工会履行职责的，地方总工会有权要求其改正；拒不改正的，由工会提请劳动行政部门予以处理。

第八章 附 则

第三十一条 事业单位和民办非企业单位实行民主管理，参照本条例执行。

第三十二条 企业民主管理中有关平等协商和集体合同适用《江苏省集体合同条例》。

第三十三条 本条例自2008年1月1日起施行。

天津市企业职工民主管理条例

（2007年11月15日 天津市第十四届人民代表大会常务委员会第四十次会议通过）

第一条 为了推进企业民主管理，保障职工参与企业民主管理的权利，发展和谐劳动关系，促进企业持续健康发展，依照有关法律、法规，结合本市实际情况，制定本条例。

第二条 职工大会或者职工代表大会是职工参与企业民主管理的基本形式。

企业应当依法实行民主管理，保障职工通过职工大会或者职工代表大会参与企业民主管理。

尚未建立职工大会或者职工代表大会的企业，应当依法保障职工通过职工民主管理会议（议事会、协商会、恳谈会、联席会等）参与企业民主管理，并逐步建立职工大会或者职工代表大会。

企业应当为职工参与企业民主管理提供必要的条件。

第三条 企业应当依法实行平等协商、集体合同、职工董事、职工监事和企务公开等制度。

第四条 职工应当依法行使参与企业民主管理权利，支持企业的合法经营管理活动。

第五条 市总工会负责全市职工参与企业民主管理的组织、协调和推动工作。

区、县总工会和行业工会负责本地区、本行业职工参与企业民主管理的组织和协调工作，支持、指导和帮助企业职工依法参与企业民主管理。

企业工会应当依法组织职工参与企业民主管理，维护职工参与企业民主管理的权利。

第六条 市和区、县人民政府及其有关部门应当按照各自职责支持职工参与企业民主管理，对企业实行民主管理情况进行监督、检查。

第七条 国有企业和国有控股企业职工，通过职工大会或者职工代表大会行使下列权利：

（一）听取审议企业生产经营、改组、改制等重大问题以及实行企务公开情况的报告，听取审议企业集体合同履行情况和直接涉及职工切身利益的规章制度执行情况的报告，提出意见和建议；

（二）讨论、审议有关劳动报酬、工作时间、休息休假、劳动安全卫生、保险福利、职工培训、劳动纪律以及劳动定额管理等直接涉及职工切身利益的规章制度或者重大事项；

（三）讨论通过集体合同草案和企业改组、改制、破产的职工安置方案；

（四）民主评议企业中层以上管理人员，提出评议意见；

（五）法律、法规规定职工参与企业民主管理的其他权利。

第八条 集体企业职工，通过职工大会或者职工代表大会行使城镇集体所有制企业条例和乡村集体所有制企业条例规定的民主管理权利。

第九条 私营企业、外商投资企业、港澳台商投资企业以及其他民营企业职工，通过职工大会、职工代表大会或者职工民主管理会议行使下列权利：

（一）听取企业有关生产经营情况的介绍，提出意见和建议；

（二）讨论、审议企业有关劳动报酬、工作时间、休息休假、劳动安全卫生、保险福利、职工培训、劳动纪律以及劳动定额管理等直接涉及职工切身利益的规章制度或者重大事项；

（三）听取企业履行集体合同和直接涉及职工切身利益的规章制度执行情况的介绍，提出意见和建议；

（四）法律、法规规定职工参与企业民主管理的其他权利。

集体合同草案应当经过职工代表大会或者全体职工讨论通过。

第十条 职工大会或者职工代表大会每年至少召开一次，国家对国有企业、集体企业另有规定的，从其规定。

第十一条 职工民主管理会议一般每半年召开一次。三分之一以上职工或者企业工会提议，经与企业协商，可以临时召开职工民主管理会议；企业也可以提议临时召开职工民主管理会议。

第十二条 职工代表大会代表的产生、任期和组成等按照国家有关规定执行。

职工民主管理会议由企业代表和职工代表参加，企业工会负责人应当参加会议。职工代表由职工推举产生。会议议题应当提前通知参加会议人员。

第十三条 职工代表应当具备良好的政治素质和参与企业民主管理的能力，如实反映职工的意愿，代表和维护职工的合法权益。

职工代表因参加职工代表大会、职工民主管理会议占用工作时间的，企业应当正常支付劳动报酬。

第十四条 职工一方与企业就劳动报酬、工作时间、休息休假、劳动安全卫生、保险福利等事项进行平等协商，依法订立集体合同。

第十五条 有限责任公司、股份有限公司的董事会、监事会中的职工代表（以下称为职工董事、职工监事），代表职工参与企业民主管理。

第十六条 职工董事、职工监事通过职工大会、职工代表大会或者其他形式民主选举产生，应当经全体职工过半数或者全体职工代表过半数同意。工会主席、副主席可以作为职工董事、职工监事的候选人。

职工董事、职工监事的罢免案，由五分之一以上的职工或者五分之一以上的职工代表联名提出，经全体职工过半数或者全体职工代表过半数同意，方可罢免。

职工董事、职工监事出缺的，应当在三个月内按照程序补选。

第十七条 职工董事、职工监事应当依法履行职责，如实反映职工意愿，维护职工的合法权益，接受职工的监督。

董事会研究涉及职工切身利益重大问题的决定时，职工董事有权要求董事会听取职工意见，董事会应当在听取职工意见后作出决定。

第十八条 企业应当依照法律和国家有关规定，实行企务公开，保证公开内容的真实性。

第十九条 企业工会承担职工参与企业民主管理的下列组织工作：

（一）组织职工培训、学习有关法律知识和企业民主管理知识，增强职工参与企业民主管理意识，提高职工民主管理素质和议事能力；

（二）组织选举或者推举职工代表、职工董事和职工监事；

（三）负责职工大会、职工代表大会或者职工民主管理会议的筹备工作；

（四）组织职工督促检查职工大会、职工代表大会或者职工民主管理会议决议的贯彻落实；

（五）组织职工对职工代表、职工董事、职工监事进行评议和监督；

（六）承担职工大会、职工代表大会交办的其他有关企业民主管理工作。

第二十条 违反本条例规定，有下列情形之一的，职工代表和工会有权向企业提出意见，企业应当及时改正；未能及时改正的，由上级工会要求改正，通报批评：

（一）不按照规定召开职工大会、职工代表大会或者职工民主管理会议的；

（二）不建立企业职工民主管理制度的；

（三）妨碍、阻挠职工、职工代表、职工董事和职工监事依法行使民主管理权利的；

（四）妨碍、阻挠工会组织职工参与企业民主管理活动的；

（五）不实行企务公开或者公开内容不真实的。

第二十一条 对在任期内的职工代表、职工董事和职工监事，企业无正当理由降低劳动报酬的，由劳动保障部门责令补发应得的劳动报酬；企业无正当理由解除劳动合同的，由劳动保障部门责令依法给予经济补偿，并按照经济补偿标准的二倍支付赔偿金。

第二十二条 以暴力、威胁等手段妨碍、阻挠职工、职工代表、职工董事和职工监事依法行使民主管理权力，或者进行打击报复，违反治安管理处罚规定的，由公安机关依法予以处罚；构成犯罪的，依法追究刑事责任。

第二十三条 事业单位职工民主管理可以参照本条例执行。

第二十四条 本条例自 2008 年 3 月 1 日起施行。

河南省企业职工民主权利保障条例

（2007年12月3日　河南省第十届人民代表大会
常务委员会第三十四次会议通过）

第一章　总　则

第一条　为保障企业职工民主权利，促进企业发展，根据《中华人民共和国劳动法》、《中华人民共和国公司法》、《中华人民共和国工会法》等有关法律、法规，结合本省实际，制定本条例。

第二条　本条例适用于本省行政区域内的各类企业。

第三条　本条例所称职工，是指与企业存在劳动关系（包括事实劳动关系）的各种用工形式、各种用工期限的劳动者。

本条例所称企业职工民主权利，是指企业职工依照法律、法规的规定，行使民主选举、民主决策、民主管理和民主监督的权利。

职工（代表）大会制度是企业职工行使民主权利的基本形式。企业职工通过职工（代表）大会制度、厂务公开制度、职工董事和职工监事制度行使民主权利。

第四条　各级人民政府及其有关部门按照各自职责负责本条例的贯彻实施。

第五条　企业应当建立与本单位相适应的职工民主管理制度，保障职工依法行使民主权利。

第六条　地方总工会、产业工会、乡镇（街道）工会指导和帮助本地区本系统的企业建立职工民主管理制度。

企业工会组织职工参与本单位的民主管理。

各级工会组织依法对企业贯彻执行本条例的情况实施监督。

第七条　企业职工应当遵守企业规章制度，支持股东会、董事会、监事会和经理（厂长）依法行使职权。

第二章　职工（代表）大会

第八条　企业应当建立职工（代表）大会制度。

企业职工一百人以下的建立职工大会制度；一百人以上的建立职工代表大会制度。

第九条 国有企业的职工（代表）大会依法行使下列职权：

（一）听取和审议经理（厂长）工作报告、财务预决算报告、企业章程草案、长远规划、年度计划、基本建设方案、重大技术改造方案、经营责任制方案、企业改制方案、职工培训计划、企业负责人廉洁自律情况报告以及经济责任审计结果报告，提出意见和建议；

（二）审议通过集体合同草案、劳动合同方案、职工奖惩办法、经济责任制考核办法、安全生产、劳动保护措施、职业病防治和职工安置方案；

（三）审议决定有关职工生活福利方面的重大事项，对住房公积金和职工养老、失业、工伤、医疗、生育等社会保险费的缴纳情况进行监督；

（四）评选推荐劳动模范；

（五）评议企业中层以上管理人员履行职责和廉洁自律情况；

（六）选举、罢免职工董事、职工监事和参加平等协商的职工代表，审议其提请的重要事项；

（七）法律、法规规定的其他事项。

第十条 集体企业的职工（代表）大会依法行使下列职权：

（一）审议通过企业发展规划、年度计划、基本建设方案、重大技术改造方案、财务预决算报告、集体合同草案、劳动合同方案、企业改制方案、经营责任制方案、职工培训方案、安全生产、劳动保护措施、职业病防治、企业负责人廉洁自律以及经济责任审计结果等情况的报告；

（二）选举、罢免参加平等协商的职工代表，评选推荐劳动模范；

（三）制定职工奖惩办法和其他重要规章制度；

（四）审议决定企业职工工资形式，工资调整、奖金分配方案及其他有关职工生活福利的重大事项；

（五）对住房公积金和职工养老、失业、工伤、医疗、生育等社会保险费的缴纳情况进行监督；

（六）法律、法规和企业章程规定的其他职权。

第十一条 非公有制企业职工（代表）大会依法行使下列职权：

（一）听取企业经营情况报告，提出意见和建议；

（二）审议通过集体合同草案，对工资分配、劳动条件、安全卫生、职工培训、工作时间和休息休假制度等涉及职工切身利益的重大事项进行讨论并作出决议，由职工代表与企业进行平等协商，签订集体合同；听取企业集体合同和劳动合同签订履行情况的报告，提出意见和建议；

（三）对住房公积金和职工养老、失业、工伤、医疗、生育等社会保险费的缴纳以及企业安全生产、劳动保护、职业病防治等情况实施监督；

（四）选举、罢免职工董事、职工监事和参加平等协商的职工代表，评选推荐劳动模范；

（五）法律、法规规定的其他事项。

第十二条 职工（代表）大会依法决定的事项，非经职工（代表）大会同意不得变更或撤销。

职工（代表）大会通过的决议、决定和方案需要修改时，应当提请职工（代表）大会按照法定程序重新审议、表决。

第十三条 职工（代表）大会依法决定的事项对企业及企业全体职工具有约束力，企业及企业全体职工应当严格执行。

第十四条 国有、集体及其控股企业对中层以上管理人员应当建立民主评议制度，民主评议通过职工（代表）大会进行。

第十五条 职工代表由职工直接选举产生。职工代表任期与职工代表大会届期一致。职工代表对选举单位的职工负责，选举单位的职工有权依照规定监督、撤换本单位职工代表。职工代表调离本企业、辞职或退休，其代表资格自行终止。职工代表出现缺额时，原选举单位应按规定补选。

第十六条 职工代表享有以下权利：

（一）对企业经营管理状况有知情权，在职工代表大会上，有选举权、被选举权和表决权，并有权参与对企业管理人员的质询；

（二）参加职工代表大会及其工作机构组织的活动，闭会期间对企业执行职工代表大会决议和提案落实情况进行监督；

（三）职工代表在劳动合同期内企业确需与其解除劳动合同的，应当事先征求本企业工会的意见；

（四）因参加职工代表大会及其工作机构组织的活动而占用生产（工作）时间的，其工资和其他福利待遇不变。

第十七条 职工代表履行以下义务：

（一）遵守国家法律、法规、政策和企业的规章制度；

（二）代表职工合法权益，如实反映职工的意见和要求，每年向本选举单位述职，并接受评议；

（三）参与企业职工代表大会组织的各项活动，执行职工代表大会的决议，做好职工代表大会交办的各项工作；

（四）保守企业的商业和技术秘密。

第十八条 职工代表的人数应根据企业实际确定。一百至二百人的企业，职工代表人数不少于三十人；二百至一千人的企业，职工代表占职工总数百分之十五至十；一千至一万人的企业，职工代表占职工总数百分之十至三；

一万人以上的企业，职工代表总数以不超过五百人为宜。

职工代表应由一线职工、专业技术人员和管理人员组成。女职工和青年职工的代表应占适当比例。

第十九条 职工（代表）大会每届三年或者五年，每年至少召开一次会议。遇有重大事项，可召开临时会议。

职工（代表）大会会议应当有三分之二以上的职工（代表）出席，由选举产生的主席团主持。主席团由职工代表中的一线职工、专业技术人员、管理人员组成。

企业需要提交职工（代表）大会审议、通过、决定的事项，应当在会议召开七日前告知职工（代表），并将有关材料发给职工（代表）。

第二十条 职工（代表）大会实行民主集中制。

职工（代表）大会表决事项须经全体职工（代表）过半数通过，选举及其他重大事项的表决采取无记名投票方式。

第二十一条 人数较多的企业的职工（代表）大会可以建立联席会议制度。

联席会议根据职工（代表）大会授权，负责处理职工（代表）大会闭会期间需要解决的重要问题，落实职工（代表）大会决议、决定和职工代表提案，并向下一次职工（代表）大会报告予以确认。

联席会议由工会负责召集，由职工（代表）大会各代表团（组）长和专门委员会（小组）负责人参加。

联席会议可以根据会议内容邀请企业负责人或其他有关人员参加。

第二十二条 企业工会是职工（代表）大会的工作机构，负责职工（代表）大会日常工作。

在职工（代表）大会闭会期间，检查、监督大会决议、决定的执行情况，对发现的问题与企业协商处理。

受理职工代表的申诉和建议，维护职工代表的合法权益。

第二十三条 企业应当保障职工（代表）大会开展工作需要的经费。

第三章 厂务公开

第二十四条 企业应当建立厂务公开制度。

厂务公开是指企业通过一定的形式和程序将有关事项向职工公开，实施职工民主管理、民主监督的制度。

第二十五条 企业实行厂务公开制度应当遵守法律、法规的规定，坚持实事求是、及时准确、注重实效的原则，有利于企业发展和维护职工合法权益。

实行厂务公开应当保守国家秘密和企业的商业秘密。

第二十六条 国有、集体企业实行厂务公开，应当公开下列事项：

（一）企业发展规划，投资、生产经营重大决策方案；

（二）企业改革、改制方案，兼并、破产方案，职工裁员、分流、安置方案；

（三）年度生产经营目标及其完成情况，财务预决算、贷款、担保、大额资金使用情况，工程建设项目的招标投标、大宗物资采购供应、产品销售和盈亏情况，承包租赁合同执行情况；

（四）企业内部经济责任制落实情况，重要制度的制定情况；

（五）集体合同、劳动合同的签订和履行情况；

（六）职工提薪、晋级、工资奖金分配、奖励与福利情况，住房公积金以及职工养老、失业、工伤、医疗、生育等社会保险费缴纳情况；

（七）职工招聘，技术职称的评聘情况，评选先进的条件、步骤、数量和结果；

（八）企业公积金使用方案及使用情况，职工培训计划，安全生产、劳动保护、职业病防治情况；

（九）企业民主评议中层以上管理人员情况，中层管理人员、重要岗位人员的选聘和任用情况；

（十）企业管理人员廉洁自律规定执行情况，工资收入（年薪）、兼职、住房、用车情况，出国出境人员费用支出情况；

（十一）企业招待费使用情况；

（十二）职工（代表）大会决定公开的其他事项。

第二十七条 非公有制企业应当公开下列事项：

（一）企业制定的规章制度；

（二）处分和处理职工的情况及理由；

（三）住房公积金和职工养老、失业、工伤、医疗、生育等社会保险费的缴纳情况；

（四）安全生产、劳动保护、职业病防治情况；

（五）劳动合同、集体合同和工资集体协议的签订、续订、变更和履行情况；

（六）企业、工会和职工（代表）协商同意需要公开的其他事项；

（七）其他涉及职工切身利益的企业法定义务的履行情况。

第二十八条 厂务公开的内容可以通过厂务公开栏、企业内部信息网络等进行公布，公布的时间一般不少于七天。

第四章 职工董事、职工监事

第二十九条 国有、集体公司制企业的董事会中应当有职工代表；其他各类公司制企业的董事会中可以有职工代表。

各类公司制企业的监事会成员中应当有职工代表。

职工董事、职工监事候选人从公司工会工作人员、一般管理人员、专业技术人员和一线职工中产生，可连选连任。职工董事、职工监事的候选人由工会提名，经职工（代表）大会选举产生。职工董事、职工监事因工作调动、退休等原因出现空缺时，应当及时补选。

第三十条 职工董事、职工监事在任期内与其他董事和监事享有同等权利。企业各种财务报表应当定期向职工董事、职工监事通报，为职工董事、职工监事开展工作提供必要的条件。

职工董事对董事会中有关职工切身利益的决议如果有不同意见，有权提请董事会重新复议。职工监事参与对公司财务的检查，对公司董事会、经理层人员的监督。

第三十一条 职工董事、职工监事的义务：

（一）遵守法律、法规，遵守公司章程及各项规章制度，保守公司秘密，认真履行职责；

（二）听取职工的意见和建议，在董事会、监事会上如实反映职工、职工（代表）大会及其联席会议的意见；

（三）定期向职工（代表）大会报告工作，接受职工（代表）大会和职工的监督。

第五章 法律责任

第三十二条 企业违反本条例规定，有下列行为之一的，由县级以上地方总工会责令改正；拒不改正的，由县级以上地方总工会提请县级以上人民政府及其有关部门处理，县级以上人民政府及其有关部门应将处理结果及时向工会组织通报：

（一）不按照规定召开职工（代表）大会或者实行厂务公开的；

（二）应当提交职工（代表）大会审议、通过、决定、选举的事项而不提交的；

（三）拒不执行职工（代表）大会决定的；

（四）拒绝职工董事、职工监事依法参加董事会、监事会会议，或者以其他方式妨碍职工董事、职工监事履行职责的；

（五）其他违反本条例规定的行为。

第三十三条 法律、法规规定应当经过职工（代表）大会审议、决定的事项，企业应当予以执行，否则企业和有关责任人应当承担相应的法律责任。

第三十四条 职工董事、职工监事、职工代表违背职工（代表）大会决议，失职渎职，损害职工民主权利的，由所在单位或者有关部门根据情节轻重，给予批评教育或者依法罢免其职务。

第三十五条 违反本条例规定，限制、侵犯职工民主权利或者对依法行使民主权力的职工、职工代表、职工董事、职工监事和工会工作人员进行打击报复的，由各级人民政府或有关部门责令行为人停止侵害，限期改正；并根据情节轻重，分别给予批评教育、行政处分、治安处罚；构成犯罪的，依法追究刑事责任。

第三十六条 违反本条例规定，解除依法行使职权的职工、职工代表、职工董事、职工监事和工会工作人员劳动合同的，由县级以上人民政府劳动和社会保障部门责令改正；造成损失的，依法承担赔偿责任。

第六章 附 则

第三十七条 国有和集体控股企业的企业职工民主权利保障工作参照本条例有关国有、集体企业的规定执行。

第三十八条 本条例自2008年1月1日起施行。

湖北省企业民主管理条例

（2007年12月6日 湖北省第十届人民代表大会常务委员会第三十次会议通过）

第一章 总 则

第一条 为了保障企业职工依法行使民主管理权力，维护职工的合法权益，构建和谐劳动关系，促进企业健康发展，根据有关法律、行政法规的规定，结合本省实际，制定本条例。

第二条 本省行政区域内的企业实行民主管理，适用本条例。

本条例所称企业民主管理，是指企业和职工依照有关法律、法规的规定，通过职工代表大会、厂务公开和与企业相适应的其他形式实施民主管理的制度。

第三条 企业应当依法建立职工代表大会制度和其他民主管理制度，组织职工参与企业管理，保障职工依法享有知情权、参与权、表达权和监督权，并为职工参与民主管理提供必要的条件和经费保障。

职工应当依法行使民主权利，支持企业依法生产经营和管理。

第四条 县级以上人民政府及其有关部门按照各自职责，对企业民主管理进行检查和监督；各级地方总工会和产业工会负责本地区、本系统企业民主管理的指导、协调和监督工作。

第二章　企业职工代表大会

第五条 企业职工代表大会是企业实行民主管理的基本形式，是职工行使民主管理权力的机构。职工代表大会实行民主集中制。

第六条 职工人数在一百人以上的企业，应当建立职工代表大会制度；职工人数不足一百人的企业，应当建立职工大会制度。

第七条 职工人数一百人以上不足二百人的企业，职工代表人数不得少于三十人；二百人至一千人的企业，职工代表人数为四十人至一百人；一千人至五千人的企业，职工代表人数为一百人至二百人；五千人以上的企业，职工代表人数不得少于二百人。

第八条 职工代表由一线职工、科技人员、管理人员和工会工作人员组成，其中一线职工代表不得少于代表总数的百分之五十；企业中层以上管理人员代表不得高于代表总数的百分之二十；女职工代表比例应当与企业女职工所占全体职工人数的比例相适应。

第九条 职工代表任期与职工代表大会届期一致，可以连选连任。

第十条 职工代表在职工代表大会上有选举权、被选举权和表决权，有权参加职工代表大会及其工作机构组织的民主管理活动，因参加职工代表大会或者参加经企业同意的活动而占用工作时间，工资和其他福利待遇不受影响。

职工代表应当及时向企业反映涉及职工权益的意见、要求以及职工对企业生产经营、管理等方面提出的建议，执行职工代表大会的决议、决定，完成职工代表大会交办的工作，遵守法律法规、企业规章制度和劳动纪律。

第十一条 职工代表依法行使职权，任何组织和个人不得压制、阻挠和打击报复。

第十二条 职工代表大会每届任期三年或者五年，每年至少召开一次会议。

职工代表大会闭会期间，遇有重大事项，经企业经营者、企业工会或者三分之一以上职工代表提议，可以召开临时会议。

职工代表大会必须有三分之二以上的职工代表出席，方可召开。

第十三条 职工代表大会选举和作出重要决议、决定，应当采用无记名投票方式，经全体职工代表过半数通过。职工代表大会审议通过的决议、决定需要修改、变更的，应当按照法定程序重新审议、表决。

第十四条 企业职工代表大会行使下列职权：

（一）听取企业关于生产经营管理、履行集体合同等情况的报告；

（二）讨论并与企业协商确定有关劳动报酬、工作时间、休息休假、劳动安全卫生、保险福利、职工培训、劳动纪律以及劳动定额管理等直接涉及职工切身利益的规章制度或者重大事项；

（三）审议通过集体合同草案以及劳动安全卫生、女职工权益保护、工资调整机制等专项集体合同草案；

（四）监督企业执行劳动法律法规、履行集体合同和劳动合同、厂务公开和执行职工代表大会决议、决定以及办理职工代表大会提案的情况；

（五）选举产生董事会、监事会中的职工代表和参加平等协商的职工代表；

（六）推荐先进生产者和劳动模范候选人；

（七）法律、法规规定的其他职权。

第十五条 国有企业、集体企业及其控股企业职工代表大会除行使本条例第十四条规定的职权外，还行使下列职权：

（一）听取和审议企业生产经营发展规划、技术引进、基本建设等重大事项，企业改制、重组、破产、裁员实施方案以及财务预决算等情况报告，提出意见和建议；

（二）审议通过工资调整、奖金分配、生活福利和改制、重组、破产企业的职工安置等方案；

（三）评议、监督企业中高级管理人员，提出奖惩和任免建议。

集体企业职工代表大会除行使前款规定的职权外，有权制定、修改企业章程，选举、罢免、聘用、解聘企业中高级管理人员，决定企业职工福利的重大事项。

第十六条 乡镇、街道、村、社区、开发区、科技园区、工业园区等同一区域，或者同一行业以及在性质相近的几个行业内，规模较小、职工人数较少而又比较集中的企业，可以联合建立区域性或者行业性职工代表大会，开展民主管理活动。

第十七条 职工代表大会与公司股东大会应当依法分别行使职权，不得相互替代。

第十八条 企业工会是企业民主管理的日常工作机构，履行下列职责：

（一）组织职工选举职工代表，征集职工和职工代表提案，负责职工代表大会和其他民主管理活动的筹备和组织工作，提出议题建议；

（二）主持召开职工代表团（组）长和专门委员会（小组）负责人联席会议；

（三）组织专门委员会（小组）和职工代表检查监督职工代表大会决议、决定执行情况，职工和职工代表提案、合理化建议落实情况，厂务公开情况，集体合同及劳动安全卫生、女职工权益保护、工资调整机制等专项集体合同履行情况；

（四）提名进入董事会、监事会的职工代表和参加平等协商职工代表候选人；

（五）组织职工和职工代表学习法律、政策、业务和管理知识，负责职工代表培训、评议工作，受理职工代表的申诉和建议；

（六）办理企业民主管理的其他事项。

第十九条 上一级工会应当指导、支持企业职工代表大会依法行使职权。企业工会每年至少向上一级工会报告一次企业民主管理工作情况。

第三章 厂务公开

第二十条 企业应当建立和完善厂务公开制度，向职工公开下列事项，接受职工的民主监督：

（一）除商业秘密外的企业发展规划和生产经营状况；

（二）有关职工劳动报酬、劳动安全卫生、保险福利、职工培训等涉及职工切身利益的情况；

（三）企业章程和制度；

（四）签订、履行劳动合同、集体合同情况；

（五）职工奖惩情况；

（六）经企业与工会协商确定的其他事项。

国有企业、集体企业及其控股企业还应当按照国家和省有关规定，公开前款规定以外的其他应当公开的事项。

第二十一条 厂务公开可以采取下列形式：

（一）向职工代表大会报告；

（二）设立固定的厂务公开栏公布；

（三）通过企业情况发布会、企业内部媒体公布；

（四）便于职工知晓的其他形式。

第二十二条 企业应当建立厂务公开责任制，企业法定代表人或者主要负责人是厂务公开的主要责任人。

第二十三条 企业工会组织职工和职工代表对企业公开的事项进行监督，提出意见和建议，并及时反馈厂务公开主要责任人。

厂务公开主要责任人对企业工会的意见和建议，应当在三十日内给予答复或者说明，对需要整改的事项应当采取措施及时整改，并接受职工监督。

第四章 职工董事、职工监事

第二十四条 职工依法参加董事会、监事会。职工董事、职工监事代表职工参与企业决策和监督，维护职工合法权益。

第二十五条 国有独资公司和国有控股公司董事会成员中应当有职工代表；其他有限责任公司和股份有限公司董事会成员中可以有职工代表。

公司工会主席一般作为董事会中职工代表的候选人。

第二十六条 监事会成员中应当有职工代表，职工代表比例不得低于三分之一。

公司工会一名副主席作为监事会中职工代表的候选人。

第二十七条 董事会、监事会中的职工代表与董事会、监事会中的其他董事、监事享有同等权利，履行相应义务。

第二十八条 董事会中没有职工代表的，董事会研究决定有关职工劳动报酬、劳动安全卫生和保险福利等涉及职工切身利益的事项，应当征求工会意见，邀请工会代表列席会议。

第五章 法律责任

第二十九条 企业违反本条例规定，有下列情形之一的，由县级以上总工会责令限期改正；逾期不改正的，予以通报批评，并报请同级人民政府或者商定有关部门取消其当年评选荣誉称号的资格：

（一）不依法召开职工代表大会的；

（二）应当提交职工代表大会的事项不提交的；

（三）拒不执行职工代表大会决议、决定的；

（四）不实行厂务公开或者厂务公开内容虚假的；

（五）压制、妨碍、阻挠职工依法行使民主管理权力，对依法履行职责的职工、职工代表和工会工作人员打击报复的；

（六）拒不进行平等协商签订集体合同及劳动安全卫生、女职工权益保护、工资调整机制等专项集体合同的；

（七）其他违反本条例规定的行为。

第三十条 企业对依法行使民主管理权力的职工、职工代表和工会工作人员进行压制、阻挠和打击报复，有关部门应当及时依法处理，并将结果告知同级总工会。

第三十一条 企业主要负责人或者有关直接责任人以暴力、威胁等手段妨碍、阻挠职工、职工代表和工会工作人员依法行使民主管理权力、造成人身伤害的，依法给予治安处罚；构成犯罪的，依法追究刑事责任。

第三十二条 企业工会不按照本条例规定履行职责，由县级以上总工会责令限期改正。

工会主席、副主席不履行职责，由上级工会责令其改正；情节严重的，依法予以罢免。

第三十三条 政府有关部门工作人员和工会工作人员在企业民主管理工作中玩忽职守、滥用职权、徇私舞弊，由有关主管部门给予处分；构成犯罪的，依法追究刑事责任。

第六章 附 则

第三十四条 本省行政区域内事业单位和建立职工大会制度的企业的民主管理，参照本条例执行。

第三十五条 本条例自2008年2月1日起施行。

贵州省企业民主管理条例

（2008年11月26日 贵州省第十一届人民代表大会常务委员会第五次会议通过）

第一章 总 则

第一条 为了保障企业职工依法行使民主管理权力，推进企业民主管理，维护职工合法权益，构建和谐劳动关系，促进企业健康发展，根据宪法和有关法律、法规的规定，结合本省实际，制定本条例。

第二条 本条例适用于本省行政区域内的企业。

第三条 本条例所称企业民主管理，是指企业依照有关法律、法规的规定，通过职工代表大会和其他民主形式，组织职工实行民主选举、民主决策、民主管理和民主监督等有组织的规范性活动。

第四条 企业应当依法建立民主管理制度，组织职工参与企业管理，保障职工依法享有知情权、参与权、表达权和监督权，并为职工参与民主管理提供必要的条件和经费保障，办理职工（代表）大会依照法律、法规规定审议、通过、决定的事项。

职工应当依法行使民主权利，支持企业依法生产经营和管理。

第五条 县级以上人民政府及其有关部门按照各自职责对企业民主管理工作进行监督。

各级地方总工会和产业工会负责对本地区、本系统、本行业的企业民主管理工作进行指导、协调和监督。

第二章 职工（代表）大会

第六条 企业职工（代表）大会是企业实行民主管理的基本形式，是职工行使民主管理权力的机构。

职工（代表）大会与公司股东大会应当分别行使职权，不得相互替代。

第七条 职工人数在100人以上的企业，应当建立职工代表大会制度。100人以下的企业，应当建立职工大会制度。

企业建立职工（代表）大会制度的，其分公司、分厂（车间）也应当建立职工代表大会或者职工大会制度；班组（科、室）、工段、项目管理体及人数较少的商业网点等，可以建立民主管理会（小组）。

第八条 职工（代表）大会每年应当至少召开一次会议。闭会期间，遇有重大事项，经企业经营者、企业工会或者三分之一以上职工（代表）提议，可以召开临时会议。

职工代表大会每届任期3年或者5年。

第九条 职工（代表）大会应当有全体职工（代表）三分之二以上出席，方可召开。

由职工（代表）大会选举、表决的事项，获得应到会职工（代表）的过半数同意方可通过。选举或者对重大事项的表决，应当采用无记名投票的方式。

职工（代表）大会通过的决议、决定应当符合法律、法规的规定，需要修改、变更时，应当按照法定程序重新审议、表决。

第十条 职工（代表）大会会议由选举产生的主席团主持。

第十一条 职工（代表）大会根据需要可以设立若干专门委员会（小组）。

第十二条 企业工会委员会是职工（代表）大会的工作机构，负责职工（代表）大会的日常工作。

第十三条 在职工（代表）大会闭会期间，企业工会可以组织召开职工代表团（组）长和专门委员会（小组）负责人联席会议，根据职工（代表）大会的授权，研究解决需要临时解决的重要问题以及职工（代表）大会通过的事项在实施过程中出现的问题，并向下一次职工（代表）大会报告。

第十四条 企业职工（代表）大会所需经费，在企业管理费中列支。

第十五条 企业职工有选举和被选举为职工代表大会代表的权利。

第十六条 职工代表大会代表由职工民主选举产生，可以连选连任。

职工代表大会代表的选举，可以按照有关规定通过竞选的方式进行。

第十七条 职工代表大会代表由工人、技术人员、管理人员、企业领导人员和其他方面的职工组成。其中，企业中层以上管理人员代表一般不得高于代表总数的百分之二十。职工代表大会代表中应当有适当比例的青年职工和女职工。

第十八条 职工代表大会代表应当遵守法律、法规、政策和企业的规章制度，提高自身素质和参与企业民主管理的能力；代表职工利益，反映职工的意见和要求；认真执行职工代表大会的决议；完成职工代表大会交付的任务；自觉接受职工监督。

第十九条 职工代表大会代表依法行使职权，任何组织和个人不得阻挠和打击报复。

职工代表大会代表因参加职工代表大会组织的各项活动而占用生产或者工作时间，按照正常出勤享受应得的待遇。

第二十条 在企业民主管理工作中有突出贡献的职工（代表），企业应当给予奖励。

第二十一条 国有企业和国有控股企业职工（代表）大会行使下列职权：

（一）听取和审议企业发展规划和年度计划、基本建设方案、重大技术改造方案、资产处置方案、年度财务预算和决算、职工培训计划、企业改制改组和破产等生产经营和管理情况的报告，并提出意见和建议；

（二）审查、通过企业改制、改组、裁员和破产时职工的安置方案；

（三）审查、通过集体合同草案，职工工资调整、奖金分配等方案，以及劳动安全卫生和女职工、未成年工特殊权益保护措施、职工奖惩办法等重要规章制度；

（四）监督集体合同的履行、社会保险费用的缴纳和工会经费的拨缴；

（五）审议决定有关职工生活福利的重大事项；

（六）评议、监督企业各级管理人员，并提出奖惩和任免建议；

（七）选举、罢免、变更职工董事、职工监事、职工协商代表，并对其履行职责的情况进行监督；

（八）推荐劳动模范和先进生产（工作）者候选人；

（九）经企业与工会协商确定，需要由职工（代表）大会行使的其他权利；

（十）法律、法规规定的其他职权。

第二十二条 集体所有制企业及其控股企业职工（代表）大会行使下列职权：

（一）审议通过经理（厂长）提交的议案；

（二）审议通过企业集体合同草案，改制、裁员、破产方案以及劳动安全卫生和女职工、未成年工特殊权益保护措施；

（三）审议企业工资分配和调整方案、奖金分配方案以及有关职工生活福利的重大事项；

（四）监督社会保险费用的缴纳和工会经费的拨缴；

（五）选举、罢免、变更职工协商代表，并对其履行职责的情况进行监督；

（六）推荐劳动模范和先进生产（工作）者候选人；

（七）法律、法规规定的其他职权。

集体企业职工（代表）大会除行使前款规定的职权外，还行使下列职权：

（一）制定、修改企业章程和其他重要规章制度；

（二）选举、罢免、聘用、解聘经理（厂长）、副经理（副厂长）；

（三）审议并决定企业经营管理的重大问题和分红方案。

第二十三条 国有企业、集体企业及其控股企业以外的企业，其职工（代表）大会行使下列职权：

（一）听取和审议企业经营管理情况的报告，提出意见和建议；

（二）审议通过企业集体合同草案以及劳动安全卫生和女职工、未成年工特殊权益保护措施；

（三）监督企业签订劳动合同、集体合同以及社会保险费用的缴纳和工会经费的拨缴；

（四）听取和审议职工奖惩办法、职工生活福利和其他重要规章制度；

（五）选举、罢免、变更职工董事、职工监事、职工协商代表；

（六）推荐劳动模范和先进生产（工作）者候选人；

（七）法律、法规规定的其他职权。

第三章　企业事务公开

第二十四条　实行企业事务公开应当坚持实事求是、及时准确、注重实效的原则，应当有利于企业发展和维护职工合法权益。

实行企业事务公开应当保守国家秘密和商业秘密。

第二十五条　国有企业、集体企业及其控股企业实行企业事务公开，应当公开下列内容：

（一）企业章程和有关劳动报酬、工作时间、休息休假、劳动安全卫生、保险福利、职工培训、劳动纪律以及劳动定额管理等直接涉及职工切身利益的规章制度；

（二）除商业秘密外的企业发展规划、生产经营情况、环境保护、重大技术改造方案和年度生产经营目标及完成情况；

（三）大额资金使用、工程建设项目的招投标、大宗物资采购供应、企业重大资产权属变化情况；

（四）平等协商和签订、履行集体合同情况；

（五）用工管理和签订、履行劳动合同情况；

（六）缴纳职工社会保险、住房公积金、补充保险情况；

（七）劳动安全卫生以及女职工、未成年工特殊权益保护情况；

（八）职工奖惩情况和裁员方案；

（九）民主评议企业领导人员情况、企业中高级管理人员的选聘和任用情况；

（十）企业业务招待费使用情况；

（十一）评选劳动模范和先进生产（工作）者的条件、名额和结果；

（十二）职工（代表）大会依法要求公开的其他重要事项。

第二十六条　国有企业、集体企业及其控股企业以外的企业应当公开下列内容：

（一）企业的经营管理情况和规章制度；

（二）职工与企业签订劳动合同、集体合同以及社会保险费用的缴纳和工会经费的拨缴情况；

（三）劳动安全卫生情况和女职工、未成年工特殊权益保护措施；

（四）选举、变更职工董事、职工监事、职工协商代表的情况；

（五）评选劳动模范和先进生产（工作）者的条件、名额和结果；

（六）辞退、处分职工的情况和理由；

（七）职工（代表）大会依法要求公开的其他重要事项。

第二十七条 企业事务公开主要通过职工（代表）大会进行，在职工（代表）大会闭会期间，应当通过企业事务公开栏、企业情况发布会和企业内部信息网络等形式进行。

第二十八条 企业应当建立企业事务公开责任制，企业法定代表人或者主要负责人是企业事务公开的主要责任人。

第二十九条 企业工会有权组织职工和职工代表对企业公开的事项进行监督，提出意见和建议，并及时反馈给企业事务公开主要责任人。

对企业工会提出的意见和建议，企业事务公开主要责任人，应当在15日内给予答复或者说明，对需要整改的事项应当采取措施及时整改，并接受职工监督。

第四章 职工董事、职工监事

第三十条 职工依法参加董事会、监事会。职工董事、职工监事代表职工参与企业决策和监督，维护职工合法权益。

第三十一条 职工董事、职工监事由职工（代表）大会民主选举产生。职工董事、职工监事候选人中应当有工会负责人。高级管理人员不得作为职工董事、职工监事候选人。

第三十二条 职工董事、职工监事在董事会、监事会中履行职责时与其他董事、监事享有同等权利，履行同等义务。

职工董事、职工监事应当听取职工的意见和建议，参与决策监督，应当真实、准确、全面地反映职工意见，并向职工（代表）大会报告参与决策、监督的情况，接受职工监督。

第五章 法律责任

第三十三条 企业违反本条例规定的，由县级以上地方总工会要求其限期改正；逾期不改或者拒不改正的，由县级以上地方总工会通报批评，并提请县级以上人民政府有关部门依法处理。

第三十四条 企业对依法履行职责的职工代表大会代表、职工董事、职工监事和工会工作人员无正当理由调动工作岗位、降低薪酬、解除劳动合同，进行打击报复的，由劳动行政部门责令改正；造成损害的，依法承担赔偿责任。

以暴力、威胁等手段阻挠职工行使民主管理权力造成严重后果的，或者对依法履行职责的职工代表大会代表、职工董事、职工监事和工会工作人员进行侮辱、诽谤或者进行人身伤害的，依照有关法律、法规的规定处罚。

第三十五条 职工董事、职工监事、职工协商代表、职工代表大会代表违背职工（代表）大会决议，失职渎职，损害职工权益的，由其选举单位依法罢免。

第六章 附 则

第三十六条 事业单位和民办非企业单位实行民主管理，参照本条例执行。

第三十七条 本条例自2009年1月1日起施行。

青海省企业民主管理条例

（2009年5月22日 青海省第十一届人民代表大会常务委员会第九次会议通过）

第一章 总 则

第一条 为了保障职工依法行使民主管理权力，构建和谐的劳动关系，促进企业健康发展，根据有关法律、行政法规的规定，结合本省实际，制定本条例。

第二条 本条例适用于本省行政区域内的企业。

第三条 企业应当建立民主管理制度，通过职工代表大会、厂务公开以及职工董事、职工监事等与企业相适应的形式，开展民主管理活动。

第四条 企业应当尊重和保障职工依法享有的知情权、参与权、表达权和监督权，支持和保障职工、职工代表和职工董事、职工监事依法行使民主管理权力。

企业应当支持企业工会依法组织职工开展民主管理活动，保障企业工会工作人员履行职责。

第五条 职工应当依法参与企业的民主管理活动，支持企业依法行使管理权。

第六条 县级以上人民政府及其有关部门应当依照各自职责对企业民主管理进行指导、服务、检查和监督。

第七条 地方总工会、产业工会应当指导、帮助企业开展民主管理活动并依法进行监督。

企业工会应当组织职工依法参与企业民主管理活动，维护职工民主权利。

第二章　职工代表大会

第一节　职工代表大会及其职权

第八条　企业应当建立职工代表大会制度。

职工代表大会是企业实行民主管理的基本形式，是职工行使民主管理权力的机构，按照民主集中制原则行使职权。

第九条　职工代表大会行使下列职权：

（一）听取企业经营管理及发展规划的报告，提出意见和建议；

（二）讨论企业有关劳动报酬、工作时间、休息休假、劳动安全卫生、保险福利、职工培训、劳动纪律以及劳动定额管理等直接涉及职工切身利益的规章制度草案或者重大事项方案，提出意见和建议；

（三）审议通过集体合同草案和劳动安全卫生、女职工权益保护、工资调整机制等专项集体合同草案；

（四）审查监督企业履行劳动合同、集体合同和专项合同的情况，执行最低工资标准和缴纳社会保险费用的情况，执行职工代表大会决议和办理职工代表大会提案的情况，实行厂务公开的情况；

（五）监督职工董事、职工监事和参加集体协商的职工方代表履行职责情况；

（六）推选和推荐劳动模范和先进工作者；

（七）法律、法规规定的其他职权。

第十条　国有企业和国有控股企业职工代表大会除行使本条例第九条规定的职权外，还应当行使下列职权：

（一）听取和审议企业的经营方针、发展规划和年度计划，基本建设方案，重大技术改造方案，年度财务预算和决算，职工培训计划，改制改组、兼并破产等生产经营和管理中重大情况的报告，提出意见和建议；

（二）审议通过企业改制改组、兼并破产中职工的裁员、安置等方案；

（三）审议并决定职工福利费使用方案和有关职工生活福利的重大事项；

（四）评议、监督企业的中高级管理人员，提出奖惩和任免建议。

第十一条　集体企业和集体控股企业职工代表大会依照本条例第九条和有关法律、法规的规定行使职权。

第十二条　法律、法规规定应当提请职工代表大会审议、决定的事项，未经依法审议、决定的无效。经依法审议、决定的事项，企业和全体职工应当遵守执行。职工代表大会审议、决定的事项需要变更的，应当提请职工代表大会按照规定程序重新审议、决定。

第二节 组织制度

第十三条 职工人数在一百人以上的企业，建立职工代表大会制度；职工人数在五十人以上，不足一百人的企业，建立职工代表大会或者职工大会制度；职工人数不足五十人的企业，建立职工大会制度。职工大会职权、组织制度与职工代表大会相同。

企业分公司、分厂、车间、班组以及分支机构，应当通过职工代表大会或者其他形式实行民主管理。

小型企业较多的地区和行业，可以建立区域性、行业性职工代表大会制度。

第十四条 职工代表人数按照下列标准确定：

（一）职工人数五十人以上不足一百人，建立职工代表大会制度的，职工代表人数不得少于二十人；

（二）职工人数一百人以上不足一千人的，职工代表人数以三十人为基数，职工人数每超过一百人，职工代表人数增加七名；

（三）职工人数一千人以上不足五千人的，职工代表人数以一百人为基数，职工人数每超过一千人，职工代表人数增加二十名；

（四）职工人数五千人以上的，职工代表人数不得少于二百人，具体人数由企业与企业工会协商确定。

第十五条 职工代表大会每届任期三年或者五年，每年至少召开一次会议。经企业管理方、企业工会或者三分之一以上职工代表提议，可以临时召开职工代表大会。

职工代表大会应当有三分之二以上的职工代表出席，方可召开。

第十六条 职工代表大会选举、表决的事项，须经全体职工代表的过半数通过。选举或者对其他重要事项的表决，应当采用无记名投票的方式。

第十七条 职工代表大会可以根据需要设立若干专门委员会（专门小组）。其职责是：

（一）审议职工代表大会主席团交付的有关议案；

（二）在职工代表大会闭会期间，根据职工代表大会的授权，审定属于本专门委员会（专门小组）职责范围内的事项，并报告下一次职工代表大会予以确认；

（三）检查、督促企业有关部门执行职工代表大会的决议、决定和职工提案的处理，并将有关情况报告下一次职工代表大会；

（四）承办职工代表大会交办的其他事项。

第十八条 职工代表大会闭会期间，由职工代表团（组）长和专门委员会（专门小组）负责人联席会议根据大会的授权，协商处理需要临时解决的重要问题以及职工代表大会通过的事项在实施过程中出现的问题，并报告下一次职工代表大会予以确认。联席会议由企业工会召集。

第十九条 企业工会是企业职工代表大会的工作机构，承担下列工作：

（一）向职工宣传有关企业民主管理的法律、法规和政策，培训职工代表；

（二）组织职工选举职工代表，负责职工代表大会的筹备，提出会议的议程和日程建议，征集职工提案；

（三）提出职工代表大会主席团、专门委员会（专门小组）组成人员的名单草案；

（四）组织专门委员会（专门小组）和职工代表开展调查研究，监督检查职工代表大会决议、决定的执行情况；

（五）提出职工董事、职工监事候选人和参加集体协商的职工方代表候选人名单草案；

（六）受理职工代表的申诉和建议；

（七）建立企业民主管理工作档案，向上一级工会组织报告企业召开职工代表大会的情况；

（八）其他应当承担的工作。

第二十条 职工代表大会所需经费由本企业承担。

第三节 职工代表

第二十一条 依法享有政治权利并与本企业建立劳动关系的职工，有选举和被选举为职工代表的权利。

第二十二条 职工代表应当由职工民主选举产生，可以连选连任，其任期与职工代表大会任期相同。

职工代表的选举，以分公司、分厂、车间、班组或者科室为选举单位进行，应当有本选举单位全体职工三分之二以上参加。职工代表候选人由职工民主推荐或者自荐产生，获得本选举单位全体职工过半数的同意，方可当选。

职工代表的选举办法由企业工会提出，征求职工意见，与企业协商确定。

第二十三条 职工代表中一线职工、技术人员、一般管理人员的比例不得低于百分之五十，企业的中高级管理人员比例不得高于百分之二十。青年职工、女职工、少数民族职工应当有适当比例。

第二十四条 职工代表的权利：

（一）在职工代表大会上有选举权、被选举权和表决权；

（二）参加职工代表大会及其工作机构组织的民主管理活动；

（三）因参加职工代表大会及其工作机构组织的民主管理活动而占用生产或者工作时间，按照正常出勤对待，享有应得待遇；

（四）法律、法规规定的其他权利。

第二十五条 职工代表的义务：

（一）学习并遵守法律、法规、政策和企业的规章制度，提高参与企业民主管理的能力；

（二）密切联系职工，征求和反映职工的意见和要求；

（三）接受本选举单位职工的监督；

（四）承办职工代表大会交办的事项；

（五）法律、法规规定的其他义务。

第二十六条 职工代表依法行使职权，任何组织和个人不得压制、阻挠和打击报复。

职工代表任职期间，尚未履行的劳动合同期限短于任期的，经征得本人同意后，劳动合同期限自动延长至任期期满。但是，任职期间不履行职工代表职责被罢免或者达到法定退休年龄的除外。

第二十七条 职工代表的罢免案，由原选举单位三分之一以上的职工提出，须经原选举单位职工的过半数通过。罢免职工代表采用无记名投票的方式。

职工代表在任期内与本企业终止或者解除劳动关系的，代表资格自行终止。

职工代表缺额的补选，参照本条例第二十二条第二款的规定办理。

第三章　厂务公开

第二十八条 企业应当建立和实行厂务公开制度。

企业的法定代表人或者主要负责人是实行厂务公开的责任人。企业应当确定相应机构或者专人负责本单位厂务公开的日常工作。

企业工会应当组织职工对本单位实行厂务公开的情况进行民主监督。

第二十九条 实行厂务公开应当遵守有关法律、法规，保守国家秘密和商业秘密。

第三十条 企业应当向职工公开下列事项，接受职工的民主监督：

（一）企业章程和有关劳动报酬、工作时间、休息休假、劳动安全卫生、保险福利、职工培训、劳动纪律以及劳动定额管理等直接涉及职工切身利益的规章制度或者重大事项；

（二）集体合同草案和履行、变更、终止集体合同的情况；

（三）按照国家有关规定提取职工福利费、依法缴纳社会保险费、企业年金和住房公积金使用方案或者支付情况；

（四）职业危害及劳动安全卫生防护措施、职业病防治情况以及安全事故处理结果；

（五）职工教育经费提取使用和职工培训计划及其执行情况；

（六）依据企业规章制度处罚处分职工、单方解除劳动合同情况以及裁员方案和结果；

（七）选举职工代表、职工董事、职工监事，评选劳动模范和优秀职工的条件、程序、名额和结果；

（八）法律、法规和企业章程规定的其他事项。

第三十一条 国有、集体企业和国有、集体控股企业除按本条例第三十条规定实行厂务公开外，还应当公开下列事项：

（一）企业对外投资和生产经营管理重大决策方案，企业中长期发展规划，企业改革、改制方案，重大技术改造方案，兼并、破产方案等重大事项和实施情况；

（二）企业年度生产经营目标及完成情况，年度财务预决算情况，企业担保、资产转让情况，大额资金使用和大额资产处置情况，工程建设项目的招投标情况，大宗物资采购供应情况，产品销售和盈亏情况，承包租赁合同履行情况，企业内部经济责任制落实情况，重要规章制度制定情况等重大事项；

（三）民主评议企业管理人员情况，企业中层管理人员、重要岗位人员的选聘和任用情况，企业业务招待费使用情况，企业的中高级管理人员工资（年薪）、奖金、兼职、补贴、住房、用车、通讯工具使用情况，以及出国出境费用支出等廉洁自律规定执行情况；

（四）企业改制、重组、关闭破产时职工的裁减和安置等涉及职工切身利益的方案；

（五）劳动法律、法规的执行情况，职工招聘及劳动合同的签订和履行情况，职工工资奖金分配、奖励与处罚、提薪晋级、专业技术职称评聘等标准和执行情况；

（六）企业自愿或者应职工、职工代表大会要求同意公开的其他事项。

第三十二条 厂务公开主要通过职工代表大会进行；职工代表大会闭会期间，通过厂务公开栏、企业情况发布会、联席会议和企业内部信息网络、广播、电视、厂报、墙报等形式进行。

依照本条例属于职工代表大会审议的事项，每年至少公开一次；其他事项应当及时公开，或者根据职工代表大会的要求予以公开。

第三十三条 企业应当收集、研究职工对厂务公开的意见和建议，根据意见和建议进行整改，并通过职工代表大会或者其他形式向职工反馈。

第四章 职工董事、职工监事

第三十四条 公司制企业设立董事会、监事会的，依照公司法和公司章程的规定设立和产生职工董事、职工监事。

企业高级管理人员不得兼任职工董事、职工监事。

第三十五条 职工董事、职工监事应当听取职工的意见和建议，履行职责时，应当真实、准确、全面地反映职工意见，并向职工代表大会报告履行职责的情况，接受职工监督。

第三十六条 职工董事、职工监事与董事会、监事会中的其他董事、监事享有同等的权利，履行同等的义务，表达和维护职工的合法权益。

第三十七条 职工董事、职工监事的罢免案，由五分之一以上的职工代表或者职工联名提出，经全体职工代表或者全体职工过半数通过，方可罢免。

第三十八条 职工董事、职工监事任职期间，尚未履行的劳动合同期限短于任期的，经征得本人同意，劳动合同期限自动延长至任期期满。但是，任职期间不履行职责被罢免或者达到法定退休年龄的除外。

第五章 法律责任

第三十九条 企业违反本条例规定，有下列情形之一的，由地方总工会提请同级人民政府或者有关部门责令限期改正；逾期不改的，由县级以上地方人民政府人力资源和社会保障行政部门对企业处以二千元以上二万元以下罚款，对企业法定代表人或者主要责任人处以一千元以上五千元以下罚款：

（一）拒绝建立职工代表大会制度的；

（二）拒绝建立厂务公开制度的；

（三）拒绝依法设立职工董事、职工监事的；

（四）拒绝召开或者不按规定召开职工代表大会的；

（五）拒绝提交应当由职工代表大会审议、决定的事项的；

（六）拒绝执行职工代表大会决议、决定的；

（七）拒绝公开应当公开的事项或者作虚假公开的。

第四十条 企业对依法履行职责的职工代表和职工董事、职工监事以及工会工作人员无正当理由以调动工作岗位、降低劳动报酬等方式进行打击报复的，由县级以上人民政府人力资源和社会保障行政部门责令改正，恢复原工作；造成损失的，给予赔偿。

对依法履行职责的职工代表和职工董事、职工监事以及工会工作人员进行侮辱、诽谤、人身伤害或者以暴力、威胁等手段阻挠其依法履行职责造成严重后果的，由公安机关依法予以处罚；构成犯罪的，依法追究刑事责任。

第四十一条 职工代表和职工董事、职工监事以及工会工作人员因履行职责而被企业解除劳动合同的，由县级以上人民政府人力资源和社会保障行政部门责令限期恢复其工作，补发被解除劳动合同期间应得的劳动报酬和保险福利待遇，逾期不补发的依法加付赔偿金。

职工代表和职工董事、职工监事以及工会工作人员不同意恢复工作的，其所在企业应当给予本人年收入两倍的赔偿，并依法支付违法解除劳动合同的赔偿金。

第四十二条 职工代表、职工董事、职工监事违背职工代表大会决议，失职渎职，损害职工民主权利的，由有关部门或者所在选举单位根据情节轻重，给予批评教育或者依法罢免其职务。

第四十三条 工会工作人员违反本条例规定，妨碍职工行使民主管理权力，损害职工合法权益的，由同级工会或者上级工会予以处分；造成损失的，依法承担赔偿责任；构成犯罪的，依法追究刑事责任。

第四十四条 企业工会与企业管理方因企业民主管理事项发生争议，双方应当协商解决；协商不成的，提请地方总工会或者县级以上人民政府人力资源和社会保障行政部门协调解决。

第六章 附 则

第四十五条 事业单位、民办非企业单位的民主管理参照本条例的规定执行。

第四十六条 本条例自2009年8月1日起施行。

浙江省企业民主管理条例

（2010年3月30日 浙江省第十一届人民代表大会常务委员会第十七次会议通过）

第一章 总 则

第一条 为了完善企业民主管理制度，保障职工民主权利，构建和谐劳动关系，促进企业健康发展，根据有关法律、行政法规，结合本省实际，制定本条例。

第二条 本省行政区域内的企业民主管理活动适用本条例。

第三条 企业实行民主管理，应当坚持维护职工合法权益，有利于企业健康发展的原则。

第四条 职工代表大会是企业实行民主管理的基本形式。

企业应当依据法律、法规和国家规定建立职工代表大会制度，以及厂务公开、职工董事和职工监事、平等协商等制度。

企业还可以采用民主恳谈会、劳资协商会、职工议事会等形式，开展民主管理活动。

第五条 职工应当依法行使民主管理权利，支持企业依法经营和管理。

企业应当尊重和支持职工依法行使民主管理的权利，为开展民主管理活动提供必要的条件和经费保障。

企业工会是职工代表大会的工作机构，组织职工参与本企业的民主管理活动。尚未建立工会组织的企业，由企业所在地的地方总工会、产业工会或者乡镇工会、街道工会帮助和指导企业职工开展民主管理活动。

第六条 县级以上人民政府及其人力资源和社会保障、国资、经信、监察等有关部门依法指导、检查和监督企业开展民主管理活动。

地方总工会、产业工会协助县级以上人民政府指导、帮助和监督企业开展民主管理活动，保障职工依法行使民主管理的权利。

第二章 职工代表大会

第七条 职工代表大会行使下列职权：

（一）审议通过集体合同草案和劳动安全卫生、女职工权益保护、工资调整机制等专项集体合同草案；

（二）听取企业发展、生产经营管理、履行集体合同、开展民主管理活动等情况的报告；

（三）选举职工董事、职工监事和参加平等协商的职工代表，推荐劳动模范候选人；

（四）讨论有关劳动报酬、工作时间、休息休假、劳动安全卫生、保险福利、职工培训、劳动纪律等直接涉及职工切身利益的规章制度或者重大事项方案，提出意见和建议；

（五）督促企业执行劳动法律法规和最低工资制度，履行集体合同和劳动合同，实行厂务公开，执行职工代表大会决议和决定，办理职工代表大会代表提案；

（六）教育和督促职工遵纪守法、诚实守信、积极参与企业民主管理；

（七）法律、法规规定的其他职权。

职工不满一百人的企业，可以召开职工大会。职工大会行使前款规定的职工代表大会职权。

第八条 国有企业职工代表大会除行使本条例第七条规定的职权外，还行使下列职权：

（一）听取和审议企业经营方针，长远规划，年度计划，基本建设方案，重大技术改造方案，职工培训计划，留用资金分配和使用方案，承包和租赁经营责任制方案，企业改制、重组、破产方案等报告，提出意见和建议；

（二）审查同意或者否决企业改制职工安置方案、工资调整方案、奖金分配方案、劳动保护措施、奖惩办法以及其他重要的规章制度；

（三）审议决定职工福利基金使用方案和其他有关职工生活福利的重大事项；

（四）评议、监督企业中高级管理人员，提出奖惩和任免的建议。

城镇集体企业职工代表大会除行使前款规定职权外，还行使制定、修改企业章程，选举、罢免、聘用、解聘企业中高级管理人员，决定企业经营管理的重大问题以及法律法规规定的其他职权。

第九条 企业职工有选举和被选举为职工代表大会代表的权利。

职工代表大会代表应当由职工直接选举产生，可以竞选和连选连任，任期与职工代表大会届期一致。

选举职工代表大会代表可以以分公司、分厂、车间、班组、科室等为单位设立选区。

第十条 职工代表大会的代表名额按下列标准确定：

职工不满一百人的企业召开职工代表大会，代表名额不得少于三十名；职工超过一百人不满一千人的企业，代表名额以四十名为基数，职工每增加一百人，代表名额增加七名；职工超过一千人不满五千人的企业，代表名额以一百名为基数，职工每增加一千人，代表名额增加二十名；职工五千人以上的企业，代表名额不得少于二百名。

在职工代表大会届期内，企业职工人数发生明显变化的，代表名额应当按照前款规定作出调整。

第十一条 职工代表大会代表的名额根据职工人数分布和广泛代表性原则分配到各选区。

职工代表大会代表中，企业中高级管理人员不得超过代表总数的百分之二十。

职工代表大会代表中应当有女职工代表。女职工代表的比例不得低于女职工在本单位职工中所占比例。

集中安置残疾人企业的职工代表大会中应当有残疾人职工代表。残疾人职工代表的比例不得低于残疾人职工在本单位职工中所占比例。

从事劳务派遣的企业应当按照本条例规定实行民主管理。使用被派遣劳动者较多的企业应当有适当比例的被派遣劳动者代表列席会议，听取其意见和建议，保障被派遣劳动者合法权益。

第十二条 职工代表大会代表享有下列权利：

（一）在职工代表大会上，有选举权、被选举权和表决权；

（二）参加职工代表大会及其工作机构组织的培训和企业民主管理活动；

（三）因参加职工代表大会及其工作机构组织的活动而占用工作时间的，视为正常出勤；

（四）法律、法规规定的其他权利。

第十三条 职工代表大会代表应当履行下列义务：

（一）遵守法律、法规和企业的规章制度，关心、支持企业发展，做好本职工作；

（二）代表职工利益，真实反映职工意见和要求；

（三）执行职工代表大会的决议、决定，完成职工代表大会交办的工作；

（四）法律、法规规定的其他义务。

第十四条 职工代表大会届期一般与本企业工会届期相同。

如遇企业停产停业、改制、重组等特殊情况，以书面形式报上一级工会同意，可以提前或者延期换届。

第十五条 职工代表大会每年至少召开一次。经企业方、工会或者三分之一以上职工代表大会代表提议，可以临时召集职工代表大会。

设立分公司、分厂的企业，可以分级召开职工代表大会。

职工代表大会应当有三分之二以上的代表出席方可召开。通过选举和表决的事项应当采用无记名投票的方式，并经全体职工代表大会代表过半数同意始得通过。

第十六条 企业应当将属于职工代表大会职权范围内的事项提交职工代表大会审议或者通过，按规定向职工代表大会报告职工代表大会决议的执行情况。

职工代表大会应当支持企业股东会、股东大会、董事会、监事会依法行使职权。

第十七条 在县级以下区域，工会与企业方面代表订立区域性、行业性集体合同以及劳动安全卫生、女职工权益保护、工资调整机制等专项集体合同的，可以组织召开区域、行业职工代表大会，讨论通过合同草案。

第十八条 区域、行业职工代表大会的代表，按一定比例名额分配到区域、行业内企业，由企业职工直接选举产生。

区域、行业工会负责人，行业协会负责人，企业工会与工会女职工委员会负责人应当作为职工代表大会代表候选人。

区域、行业职工代表大会的代表中，企业经营者代表不得超过代表总数的百分之二十。

第三章 厂务公开

第十九条 企业应当建立厂务公开制度。企业法定代表人或者企业主要负责人是厂务公开的责任人。

第二十条 企业应当公开下列事项：

（一）除商业秘密外的企业发展规划和生产经营情况；

（二）有关涉及职工切身利益的方案、决定；

（三）企业制订的规章制度及其执行情况；

（四）签订、履行劳动合同、集体合同和工资集体协议情况；

（五）法律、法规和企业章程规定的其他事项。

第二十一条 国有企业、集体企业除公开本条例第二十条所列事项外，还应当公开下列事项：

（一）除商业秘密外的企业投资方案、重大技术改造方案等重大决策；

（二）年度生产经营目标完成情况，大额资金使用、工程建设项目的招投标、大宗物资采购供应、企业重大资产权属变化、资产评估等生产经营重大问题；

（三）民主评议企业管理人员情况，企业业务招待费用使用等情况。

第二十二条 厂务公开可以采用下列形式：

（一）向职工代表大会或者职工大会报告；

（二）在职工议事会、联席会议、企业情况发布会上公布；

（三）设立固定的厂务公开栏；

（四）企业内部信息网络、企业报刊、广播、黑板报等便于职工知晓的其他形式。

第二十三条 职工代表大会代表、企业工会可以就厂务公开制度的执行情况、厂务公开的具体事项提出意见和建议，厂务公开责任人应当在三十日内给予答复或者说明，对需要整改的事项应当采取措施及时整改。

第四章　职工董事和职工监事

第二十四条　依照《中华人民共和国公司法》规定设有职工董事、职工监事的企业，职工董事、职工监事由职工代表大会或者职工大会选举产生。

职工董事、职工监事的候选人中应当有工会负责人。

第二十五条　罢免职工董事、职工监事，应当有三分之一以上的职工代表或者十分之一以上职工联名提议，并经职工代表大会或者职工大会通过。

第二十六条　职工董事、职工监事享有其他董事、监事同等的权利，履行下列义务：

（一）听取职工的意见和建议，在董事会、监事会上真实、准确、全面地反映职工的意见；

（二）参与企业决策、监督时，代表职工利益行使权利，认真履行职责；

（三）每年一次向职工代表大会报告履行职责的情况，接受职工的监督；

（四）法律、法规和企业章程规定的董事、监事的其他义务。

第五章　平等协商

第二十七条　企业应当就集体合同的订立、变更和续订，以及直接涉及职工切身利益的其他事项与职工进行平等协商。

第二十八条　参加平等协商的双方代表人数应当相等，各设一名首席代表。

企业工会负责人和企业法定代表人或者其委托人分别担任职工方和企业方首席代表，其他职工方代表经职工代表大会或者职工大会选举产生，其他企业方代表由企业根据议题确定。

平等协商的召集人由双方首席代表轮流担任。

第二十九条　企业或者职工一方就平等协商事项提出协商要求的，另一方应当进行协商。

通过平等协商达成一致的事项，由双方首席代表签字确认。

平等协商未能达成一致的，经双方同意，可以中止协商，并商定下次协商的时间、地点、内容。中止协商期限不得超过六十日。

第三十条　区域、行业平等协商职工方代表由区域、行业工会征求区域、行业内企业工会或者职工的意见后选派。首席代表由区域、行业工会负责人担任。

区域、行业平等协商企业方代表由区域、行业的企业组织推举产生；未建立企业组织的，由相应的企业推举产生。首席代表由其协商代表选举或者推举产生。

区域、行业通过平等协商达成一致的事项，应当由双方首席代表签字确认。

第三十一条 有关平等协商事项，本条例未作规定的，适用《浙江省集体合同条例》。

第六章 监督检查

第三十二条 县级以上人力资源和社会保障主管部门应当将企业实行民主管理情况纳入劳动保障监察的内容，并列入企业守法诚信档案；对地方总工会提出的劳动法律监督处理建议，以及其他妨碍职工参与民主管理、侵害职工民主权利的问题，应当及时进行调查处理。

第三十三条 县级以上地方总工会发现企业有下列侵犯职工民主管理权利情形之一的，可以发出整改意见书，要求企业予以纠正；对拒不改正的，可以向同级人力资源和社会保障主管部门提出劳动法律监督处理建议书：

（一）不按规定建立企业民主管理制度的；

（二）不提交应当提交职工代表大会审议、通过、决定的事项的；

（三）拒不执行职工代表大会决议、决定的；

（四）阻挠职工代表大会代表、职工董事、职工监事依法履行职责的；

（五）企业对依法履行职责的职工代表大会代表、职工董事、职工监事和工会工作人员，无正当理由调动工作岗位、解除劳动合同，或者进行其他打击报复、侵犯其合法权益的；

（六）其他违反本条例规定的行为。

第三十四条 评选企业和企业经营者涉及社会责任、生产经营管理等荣誉称号时，应当将企业是否实行民主管理作为依据。

第三十五条 职工代表大会代表、职工与企业经营者因民主管理事项发生争议，企业工会应当代表职工方与企业经营者协商解决。

企业工会与企业经营者因民主管理事项发生争议，双方应当协商解决；协商不成的，可以申请人力资源和社会保障主管部门组织同级工会、企业方面代表协调解决。

第七章 法律责任

第三十六条 违反本条例规定，以暴力、威胁或者其他手段阻挠职工行使民主管理权利造成严重后果的，由有关部门依法处理。

第三十七条 政府有关部门工作人员在对企业民主管理工作实施监督中滥用职权、失职渎职、徇私舞弊的，由同级人民政府或者有关部门依法给予行政处分；构成犯罪的，依法追究刑事责任。

工会工作人员不履行职责的，由同级工会或者上级工会责令其改正；情节严重的，依法予以罢免。

第八章　附　则

第三十八条　本省行政区域内的事业单位和民办非企业单位开展民主管理活动，可以参照本条例执行。

第三十九条　本条例自 2010 年 10 月 1 日起施行。

吉林省企业事业单位民主管理条例

（2010 年 7 月 30 日　吉林省第十一届人民代表大会常务委员会第二十次会议通过）

第一章　总　则

第一条　为保障企业、事业单位职工依法行使民主管理权力，加强基层民主政治建设，构建和谐劳动关系，促进企业、事业单位健康发展，根据有关法律、法规的规定，结合本省实际，制定本条例。

第二条　本条例适用于本省行政区域内的企业、事业单位。参照《中华人民共和国公务员法》管理的事业单位及法律、法规授权的具有公共事务管理职能的事业单位除外。

第三条　企业、事业单位应当依法建立民主管理制度，通过职工代表大会、厂务公开和职工董事、职工监事等形式，组织职工参加民主管理，保障职工行使民主权利。

第四条　县级以上人民政府应当对本行政区域内企业、事业单位执行本条例的情况进行监督检查。

县级以上人民政府有关部门及行业主管部门应当按照各自职责依法做好与本条例相关的工作。

各级地方总工会和产业工会负责对本区域、本系统、本行业的企业、事业单位民主管理工作进行指导、协调和监督。

企业、事业单位工会应当依法组织职工参加民主管理，维护职工合法权益。

第五条　职工应当依法行使民主权利，支持本单位依法经营和管理。

第二章　职工代表大会

第六条　企业、事业单位应当依法建立职工代表大会制度。

职工代表大会制度包括职工代表大会和职工大会两种形式（以下统称职工代表大会）。职工代表大会是企业、事业单位实行民主管理的基本形式，是职工行使民主管理权力的机构。

职工代表大会实行民主集中制。

第七条　在小型非公有制企业比较集中的区域、行业，应当建立区域、行业职工代表大会制度。

大型企业集团应当建立集团职工代表大会制度。各分公司、分厂、车间以及其他分支机构，可以建立职工代表大会制度，在各自的职权范围内开展民主管理。

公司制企业不得以股东大会取代职工代表大会。

第八条　职工代表大会每届任期与本单位工会委员会任期相同。

职工代表大会每年至少召开一次。每次会议应当有三分之二以上职工代表出席。

企业、事业单位遇有重大事项，经法定代表人、工会或者三分之一以上职工代表提议，可以临时召开职工代表大会。

第九条　职工代表大会选举主席团主持会议。主席团成员中，中、高级管理人员不得超过主席团成员总数的百分之五十。

第十条　职工代表大会根据需要可以设立若干职工代表团（组）、专门小组（委员会），负责办理职工代表大会交办的事项。

专门小组（委员会）成员由职工代表大会选举产生。

第十一条　职工代表大会决议、决定的事项，须经全体职工代表过半数通过。选举或者对重大事项的表决，应当采用无记名投票方式。

职工代表大会的决议、决定应当在通过之日起七个工作日内，向本单位全体职工公布。

第十二条　职工代表大会闭会期间，需要临时解决的重要问题，由企业、事业单位工会委员会召集职工代表团（组）长和专门小组（委员会）负责人联席会议，协商处理，并向下一次职工代表大会报告予以确认。

联席会议可以根据会议内容邀请企业、事业单位负责人或者其他有关人员参加。

第十三条　职工代表大会所需经费由企业、事业单位在企业管理费或者事业经费中列支。

第十四条 国有、国有控股企业职工代表大会行使下列职权：

（一）听取和审议企业工作报告，对中长期发展规划、年度计划、财务预决算等重要情况的报告，企业合并、分立、改制、解散、申请破产实施方案及其他生产经营的重大事项，提出意见和建议；

（二）讨论通过有关劳动报酬、工作时间、休息休假、劳动安全卫生、社会保险费缴纳、住房公积金缴纳、职工培训、劳动纪律以及劳动定额管理等直接涉及职工切身利益的规章制度、方案等重大事项；

（三）审议通过经协商的集体合同草案、企业改制中职工安置方案；

（四）监督履行集体合同、劳动合同情况，执行职工代表大会决议、决定以及办理职工代表大会提案情况，实行厂务公开制度情况，实行职工董事、职工监事制度情况；

（五）依法选举、监督、罢免职工代表和职工董事、职工监事及职工代表大会专门小组（委员会）成员；

（六）评议和监督中、高级管理人员，提出奖惩和任免建议；

（七）推荐、推选劳动模范和先进工作者。

第十五条 国有、国有控股企业以外的企业职工代表大会行使下列职权：

（一）听取生产经营和改革发展情况的报告，提出意见和建议；

（二）审议通过经协商的集体合同草案；

（三）讨论通过有关劳动报酬、工作时间、休息休假、劳动安全卫生、社会保险费缴纳、住房公积金缴纳、生活福利、职工培训、劳动纪律以及劳动定额管理等直接涉及职工切身利益的规章制度、方案等重大事项；

（四）监督集体合同及劳动合同的履行情况，社会保险费、住房公积金缴纳情况，劳动安全卫生保护措施落实情况，执行职工代表大会决议、决定及厂务公开情况；

（五）依法选举、监督和罢免职工董事、职工监事及职工代表大会专门小组（委员会）成员；

（六）推荐、推选劳动模范和先进工作者。

城镇集体所有制企业职工代表大会除行使前款规定的职权外，还行使下列职权：

（一）制定、修改企业章程和其他重要规章制度；

（二）依法选举、罢免、聘用、解聘企业负责人；

（三）审议决定职工福利等重大事项。

第十六条 区域、行业职工代表大会行使下列职权：

（一）审议通过区域、行业经协商的集体合同草案；

（二）讨论通过有关劳动报酬、工作时间、休息休假、劳动安全卫生、社会保险费缴纳、住房公积金缴纳、生活福利、职工培训、劳动纪律以及劳动定额管理等直接涉及职工切身利益的规章制度、方案等重大事项；

（三）监督区域、行业内有关企业劳动安全卫生保护措施落实情况，履行集体合同及劳动合同情况，执行职工代表大会决议、决定等情况；

（四）依法选举、监督、罢免职工代表及职工代表大会专门小组（委员会）成员。

第十七条　事业单位职工代表大会行使下列职权：

（一）听取和审议本单位的工作报告，对发展规划、重大改革方案、财务会计报告等提出意见和建议；

（二）审议通过经协商的集体合同草案；

（三）审议通过职工聘任、劳动用工、奖惩、生活福利、劳动报酬、社会保险费缴纳、住房公积金缴纳、劳动安全卫生等直接涉及职工切身利益的规章制度、方案等重大事项；

（四）依法选举、监督、罢免职工代表及职工代表大会专门小组（委员会）成员；

（五）评议和监督中、高级管理人员，提出奖惩和任免建议；

（六）推荐、推选劳动模范和先进工作者。

第十八条　职工代表大会审议决定的事项需要变更的，应当提请职工代表大会按照规定程序重新审议决定。

第十九条　企业、事业单位工会是职工代表大会的工作机构，负责职工代表大会的日常工作，履行下列职责：

（一）依法制订职工代表的选举、补选和罢免办法草案，组织职工选举职工代表；

（二）提出大会议题的建议，提出大会主席团、专门小组（委员会）的设立方案，提出职工董事、职工监事候选人，负责职工代表大会的筹备和会议的组织工作；

（三）依法召集职工代表大会及其临时会议、职工代表团（组）长和专门小组（委员会）负责人联席会议，组织专门小组（委员会）和职工代表进行日常的巡视、监督、调查研究、质询等活动，检查监督职工代表大会决议、决定的执行情况；

（四）组织职工代表的培训、述职和评议等工作，受理职工代表的申诉和提案，维护职工代表的合法权益；

（五）建立健全民主管理的考核、检查、奖惩及档案管理等工作制度。

区域、行业工会的职责参照前款规定。

第二十条 企业、事业单位工会与企业、事业单位管理方因民主管理事项发生争议，双方应当协商解决；协商不成的，提请地方总工会或者县级以上人民政府有关部门、行业主管部门协调解决。

第二十一条 企业、事业单位工会应当提前十个工作日向职工代表公开职工代表大会的议题。在职工代表大会闭会后，将职工代表大会会议文件报属地地方总工会或者产业工会备案。

第二十二条 依法享有政治权利的职工，可以当选为职工代表。

第二十三条 职工代表由职工民主选举产生。职工代表采用无记名投票方式，实行差额选举，获得所在选举单位全体职工半数以上赞成票的当选。

规模较大、管理层次较多的企业，其职工代表由下一级职工代表大会选举产生。

区域、行业职工代表大会的代表由区域、行业内企业的职工直接选举产生。

第二十四条 职工代表实行常任制。换届选举时，可以连选连任。

第二十五条 企业、事业单位职工代表中，中、高级管理人员的比例一般为职工代表总数的百分之二十。

女职工代表和少数民族职工代表应当占适当比例。

农民工和劳务派遣工比较集中的企业，农民工和劳务派遣工代表应当占适当比例。

第二十六条 不足五十人的企业、事业单位，应当建立职工大会制度；五十人以上不足一百人的，应当建立职工大会制度或者职工代表大会制度；一百人以上的，应当建立职工代表大会制度。

企业、事业单位职工代表的比例一般应为职工人数的百分之十至百分之二十。五十人以上不足一百人且建立职工代表大会制度的企业、事业单位，职工代表的比例一般应为职工人数的百分之三十。

区域、行业职工代表大会中，每户企业至少有一名职工代表。

第二十七条 职工代表享有下列权利：

（一）参加职工代表大会，有选举权、被选举权和表决权；

（二）对涉及职工权益的经营管理等有关事项有知情权、建议权、协商权和质询权；

（三）提交职工代表大会提案；

（四）参加职工代表大会及其工作机构组织的活动；

（五）监督职工代表大会决议、决定的执行情况及提案研究处理情况；

（六）职工代表参加职工代表大会以及经本单位同意组织的其他民主管理

活动，工资和其他福利待遇不受影响；

（七）因行使正当民主管理权利而遭受打击报复时，有权向有关部门申诉、控告。

第二十八条 职工代表应当履行下列义务：

（一）学习法律、法规，提高民主管理素质和能力；

（二）密切联系职工群众，充分反映职工的意愿，维护职工的合法权益；

（三）执行职工代表大会的决议、决定，做好职工代表大会及其工作机构交给的各项工作；

（四）遵守法律、法规和本单位规章制度；

（五）对本选举单位的职工负责，通过述职、座谈等形式向职工通报参加职工代表大会活动和履行职责情况，接受本选举单位职工的监督。

第二十九条 职工代表出现下列情形之一的，其代表资格终止：

（一）解除劳动关系或者人事聘用关系及退休的；

（二）申请不再担任职工代表被批准的；

（三）不履行职工代表义务被罢免的；

（四）因违法违纪被罢免的。

职工代表资格终止后，缺额由原选举单位按照本条例有关规定补选。

第三章 厂务公开

第三十条 企业、事业单位应当依法建立厂务公开制度。

本条例所称厂务公开是指企业、事业单位通过一定的形式和程序，向本单位职工公开与本单位发展和职工切身利益密切相关的重大事项，接受职工监督的民主管理制度。

厂务公开包括企业、事业单位的企务公开、校务公开、院务公开、所务公开等。

第三十一条 企业、事业单位是实行厂务公开的主体，其主要负责人是厂务公开的主要责任人。

企业、事业单位应当建立厂务公开领导小组。工会是厂务公开领导小组的工作机构，负责日常工作。

第三十二条 实行厂务公开，应当合法、及时、真实、有利于职工权益的维护和企业、事业单位的发展。

实行厂务公开应当保守国家秘密和商业秘密以及与知识产权相关的保密事项。

第三十三条 国有、国有控股企业及城镇集体所有制企业应当公开下列事项：

（一）企业发展规划，年度生产经营计划及完成情况，财务预决算，投资和生产经营管理等重大决策方案；

（二）企业合并、分立、改制、解散、申请破产实施方案，企业改制职工安置方案；

（三）规章制度；

（四）集体合同、劳动合同的签订、续订、变更和履行情况；

（五）职工提薪晋级、专业技术职称的评聘和工资、福利、奖金分配方案，职工社会保险费、住房公积金缴纳情况；

（六）劳动安全卫生保护措施，职工培训计划、奖惩情况；

（七）评议中、高级管理人员及聘任重要岗位人员情况；

（八）中、高级管理人员廉洁自律情况。

第三十四条 国有、国有控股企业及城镇集体所有制企业以外的企业应当公开下列事项：

（一）规章制度；

（二）集体合同、劳动合同的签订、续订、变更和履行情况；

（三）职工提薪晋级、专业技术职称的评聘和工资、福利、奖金分配方案，职工社会保险费、住房公积金缴纳情况；

（四）劳动安全卫生保护措施，职工培训计划、奖惩情况。

第三十五条 事业单位应当公开下列事项：

（一）单位发展规划，经营管理等重大决策方案，财务报告；

（二）规章制度；

（三）集体合同、劳动合同、聘用合同的签订、续订、变更和履行情况；

（四）职工提薪晋级、专业技术职称的评聘和工资、福利、奖金分配方案，职工社会保险费、住房公积金缴纳情况；

（五）劳动安全卫生保护措施，职工培训计划、奖惩情况；

（六）评议中、高级管理人员及聘任重要岗位人员情况；

（七）中、高级管理人员廉洁自律情况。

第三十六条 厂务公开的基本形式是职工代表大会。

职工代表大会闭会期间，通过厂务公开栏、企业情况发布会、联席会议及单位内部信息网络、宣传载体等形式公开。

第三十七条 企业、事业单位应当建立厂务公开监督小组，负责监督厂务公开制度的执行情况。

企业、事业单位厂务公开责任人对监督小组提出的意见和建议，应当在二十个工作日内给予答复或者说明，对需要整改的事项应当采取措施进行整改，并将整改情况公开，接受职工监督。

第四章　职工董事和职工监事

第三十八条　公司制企业应当依法建立职工董事、职工监事制度。

职工董事、职工监事通过公司职工代表大会或者其他形式民主选举产生，并报属地地方总工会或者产业工会备案。

第三十九条　职工董事、职工监事任期与公司其他董事、监事任期相同，可以连选连任。

职工董事、职工监事在任期内因故出缺时，由公司工会提出候选人，提请职工代表大会选举产生。

第四十条　职工董事有权依法就有关涉及职工切身利益的重大问题和事项，在董事会上反映职工的合理要求，维护职工合法权益。

第四十一条　职工监事有权依法就有关涉及职工切身利益的重大问题和事项，提请召开临时监事会会议，反映职工的合理要求。

职工监事有权依法对公司的财务情况、董事和高级管理人员执行公司职务的行为、劳动合同和集体合同的履行情况等进行监督。

第四十二条　职工董事、职工监事应当听取职工的意见和建议，参与公司决策和履行监督职责时，应当真实、准确、全面地反映职工的意见和建议。

职工董事、职工监事应当在职工代表大会上述职，接受职工监督。

第五章　法律责任

第四十三条　企业、事业单位违反本条例规定，有下列行为之一的，由县级以上地方总工会给予警告，并责令限期改正；逾期不改正的，由县级以上地方总工会提请同级人民政府或者有关部门通报批评，并依法处理；取消单位、主要责任人和直接责任人当年评选先进、授予荣誉称号的资格。县以上人民政府及其有关部门应当向工会组织通报处理情况：

（一）未建立职工代表大会制度或者未依法召开职工代表大会的；

（二）未建立厂务公开制度或者应当公开的事项而未公开、虚假公开的；

（三）未依法建立职工董事、职工监事制度或者妨碍职工董事、职工监事依法履行职责的；

（四）应当提交职工代表大会的事项而未提交的；

（五）未执行职工代表大会依法作出的决议、决定的；

（六）阻挠工会依法开展职工代表大会、厂务公开日常工作的。

第四十四条　企业无正当理由对依法履行职责的职工代表和职工董事、

职工监事以及工会工作人员以调动工作岗位、降低劳动报酬、解除劳动合同等方式进行打击报复的，由县级以上人民政府人力资源和社会保障部门责令改正，恢复原工作；造成损失的，给予赔偿。

对依法履行职责的职工代表和职工董事、职工监事以及工会工作人员进行侮辱、诽谤、恐吓、陷害或者人身伤害的，根据情节轻重，分别依法给予批评教育、行政处分、治安处罚；构成犯罪的，依法追究刑事责任。

第四十五条 职工代表、职工董事、职工监事违背职工代表大会决议、决定，失职渎职，损害职工民主权利的，由所在单位或者有关部门根据情节轻重，给予批评教育或者依法罢免职务。

第四十六条 企业、事业单位工会不按照本条例规定履行职责的，由县级以上地方总工会责令限期改正；逾期不改正的，给予通报批评，并对主要负责人和直接责任人给予处分。

工会工作人员违反本条例，妨碍职工行使民主管理权力，损害职工合法权益的，由同级工会或者上级工会责令改正，情节严重的，给予处分。

第四十七条 对侵害职工民主权利的单位和个人，职工可以向本单位反映；本单位不予处理或者对处理结果不服的，可以向县级以上人民政府有关部门和属地地方总工会或者产业工会控告或者申诉，也可以依法向人民法院提起诉讼。受理单位应当依法办理。

第六章 附 则

第四十八条 民办非企业单位及其他经济组织实行民主管理的，参照本条例执行。

第四十九条 企业、事业单位民主管理的具体工作规则由省总工会制定。

第五十条 本条例自2010年9月1日起施行。

宁夏回族自治区企业民主管理条例

（2010年12月3日 宁夏回族自治区第十届人民代表大会
常务委员会第二十一次会议通过）

第一章 总 则

第一条 为了完善企业民主管理制度，建立稳定和谐的劳动关系，保障职工民主权利，维护职工合法权益，促进企业科学发展，根据有关法律、行政法规的规定，结合自治区实际，制定本条例。

第二条 本条例适用于自治区行政区域内的企业。

第三条 企业实行民主管理，应当坚持依法保障职工合法权益、有利于企业发展的原则。

企业应当建立民主管理制度，通过职工（代表）大会、集体协商、厂务公开以及职工董事和职工监事等形式，开展民主管理活动。

企业应当为职工参与民主管理提供必要的条件。

职工应当依法参与民主管理活动，行使民主权利，支持企业依法经营和管理。

第四条 县级以上人民政府及其人力资源和社会保障等部门依法对企业民主管理进行指导、监督和检查。

地方总工会、产业工会协助县级以上人民政府指导和帮助企业开展民主管理活动，并依法进行监督。

企业工会具体组织职工依法参与本企业的民主管理。

第二章 职工（代表）大会

第五条 职工（代表）大会是企业实行民主管理的基本形式，是职工行使民主管理权力的机构。

企业应当建立职工（代表）大会制度。

小企业比较集中的区域，可以由乡镇、街道、开发区、工业园区工会等区域工会或者县级以下行业工会，组织企业职工，通过建立区域或者行业职工（代表）大会制度，开展民主管理活动。

第六条 企业职工（代表）大会行使下列职权：

（一）审议通过集体合同草案和劳动安全卫生、女职工权益保护、职工工资等专项集体合同草案；

（二）选举参加职工工资集体协商的职工方代表；

（三）讨论企业有关劳动报酬、工作时间、休息休假、保险福利、职工培训等直接涉及职工切身利益的重大事项报告，提出意见和建议；

（四）监督企业执行劳动法律法规、实行厂务公开、履行集体合同和劳动合同等情况；

（五）提出企业经营管理和劳动管理方面的合理化建议；

（六）法律、法规规定的其他职权。

第七条 国有、国有控股企业职工（代表）大会除行使第六条规定的职权外，还行使下列职权：

（一）听取和审议企业生产经营、发展规划、安全生产、企业财务会计报告、企业章程草案、重大技术改造和基本建设方案、重组改制等报告；

（二）民主评议企业中层以上管理人员；

（三）选举职工董事、职工监事；

（四）法律法规规定的其他权利。

集体企业职工（代表）大会除行使前款规定的职权外，还行使制定、修改企业章程，选举、罢免企业经营管理人员，决定经营管理的重大事项以及法律法规规定的其他职权。

第八条 职工有选举和被选举为职工代表大会代表（以下简称职工代表）的权利。

职工代表由职工民主选举产生，可以竞选和连选连任。

选举职工代表可以分选区进行，应当有本选区全体职工三分之二以上参加。候选人应获得参会人员过半数同意方能当选。

职工代表与企业依法解除或终止劳动关系的，其代表资格自行终止。职工代表出现缺额时，原选区应按规定补选。

第九条 职工代表享有以下权利：

（一）在职工代表大会上，有选举权、被选举权和表决权；

（二）参加职工代表大会及其工作机构组织的企业民主管理活动；

（三）因参加职工代表大会及其工作机构组织的活动而占用生产（工作）时间的，按正常出勤对待，享受应得待遇；

（四）法律法规规定的其他权利。

职工代表依法行使职权，任何组织和个人不得阻挠和打击报复。

第十条 职工代表履行下列义务：

（一）遵守企业的规章制度，提高参与民主管理能力；

（二）应当征求选区职工的意见，并按照多数职工的意见在职工代表大会上如实反映职工的意见和要求；

（三）接受选区职工的监督；

（四）执行职工代表大会的决议，做好职工代表大会交办的各项工作；

（五）法律法规规定的其他义务。

第十一条 企业职工人数一百人以下的应当建立职工大会制度，一百人以上的建立职工代表大会制度。

企业职工代表大会代表的构成和名额由上一级工会提出指导性意见。

职工代表大会的职工代表中，一线职工代表不得少于代表总名额的百分之五十，女职工、青年职工和少数民族职工代表应根据占本企业职工总数的比例确定代表比例，农民工比较集中的企业要有相应的代表。

区域、行业职工代表大会代表由区域、行业内企业的职工按一定比例民主推荐并直接选举产生，但企业经营者不得超过代表总名额的百分之二十。

第十二条 职工代表大会届期与工会届期相同，为三年或者五年。

经上一级工会同意，职工代表大会可以提前或延期换届，但提前或延期换届时间不得超过半年。

第十三条 企业应当每年至少召开一次职工（代表）大会。会议议题由企业工会听取职工意见后与企业经营者协商确定。

经三分之一以上职工（代表）或者企业工会、企业经营者提议，可以临时召集职工（代表）大会。

职工（代表）大会会议应当有三分之二以上的职工（代表）出席方能进行。

第十四条 职工（代表）大会实行少数服从多数的原则。

职工（代表）大会通过选举和表决的事项应当采取无记名投票方式，并经全体职工（代表）的过半数同意始得通过。

职工（代表）大会依法决定的事项，对企业及企业全体职工具有约束力，非经职工（代表）大会同意不得变更或撤销。

职工（代表）大会通过的决议、决定和提案需要修改时，应当提请职工（代表）大会重新审议、表决。

第十五条 职工代表按照选区组成代表团（组）。职工（代表）大会根据需要，可以设立若干专门委员会（小组），负责办理职工（代表）大会交办的事项。

企业工会是职工（代表）大会的工作机构，负责职工（代表）大会的日常工作。职工（代表）大会闭会期间需要解决的重要问题，企业工会可以召集职工代表团（组）长和专门委员会（小组）负责人联席会议，协商处理，并向下一次职工代表大会报告予以确认。

第十六条 企业应当保证职工（代表）大会及其工作机构日常工作所需经费，所需经费在企业管理费中列支。

第三章 职工工资集体协商

第十七条 企业应当开展职工工资集体协商，签订职工工资专项集体合同。

企业工会代表职工与企业开展职工工资集体协商；尚未建立工会的，由上一级工会指导职工推举的代表与企业开展职工工资集体协商；县级以下区域、行业企业职工方可以通过基层工会联合会或者行业工会，与区域、行业的企业方代表或者区域、行业内各企业推举的代表开展职工工资集体协商。

第十八条 职工工资集体协商应当遵循合法、公开、平等协商一致、兼顾企业和职工双方利益的原则，保障职工实际工资水平与本企业劳动生产率和经济效益相适应。

第十九条 职工方协商代表由工会组织推荐，由职工（代表）大会审议通过；未建立工会的企业，职工一方协商代表由职工民主推举，并得到半数以上职工的同意；企业一方代表由企业法定代表人确定。

协商代表的任期自协商代表产生之日起至职工工资集体协商合同履行期满之日止。

协商双方各设一名首席代表。职工方首席协商代表一般由企业工会主席担任，也可以由其书面委托的其他职工协商代表担任；未建工会的，由职工协商代表推举产生；企业方首席协商代表由企业法定代表人担任，也可以由其书面委托的其他管理人员担任。

双方首席协商代表可以书面委托本企业以外的律师等专业人士作为本方协商代表。受委托的协商代表人数不得超过本方代表的三分之一。

第二十条 职工工资集体协商代表应当履行下列职责：

（一）参加职工工资集体协商；

（二）向本方人员公布协商情况并征求意见，解答询问；

（三）提供与职工工资集体协商有关的真实情况和资料；

（四）参加职工工资集体协商争议的处理；

（五）监督工资协议的履行；

（六）法律法规规定的其他职责。

第二十一条 企业应当保证职工协商代表履行代表职责必要的工作时间。职工协商代表因履行代表职责占用劳动时间的，其享受的工资、奖金、津贴、补贴、社会保险、福利等待遇不变。

职工协商代表履行代表职责期间，企业无正当理由不得调整其工作岗位，不得与职工协商代表解除劳动合同。

第二十二条 在职工工资集体协商中，职工协商代表应当维护企业的正常生产、工作秩序，保守知悉的企业商业秘密；协商代表任何一方不得有威胁、收买、欺骗等行为。

第二十三条 职工工资集体协商双方应当在国家法律法规规定的范围内就下列内容进行协商：

（一）工资分配制度、工资标准；

（二）工资支付办法、支付时间；

（三）年度工资总额和职工平均工资水平；

（四）工资调整幅度和调整办法；

（五）奖金、津贴、补贴发放标准和办法；

（六）学徒期、见习期、试用期的工资待遇；

（七）劳动定额、计件单价；

（八）加班加点、法定休假日、带薪年休假、婚丧假、病事假、生育（产）假、节育手术假等国家规定的假期以及参加社会活动等特殊情况下的工资待遇；

（九）职工福利以及与劳动报酬有关的其他事项；

（十）职工工资专项集体合同的期限、变更和解除的程序，终止条件及违约责任；

（十一）双方认为应当协商的其他有关事项。

第二十四条 协商确定职工年度工资总额及调整幅度应综合参考下列因素：

（一）地区、行业、企业的人工成本水平；

（二）地区、行业的职工平均工资水平；

（三）政府发布的工资指导线、劳动力市场工资指导价位；

（四）本地区城镇居民消费价格指数；

（五）企业劳动生产率和经济效益；

（六）上年度企业职工工资总额和职工平均工资水平；

（七）其他有关情况。

第二十五条 职工和企业任何一方应当以书面形式提出进行职工工资集体协商的要约，相对方应当自接到协商要约书之日起二十日内予以书面答复。同意协商的，双方应当约定协商开始的日期以及其他相关事项。

职工工资集体协商双方通过平等协商达成一致意见的，应当由企业方依法起草职工工资专项集体合同文本草案，并提交职工（代表）大会讨论。

职工工资专项集体合同草案经职工（代表）大会讨论通过后，由双方首席代表签字，并报送当地人力资源和社会保障行政主管部门进行合法性审查。十五日内审查未提出异议的，该职工工资专项集体合同即行生效。

第二十六条 职工工资专项集体合同的期限一般为一年。合同期满前六十日内，双方应当依照本条例的规定重新签订职工工资专项集体合同，并提交人力资源和社会保障行政主管部门审查。

第二十七条 职工工资集体协商过程中发生争议时，经双方协商仍不能达成一致的，一方或者双方可以向有管辖权的人力资源和社会保障行政主管部门申请协调；未提出申请的，人力资源和社会保障行政主管部门认为必要时，也可以进行协调。

职工工资专项集体合同履行过程中发生争议，经协商解决不成的，双方当事人可以依法申请仲裁、提起诉讼。

第四章 职工董事、职工监事

第二十八条 国有独资公司、两个以上国有企业或者两个以上的其他国有投资主体投资设立的有限责任公司的董事会中应当有职工董事，其人数由公司章程规定。其他有限公司和股份有限公司的董事会中可以有职工董事。

有限责任公司和股份有限公司的监事会中应当有职工监事。其比例由公司章程规定，但不得低于监事会成员总数的三分之一。

第二十九条 职工董事、职工监事候选人由企业工会在征求多数职工意见的基础上提名，经职工（代表）大会或其他民主形式选举产生。

职工董事、职工监事等候选人中应当有企业工会负责人。企业高级管理人员不得作为职工董事、职工监事的候选人。职工董事、职工监事出现空缺时，应当在三个月内补选。

第三十条 职工董事、职工监事在董事会、监事会行使职权时与其他董事、监事享有同等权利。

企业应当定期向职工董事、职工监事通报各种财务报表，并为职工董事、职工监事开展工作提供必要的条件。

职工董事对董事会中有关职工切身利益的决议如果有不同意见，可以建议董事会在充分听取职工意见或与工会充分协商后再做出决定。职工监事参与对企业财务的检查，对企业董事会、经理层人员进行监督。发现企业有影响职工切身利益的问题时，有权提议召开监事会，并就此进行审议。

第三十一条 职工董事、职工监事的义务：

（一）遵守公司章程及各项规章制度，保守公司秘密，依法履行职责；

（二）听取职工的意见和建议，并在董事会、监事会上如实反映职工、职工（代表）大会及其联席会议的意见和建议；

（三）定期向职工（代表）大会报告工作，接受职工（代表）大会和职工的监督；

（四）法律法规和公司章程规定的其他义务。

第三十二条 董事会中没有职工代表的，董事会研究决定有关职工劳动报酬、劳动安全卫生和保险福利等涉及职工切身利益的事项，应当征求工会意见，邀请工会代表列席会议。

第五章　监督检查

第三十三条　人力资源和社会保障行政主管部门应当将企业实行民主管理情况纳入劳动保障监察的内容，并列入企业守法诚信档案。对妨碍企业职工开展民主管理活动、侵害职工民主管理权利的行为，应当及时进行调查处理，并依法向社会公开。

第三十四条　地方总工会应当及时了解和掌握本地企业劳资关系状况，对企业侵犯职工民主管理权利的行为，可以发出工会劳动法律监督整改意见书，要求企业予以改正；对逾期不改的，向同级人民政府人力资源和社会保障行政主管部门提出工会劳动法律监督处理建议书，人力资源和社会保障行政主管部门应将调查处理结果及时通报工会。

地方总工会和产业工会依法对企业实行民主管理情况进行监督时，企业应当如实提供相关资料和说明。

第三十五条　企业工会与企业经营者因民主管理事项发生争议，双方应当协商解决；协商不成的，提请地方总工会或者人力资源和社会保障行政主管部门协调解决。

第六章　法律责任

第三十六条　违反本条例规定，企业有下列情形之一的，由县级以上人民政府人力资源和社会保障行政主管部门责令限期改正，给予警告；情节严重的，处一万元以上三万元以下的罚款，并可对企业法定代表人或者主要负责人以及其他责任人员处以三千至五千元罚款。

（一）不支持召开职工（代表）大会的；

（二）应当提交职工（代表）大会依法决定审议、通过、决定、选举的事项而不提交的或者拒不执行职工（代表）大会决议的；

（三）不开展工资集体协商，不签订职工工资专项集体合同的；

（四）阻挠职工、职工代表、职工工资协商代表、职工董事、职工监事依法履行职责的；

（五）拒绝实行厂务公开或公开内容不真实的。

第三十七条　企业对法律、法规规定应当经过职工（代表）大会审议、决定的事项（制度），未经过职工（代表）大会审议、决定，给职工造成经济损失的，企业和有关责任人应当承担相应的法律责任。

第三十八条 企业法定代表人、经营管理者违反本条例规定，对依法行使企业民主管理职权的职工代表、职工工资协商代表、职工董事、职工监事和工会工作人员无正当理由调动工作岗位、解除劳动合同的，由县级以上人民政府人力资源和社会保障行政主管部门责令改正，依法处理；给职工造成损害的，依法承担赔偿责任。

以暴力、威胁等手段阻挠职工行使民主管理权力，或者打击报复职工代表、职工工资协商代表、职工董事、职工监事的，由公安机关依照《中华人民共和国治安管理处罚法》的规定处罚；构成犯罪的，依法追究刑事责任。

第三十九条 企业工会及其工作人员不按照本条例规定履行职责，由县级以上地方工会责令限期改正。

第四十条 违反本条例规定，人力资源和社会保障等有关部门及其工作人员滥用职权、玩忽职守、失职渎职、徇私舞弊的，由其所在单位或者上级主管部门对直接负责的主管人员及其他责任人员依法给予处分；构成犯罪的，依法追究刑事责任。

第七章 附 则

第四十一条 自治区行政区域内的事业单位和民办非企业单位实行民主管理，参照本条例执行。

第四十二条 企业实行厂务公开依照《宁夏回族自治区厂务公开条例》的规定执行。

第四十三条 本条例自2011年2月1日起施行。

陕西省企业民主管理条例

（2012年5月29日 陕西省第十一届人民代表大会常务委员会第二十九次会议通过）

第一章 总 则

第一条 为了推进企业民主管理，保障职工民主权利，构建和谐劳动关系，促进企业发展，根据相关法律、行政法规，结合本省实际，制定本条例。

第二条 本条例适用于本省行政区域内企业的民主管理活动。

第三条 本条例所称企业民主管理，是指企业依照有关法律、法规的规定，通过职工代表大会、职工大会或者其他民主形式，组织职工开展民主选举、民主决策和民主监督等行使民主权利的活动。

第四条 企业实行民主管理制度，组织职工参与企业管理，保障职工依法享有知情权、参与权、表达权和监督权，并提供必要的条件和经费保障。

职工代表大会或者职工大会是企业民主管理的基本形式。企业民主管理还包括厂务公开、平等协商、设立职工董事和职工监事、民主议事会、民主恳谈会、劳资协商会等形式。

国有、集体及其控股企业应当实行职工代表大会或者职工大会形式的企业民主管理制度。

促进非公有制企业采取多种形式开展企业民主管理活动。

第五条 地方总工会、产业工会指导和帮助企业开展民主管理活动。

企业工会、县级以下区域工会和行业工会是职工代表大会或者职工大会的工作机构，具体组织职工开展民主管理活动。

第六条 县级以上人民政府及其有关部门监督检查企业民主管理活动，保障职工依法行使民主权利。

第二章 职工代表大会和职工大会

第七条 实行职工代表大会或者职工大会形式民主管理的企业，根据职工人数确定召开职工代表大会或者职工大会。

企业召开职工代表大会的，职工代表人数按照不少于全体职工人数的百分之五确定，最少不低于三十人；职工代表人数超过一百人的，超出的代表人数由企业与工会协商确定。

第八条 职工代表大会或者职工大会行使下列职权：

（一）听取企业发展规划、年度生产经营管理、劳动合同和集体合同签订履行、安全生产、缴纳社会保险费和住房公积金等情况的报告，提出意见和建议；

（二）审议企业有关劳动报酬、工作时间、休息休假、劳动安全卫生、保险福利、职工培训、劳动纪律以及劳动定额管理等直接涉及职工切身利益的规章制度或者重大事项方案，提出意见和建议；

（三）审议通过集体合同草案、专项集体合同草案和劳动模范推荐人选；

（四）选举和罢免职工董事、职工监事，根据授权选举或者推荐企业经营管理人员；

（五）监督企业执行劳动法律法规、实行厂务公开、履行集体合同和劳动合同、执行职工代表大会决议和办理职工代表大会提案；

（六）法律法规规定的其他职权。

第九条 国有企业以及国有控股企业职工代表大会或者职工大会除行使第八条规定的职权外，还行使下列职权：

（一）听取和审议企业投资和重大技术改造、财务预决算、企业公积金使用、企业业务招待费使用情况和企业重组、改制、破产和裁员的实施方案，提出意见和建议；

（二）审议通过有关劳动报酬、职工福利基金使用和企业重组、改制、解散、破产中职工安置等涉及职工切身利益重大事项的方案；

（三）民主评议企业的中高级管理人员履职、廉洁从业情况，提出奖惩建议。

城镇集体企业职工代表大会或者职工大会除行使第八条规定的职权外，还行使制定、修改企业章程，选举、罢免、聘用、解聘企业中高级管理人员，决定企业经营管理的重大问题以及法律法规规定的其他职权。

第十条 职工代表大会每届任期为三年或者五年。

职工代表大会需要提前或者延期换届的，由职工代表大会或者其授权的机构决定，但提前或者延期换届时间不得超过半年。

第十一条 职工代表大会或者职工大会每年至少召开一次。职工代表大会或者职工大会应当有三分之二以上的职工代表或者职工出席，方可召开。

职工代表按照基层选举单位组成代表团（组）。职工代表大会可以设主席团，主席团成员由企业工会与职工代表各团（组）协商提出候选人名单，经职工代表大会预备会议表决通过。主席团成员中，工人、技术人员、销售人员、基层管理人员不少于百分之五十。

经企业工会、企业经营者或者三分之一以上职工代表提议，可以临时召开职工代表大会。

第十二条 职工代表大会可以设立专门委员会或者专门小组，负责办理职工代表大会交办的事项。专门委员会或者专门小组成员人选由主席团或者工会提出，经职工代表大会审议通过。

职工代表团（组）长和专门委员会（小组）负责人组成联席会议，联席会议由企业工会召集，根据职工代表大会授权，在职工代表大会闭会期间负责处理重要问题，并提请下一次职工代表大会确认。

联席会议可以邀请企业负责人或者其他有关人员列席。

第十三条 职工代表大会或者职工大会会议议题由企业工会听取职工意见后提出，或者与企业负责人协商提出，并在会议召开七日前以书面形式送达职工代表或者职工。

职工代表十人以上联名可以提出职工代表大会职权范围内的议题，职工二十人以上联名可以提出职工大会职权范围内的议题，经主席团讨论同意或者企业工会与企业负责人协商一致后，可以列入会议议程。

第十四条 职工代表大会或者职工大会选举和表决相关事项，采用无记名投票的方式分项表决，经全体职工代表或者全体职工的过半数通过。

第十五条 职工代表大会或者职工大会在职权范围内依法作出的决议、决定和通过的事项，对企业负责人和职工具有约束力，非经职工代表大会或者职工大会同意不得变更或者撤销。

第十六条 企业应当将属于职工代表大会或者职工大会职权范围内的事项提交职工代表大会或者职工大会审议或者通过，并报告决议的执行情况。

第十七条 集团企业的总公司和各分公司、分厂、车间以及其他分支机构可以按照一定比例选举产生职工代表，召开集团企业职工代表大会，实行企业民主管理。

集团企业的总部机关和各分公司、分厂、车间以及其他分支机构，可以采取职工代表大会或者职工大会等形式，在各自的职权范围内开展民主管理活动。

第三章 职工代表

第十八条 企业职工有选举和被选举为职工代表大会代表（以下简称职工代表）的权利。职工代表与企业依法解除或者终止劳动关系的，其代表资格同时终止。

职工代表由职工直接选举，任期与职工代表大会的届期相同，可以连选连任。选举职工代表可以根据企业情况划分选区。职工代表调离原选区的，代表资格自行终止，原选区可以补选代表。

职工对不称职的职工代表有权罢免。职工代表受到刑事处罚的，其代表资格自行终止。

第十九条 选举、罢免、补选职工代表，应当召开职工会议或者选区职工会议，经全体职工或者选区职工的过半数通过。

第二十条 职工代表中，企业董事会成员、执行董事、中高级管理人员总数不得超过代表总名额的百分之二十。集中安置残疾人的企业，职工代表中应当有适当比例的残疾人职工代表。

第二十一条 职工代表享有下列权利：

（一）选举权、被选举权和表决权；

（二）参加职工代表大会及其工作机构组织的民主管理活动；

（三）对企业执行职工代表大会决议情况进行监督、检查。

第二十二条 职工代表应当履行下列义务：

（一）遵守法律法规、企业规章制度，关心支持企业发展，做好本职工作；

（二）参加企业各项民主管理活动，履行职工代表职责，向企业反映职工意见和建议；

（三）向职工报告履职情况，接受职工监督。

第二十三条 职工代表履行职责受法律保护，任何组织和个人不得阻挠或者打击报复，非因法定事由企业不得单方面解除职工代表劳动合同。

职工代表参加职工代表大会及其组织的各项活动占用工作时间的，视为正常出勤。

第四章 区域、行业职工代表大会

第二十四条 县级以下一定区域内或者性质相近的行业内，尚不具备单独建立职工代表大会制度条件的小型微型企业，可以通过选举职工代表联合建立区域、行业职工代表大会制度，开展企业民主管理活动。

区域工会、行业工会作为区域、行业职工代表大会的工作机构承担日常工作。

第二十五条 区域、行业职工代表大会行使下列职权：

（一）听取本区域、行业内企业有关劳动用工、企业或者行业发展、社会保障等情况的报告，提出意见和建议；

（二）审议通过区域、行业集体合同草案和专项集体合同草案；

（三）监督区域、行业内的企业执行劳动法律法规，实行厂务公开，履行集体合同与劳动合同，执行区域、行业职工代表大会决议。

第二十六条 区域、行业职工代表大会的代表，按一定比例名额分配到区域、行业内的企业，由企业职工直接选举产生。

区域或者行业工会负责人、行业协会负责人、企业工会与工会女职工委员会负责人应当作为职工代表大会代表候选人。

区域、行业职工代表大会代表中，企业负责人总数不得超过代表总名额的百分之二十。

第五章 厂务公开

第二十七条 企业应当建立厂务公开制度，通过职工代表大会、职工大会或者其他形式，将企业生产经营管理的重大事项、涉及职工切身利益的规章制度等情况，按照一定程序向职工公开，听取职工意见，接受职工监督。企业应当公开的事项未予公开的，职工可以向有关部门或者工会反映。

企业负责人是厂务公开的责任人。企业应当向职工代表大会或者职工大会报告或者通报厂务公开实施情况。

第二十八条 企业应当公开下列事项：

（一）除商业秘密外的企业发展规划和生产经营情况；

（二）涉及职工切身利益的方案、决定；

（三）企业制订的规章制度及其执行情况；

（四）签订、履行劳动合同、集体合同和工资集体协议情况；

（五）法律、法规和企业章程规定的其他事项。

第二十九条 国有、集体及其控股企业除公开本条例第二十八条所列事项外，还应当公开下列事项：

（一）除商业秘密外的企业投资方案、重大技术改造方案等重大决策；

（二）年度生产经营目标完成情况，大额资金使用、工程建设项目的招标投标、大宗物资采购供应、企业重大资产权属变化、资产评估等生产经营重大问题；

（三）企业业务招待费用使用情况，企业领导人员薪酬、职务消费、兼职、出国出境费用支出等廉洁自律情况；

（四）民主评议企业中高级管理人员情况；

（五）依照国家有关规定应当公开的其他事项。

第三十条 厂务公开可以采用下列形式：

（一）向职工代表大会或者职工大会报告、通报；

（二）在职工议事会、联席会议、企业情况发布会上公布；

（三）设立固定的厂务公开栏；

（四）企业内部信息网络、企业报刊、广播、黑板报等便于职工知晓的其他形式。

第六章 职工董事和职工监事

第三十一条 依照《中华人民共和国公司法》规定设有职工董事、职工监事的企业，职工董事、职工监事由职工代表大会或者职工大会选举产生，任期与公司其他董事、监事相同，可以连选连任。

职工董事、职工监事候选人应当在公司工会负责人、工作人员和职工中提名。公司高级管理人员不得作为职工董事、职工监事候选人。

第三十二条 职工董事、职工监事享有其他董事、监事同等的权利，履行下列义务：

（一）听取职工的意见和建议，在董事会、监事会上真实、准确、全面地反映职工的意见；

（二）参与企业决策和监督时，代表职工利益行使权利，认真履行职责；

（三）向职工代表大会或者职工大会报告履行职责的情况，接受职工的监督；

（四）法律、法规和企业章程规定的其他义务。

第三十三条 职工董事、职工监事不履行职责或者有严重过错的，经三分之一以上的职工代表或者十分之一以上职工联名提议，并经职工代表大会或者职工大会通过可以罢免。

第七章 监督检查

第三十四条 县级以上人力资源和社会保障主管部门应当将企业民主管理情况纳入劳动保障监察的内容，对地方总工会提出的劳动法律监督处理建议，以及其他妨碍职工参与民主管理、侵犯职工民主权利的问题，应当及时进行调查处理。

第三十五条 县级以上地方总工会发现企业有下列侵犯职工民主管理权利情形之一的，可以发出整改意见书，要求企业予以改正；拒不改正的，可以向同级人力资源和社会保障主管部门提出劳动法律监督处理建议书：

（一）不按照规定建立企业民主管理制度的；

（二）不提交应当提交职工代表大会或者职工大会审议、通过的事项的；

（三）拒不执行职工代表大会或者职工大会决议、决定的；

（四）阻挠职工代表大会代表、职工董事、职工监事依法履行职责的；

（五）对依法履行职责的职工代表大会代表、职工董事、职工监事和工会工作人员，无正当理由调整工作岗位、解除劳动合同，或者进行其他打击报复、侵犯其合法权益的；

（六）违反本条例规定的其他行为。

第三十六条 县级以上人民政府及其行政主管部门，在授予企业或者企业经营者涉及生产经营管理荣誉称号时，应当将企业实行民主管理情况作为评选依据。

第三十七条 职工代表、职工与企业经营者因民主管理事项发生争议，企业工会应当代表职工方与企业经营者协商解决。

企业工会与企业经营者因民主管理事项发生争议，双方应当协商解决；协商不成的，可以报请所在地人力资源和社会保障部门、地方总工会或者上一级工会协调解决。

第八章　法律责任

第三十八条　违反本条例规定，以暴力、威胁或者其他手段阻挠职工行使民主管理权力造成严重后果的，由公安机关依法处理。

第三十九条　工会工作人员违反本条例规定，妨碍职工行使民主管理权力，使职工合法权益遭受损害的，由同级工会或者上级工会依法给予处分。

第四十条　有关行政主管部门和国家工作人员违反本条例规定，不履行企业民主管理监督检查职责，妨碍企业民主管理活动的，由上级行政主管部门或者行政监察部门对负有直接责任的主管人员和直接责任人给予行政处分。

第九章　附　则

第四十一条　本省行政区域内的事业单位和民办非企业单位开展民主管理活动，参照本条例执行。

第四十二条　企业民主管理活动中平等协商和集体合同事项，依照《陕西省企业集体合同条例》的规定执行。

第四十三条　本条例自2012年9月1日起施行。

广西壮族自治区企业民主管理条例

（2012年7月26日　广西壮族自治区第十一届人民代表大会常务委员会第二十九次会议通过）

第一章　总　则

第一条　为了保障企业职工依法行使民主管理权力，维护职工合法权益，建立和谐的劳动关系，促进企业发展，依据有关法律、行政法规，结合本自治区实际，制定本条例。

第二条　本条例适用于本自治区行政区域内的企业。

第三条　企业应当依法建立民主管理制度，通过职工（代表）大会、企业事务公开、职工董事和职工监事、平等协商和集体合同等形式，保障职工行使民主管理权力。

第四条　企业法定代表人和其他管理人员应当尊重和保障职工依法享有的知情权、参与权、表达权和监督权等民主权利，支持职工依法开展民主管理活动，接受职工（代表）大会的监督。

第五条 职工应当尊重和支持企业法定代表人和其他管理人员依法行使经营管理职权，依法参加企业民主管理活动。

第六条 企业工会依法组织职工参与企业的民主管理，维护职工民主管理权利。

上级工会应当支持、指导和帮助企业职工依法参与民主管理，对企业开展民主管理的情况进行监督。

第七条 职工依法参与民主管理受法律保护，任何组织和个人不得压制、阻挠和打击报复。

第八条 县级以上人民政府及人力资源和社会保障等有关部门依照各自法定职责，对企业民主管理工作进行指导、检查和监督。

第二章 职工（代表）大会

第一节 职工（代表）大会的职权

第九条 企业应当依法建立职工（代表）大会制度。

职工人数一百人以上的企业应当建立职工代表大会制度；五十人以上不足一百人的企业可以建立职工大会制度，也可以建立职工代表大会制度；不足五十人的企业，应当建立职工大会制度。

第十条 小型企业比较集中、职工人数较少的区域、行业，可以建立区域或者行业职工（代表）大会制度。

第十一条 企业所属的分公司、分厂以及其他分支机构，应当通过职工（代表）大会或者其他形式实行民主管理。

第十二条 职工（代表）大会按照民主集中制原则行使职权。

第十三条 企业职工（代表）大会行使下列职权：

（一）审议、通过集体合同草案和劳动安全卫生、女职工和未成年工权益保护、工资调整机制等专项集体合同草案；

（二）选举和罢免参加平等协商的职工方协商代表和职工董事、职工监事，选举和罢免企业依法进入破产程序的债权人会议、债权人委员会中的职工代表，听取其履行职责情况报告；

（三）讨论企业有关劳动报酬、工作时间、休息休假、劳动安全卫生、保险福利、职工培训、劳动纪律以及劳动定额管理等直接涉及职工切身利益的规章制度草案或者重大事项方案，提出意见和建议；

（四）对企业经营管理和劳动管理提出意见和建议；

（五）围绕企业经营管理和职工生活福利等事项，征集职工代表提案和合理化建议；

（六）监督企业执行劳动法律、法规，实行企业事务公开，履行集体合同和劳动合同，缴纳社会保险费，执行职工（代表）大会决议和办理职工（代表）大会提案的情况；

（七）法律、法规规定的其他权利。

第十四条 国有、集体企业以及国有、集体控股企业职工（代表）大会除行使第十三条规定的职权外，还行使下列职权：

（一）听取和审议企业生产经营管理重大决策，企业重组、改制、破产和裁员的实施方案，企业的中高级管理人员的劳动报酬、廉洁从业情况的报告；

（二）通过有关劳动报酬、工作时间、休息休假、生活福利、奖惩与裁员、企业改制职工分流安置等涉及职工切身利益重大事项的方案；

（三）民主评议和监督企业的中高级管理人员，提出意见和建议。

集体企业职工（代表）大会有权选举和罢免企业的中高级管理人员，制定、修改企业章程，决定企业经营管理的重大问题。

第二节 职工代表

第十五条 建立职工代表大会制度的企业，职工代表名额按照下列规定确定：

（一）职工人数五十人以上不足一百人的，职工代表名额不少于三十人；

（二）职工人数一百人以上一千人以下的，代表名额以四十名为基数，职工每超过一百人，代表名额增加七名；

（三）职工人数一千人以上的，职工代表名额按职工人数的百分之十确定，一般不超过四百人。

第十六条 依法享有政治权利并与本企业建立劳动关系的职工，均可当选为本企业的职工代表。

第十七条 职工代表由职工民主选举产生。选举单位三分之二以上职工参加投票，选举有效。代表候选人获得应参加投票的职工过半数同意，方可当选。

规模较大、职工人数较多的企业，可以以分公司、分厂、车间为单位，设立选区选举代表。

第十八条 职工代表实行常任制，任期与职工代表大会届期一致，可连选连任，具体选举办法由企业工会委员会根据本条例及其他有关规定制定。

法律、行政法规对职工代表任期另有规定的，从其规定。

第十九条 职工代表大会的代表由工人、技术人员、管理人员、企业领导人员和其他方面的职工组成。其中，企业中层以上管理人员和领导人员一般不得超过职工代表总人数的百分之二十。有女职工和劳务派遣职工的企业，职工代表中应当有适当比例的女职工和劳务派遣职工代表。

第二十条 职工代表享有下列权利：

（一）在职工代表大会上有选举权和被选举权；

（二）对本企业涉及职工权益的事项有知情权、建议权和表决权；

（三）有权参加职工代表大会及其工作机构对本企业执行职工代表大会决议、决定和落实提案情况的监督检查以及民主管理活动；

（四）因参加职工代表大会或者经本企业同意参加行使职工代表职权的其他活动而占用生产或者工作时间的，其工资福利及其他待遇不受影响；

（五）法律、法规规定的其他权利。

第二十一条 职工代表应当履行下列义务：

（一）代表和维护职工的合法权益，反映职工的意见和要求，执行职工代表大会的决议、决定；

（二）遵守国家法律、法规和本企业的规章制度，遵守劳动纪律，完成本职工作；

（三）对本选举单位职工负责，定期向职工通报参加职工代表大会活动和履行职责的情况，接受职工的评议和监督；

（四）法律、法规规定的其他义务。

第二十二条 职工代表调离本企业、退休或者与企业解除、终止劳动关系后，其代表资格自行终止，缺额应由原选举企业按规定程序和结构要求补选。

职工代表任期未满，在企业内部调动工作的，代表资格保留。

第三十三条 企业在停产整顿或者进入破产程序期间、职工整体或者部分待岗等特殊情况下，致使职工代表大会不能正常开展活动或者不能按时换届的，职工代表资格应予保留，继续履行职责。

第二十四条 职工有权监督和要求罢免本企业的职工代表，监督办法和罢免程序由职工代表大会确定。

第三节 组织制度

第二十五条 职工（代表）大会每届任期三至五年。具体任期由职工（代表）大会根据本企业的实际情况确定，一般与工会任期同步。

经上一级工会同意，职工（代表）大会可以提前或者延期换届，但提前或者延期换届时间不得超过半年。

第二十六条 职工（代表）大会每年召开一次以上，每次会议应当有三分之二以上职工（代表）出席，法律、行政法规另有规定的除外。

第二十七条 职工（代表）大会在闭会期间遇有重大事项，经企业法定代表人、工会或者三分之一以上职工（代表）提议，可以召开职工（代表）大会临时会议。

第二十八条 职工（代表）大会选举主席团主持会议。主席团应当包括工人、技术人员、管理人员，其中，工人、技术人员和管理人员应当超过半数。

第二十九条 职工（代表）大会根据需要可以设立专门委员会或者专门小组，负责办理职工（代表）大会交办的事项。

职工（代表）大会闭会期间，除本条例规定确需提交职工（代表）大会审议决定的事项外，其他需要临时决定的重要问题，由企业工会或者职工代表组成的工作委员会召集由职工代表团（组）长和专门委员会或者专门小组负责人组成的联席会议协商处理。

第三十条 企业工会应当在开会前七个工作日将职工（代表）大会的议题和议案等主要文件以书面形式送达或者以其他合理方式告知职工（代表）。

职工（代表）大会审议、决定的事项应当及时向全体职工公开。

职工（代表）大会决议、决定和职工（代表）提案的落实和办理情况，应当向下一次职工（代表）大会报告。

第三十一条 职工（代表）大会表决的事项，须经全体职工（代表）过半数同意方可通过。选举或者对涉及职工切身利益的重大事项进行表决时，应当采取无记名投票的方式进行。

第三十二条 职工（代表）大会通过的决议、决定，对本企业及其全体职工具有普遍约束力，非经职工（代表）大会同意不得修改；如需要修改，应当按法定程序提请职工（代表）大会重新审议通过。

职工（代表）大会通过的决议、决定不得违反法律、法规的规定。

第三十三条 依照法律、法规及本条例规定，应当提交职工（代表）大会审议通过、决定的事项而未提交的，企业就此事项作出的决定无效。

第三十四条 企业工会是职工（代表）大会的工作机构，负责职工（代表）大会日常工作，履行下列职责：

（一）提出职工代表大会代表选举方案，组织职工选举职工代表和代表团（组）团（组）长；

（二）征集职工（代表）提案，提出职工（代表）大会建议议题，主持职工（代表）大会筹备工作和会议组织工作；

（三）提出职工（代表）大会主席团、专门委员会或者专门小组的设立方案及组成人员建议名单以及组织专门委员会或者专门小组、职工代表开展日常的巡视活动和调查研究，向职工（代表）大会提出建议；

（四）组织职工落实职工（代表）大会的决议、决定。在职工（代表）大会闭会期间，监督检查本单位执行职工（代表）大会决议、决定和办理、落实提案的情况；

（五）定期培训职工代表，向职工代表进行民主管理的宣传教育，组织职工代表学习法律、法规、政策和企业管理知识，提高职工代表的素质；

（六）建立与职工代表的联系制度，受理职工代表的申诉和建议，维护职工代表的合法权益；

（七）提名职工董事、职工监事候选人；

（八）负责处理闭会期间需要临时处理的问题。

未建立工会的企业，应当在上级工会指导下，由职工选举代表组成工作委员会负责职工（代表）大会的日常工作。

第三十五条　企业应当为职工（代表）大会召开会议、开展活动提供必要的工作条件和经费保障。企业召开职工（代表）大会以及职工（代表）大会日常工作所需经费，在企业行政管理费用中支出。

第三章　企业事务公开

第三十六条　企业应当建立和实行企业事务公开制度。企业的法定代表人或者主要负责人是实行企业事务公开的责任人。

企业应当确定相应机构或者专人负责企业事务公开的日常工作。

第三十七条　企业实行企业事务公开应当遵守法律、法规的规定，保证公开的真实性和完整性，坚持实事求是、及时准确、注重实效、有利于企业发展的原则。

实行企业事务公开应当保守国家秘密和企业商业秘密以及与知识产权相关的保密事项。

第三十八条　企业应当向职工公开下列事项，接受职工的民主监督：

（一）企业制定的规章制度；

（二）奖惩的情况及理由；

（三）职工养老、医疗、工伤、失业、生育等社会保险费和住房公积金的缴纳情况；

（四）劳动安全卫生保护情况；

（五）集体合同和劳动安全卫生、女职工权益保护、工资调整机制等专项集体合同的签订、修订、续订、履行情况；

（六）专业技术职称的评聘情况等涉及职工合法权益的其他事项；

（七）法律、法规规定需要公开的其他事项。

第三十九条 国有、集体企业以及国有、集体控股企业除应当向职工公开第三十八条规定的事项外，还应当向职工公开下列事项，接受职工的民主监督：

（一）企业中长期发展规划，投资和生产经营重大决策方案，企业改革、改制方案，兼并、破产方案，除商业秘密外的重大技术改造方案等重大事项；

（二）企业年度生产经营目标及完成情况，财务预决算情况，企业担保、资产转让情况，大额资金使用，工程建设项目的招投标，大宗物资采购供应，产品销售和盈亏情况，承包租赁合同履行情况，企业内部经济责任制落实情况，重要规章制度的制定情况等企业生产经营管理方面的重要问题；

（三）劳动保障法律法规的执行情况，职工裁员、分流、安置方案，劳动合同的签订和履行情况，职工提薪晋级、奖罚与福利情况，职工招聘，职工购房、售房的政策和企业公积金的使用方案，职工培训计划情况等涉及职工切身利益的重要问题；

（四）民主评议企业管理人员情况，企业的中高级管理人员、重要岗位人员的选聘和任用情况，企业业务招待费使用情况，企业管理人员工资（年薪）、奖金、兼职、补贴、住房、用车、通讯工具使用情况，以及出国出境费用支出情况等企业管理人员廉洁自律方面的问题；

（五）法律、法规规定需要公开的其他事项。

第四十条 企业应当通过下列形式实行企业事务公开：

（一）向职工（代表）大会报告；

（二）向职工董事、职工监事通报；

（三）召开企业情况发布会通报；

（四）设立企业事务公开栏，或者通过企业内部信息网络、广播、电视、报刊、板报等形式公开通报；

（五）法律、法规和企业章程规定的其他形式。

第四十一条 企业监督机构、工会应当组织职工对本企业事务公开进行监督，并将意见和建议及时向企业的法定代表人或者主要负责人进行反馈，督促企业予以改进。

第四章 职工董事、职工监事

第四十二条 职工董事代表职工参与企业决策。国有独资公司、两个以上的国有企业或者两个以上的其他国有投资主体投资设立的有限责任公司，其董事会成员中应当有职工董事；其他有限责任公司、股份有限公司董事会中可以有职工董事。

董事会中没有职工董事的，董事会在研究有关职工劳动报酬、劳动安全卫生和社会保险福利等涉及职工切身利益的事项时应当邀请工会代表列席会议，听取工会的意见和建议。

第四十三条 职工监事代表职工参与企业监督。设立监事会的公司，应当建立健全职工监事制度。

第四十四条 职工董事、职工监事由职工（代表）大会选举产生，其候选人由企业工会负责在工会工作人员和职工中组织推选，具体人数由公司章程规定。

第四十五条 担任公司高级管理职务的人员和法律、法规规定不能担任或者兼任董事、监事的人员，不得担任职工董事、职工监事。

第四十六条 职工董事、职工监事的变更、罢免，应当由职工（代表）大会依照法定程序进行。

职工董事、职工监事在任职期间，除因法定情形或者劳动合同约定外，公司不得与其解除劳动合同或者作出不利于其履行职责的岗位变动。

第四十七条 职工董事依法履行下列职责：

（一）在董事会讨论决定有关工资、奖金、福利、劳动安全卫生、社会保险、变更劳动关系、裁员等涉及职工切身利益的重大问题和事项时，如实反映职工的合理要求，代表和维护职工的合法权益；

（二）在董事会研究确定公司高级管理人员的聘任、解聘时，反映职工（代表）大会民主评议公司管理人员的情况；

（三）列席与其职责相关的公司行政办公会议和有关生产经营工作的重要会议；

（四）向工会组织、有关部门和机构反映有关情况；

（五）法律、法规和公司章程规定的其他职责。

第四十八条 职工监事履行下列职责：

（一）参与检查公司对涉及职工切身利益的法律、法规和公司规章制度的贯彻执行情况；

（二）定期监督检查公司对职工各项保险基金、工会经费的提取缴纳情况和职工工资、福利、劳动保护、安全生产、社会保险等制度的执行情况；

（三）列席与其职责相关的公司行政办公会议和有关生产经营工作的重要会议；

（四）向上级工会、有关部门和机构反映有关情况；

（五）法律、法规和公司章程规定的其他职责。

第四十九条 职工董事和职工监事应当履行下列义务：

（一）遵守法律、法规，遵守公司章程及各项规章制度，熟悉公司生产经营状况，保守公司秘密，认真履行职责；

（二）定期听取职工意见、建议，为董事会、监事会提供决策依据；

（三）维护职工的利益，在董事会和监事会讨论涉及职工切身利益的重大问题和事项时，提出明确的意见和建议；

（四）参加职工（代表）大会的有关活动，执行职工（代表）大会的有关决议，在董事会会议、监事会会议上按照职工（代表）大会的相关决定精神发表意见；

（五）定期向职工（代表）大会述职，接受职工代表的询问，接受职工（代表）大会和职工的监督；

（六）法律、法规和公司章程规定的其他义务。

第五章　法律责任

第五十条　企业违反本条例规定，有下列情形之一的，由县级以上地方总工会提请同级人民政府或者有关部门责令限期改正：

（一）拒绝依法建立和实行职工（代表）大会、企业事务公开、职工董事、职工监事及其他民主管理制度；

（二）压制、妨碍、阻挠职工依法行使民主管理权力，对依法履行职责的职工、职工代表、职工董事、职工监事打击报复；

（三）无正当理由拒不召开职工（代表）大会；

（四）应当提交职工（代表）大会审议的事项而不提交；

（五）不执行或者擅自修改职工（代表）大会决定，给企业、职工或者社会造成严重后果；

（六）应当公开的事项不公开或者虚假公开。

第五十一条　企业违反本条例规定，有下列情形之一的，由县级以上人民政府人力资源和社会保障部门责令改正；造成损失的，依法承担赔偿责任：

（一）职工、职工代表、职工董事、职工监事因依法参加企业民主管理活动而被违法解除劳动合同；

（二）工会工作人员因履行法律、法规和本条例规定的职责而被违法解除劳动合同。

第五十二条　县级以上人民政府及有关部门的工作人员，在对企业民主管理工作实施监督的过程中滥用职权、玩忽职守、徇私舞弊的，由同级人民政府或者上级主管部门依法给予行政处分；构成犯罪的，依法追究刑事责任。

第五十三条　工会工作人员违反本条例规定，妨碍职工依法行使民主管理权力，使职工合法权益遭受损害的，由同级工会或者上级工会依法给予处分；造成损失的，依法承担赔偿责任；构成犯罪的，依法追究刑事责任。

第六章　附　则

第五十四条　本自治区行政区域内实行企业化管理的事业单位和民办非企业单位的民主管理，参照本条例执行。

第五十五条　本条例所称职工（代表）大会制度是指与企业存在劳动关系的全体职工或者其依照法定程序和比例推举产生的代表按照一定程序定期召开会议，开展民主管理活动的制度。职工（代表）大会制度包括职工大会和职工代表大会两种会议形式。

本条例所称企业事务公开是指企业通过一定的形式和程序，按本条例规定的事项向职工公开，接受职工监督的制度性活动。

本条例所称职工董事、职工监事是指公司制企业依照《中华人民共和国公司法》和公司章程规定，通过职工（代表）大会选举产生的，代表公司职工参与企业决策和监督、维护公司职工合法权益的董事会、监事会成员。

本条例所称集体合同是指用人单位与本单位职工根据法律、法规的规定就劳动报酬、工作时间、休息休假、劳动安全卫生、保险福利等事项在平等协商一致基础上签订的书面协议。

第五十六条　企业民主管理中的平等协商和集体合同的签订、管理等，按照国家和自治区的有关规定执行。

第五十七条　本条例自2012年10月1日起施行。

安徽省企业民主管理条例

（2014年1月22日　安徽省第十二届人民代表大会常务委员会第九次会议通过）

第一章　总　则

第一条　为了推进企业民主管理，保障职工民主权利，维护职工合法权益，构建和谐劳动关系，促进企业科学发展，根据有关法律、行政法规的规定，结合本省实际，制定本条例。

第二条　本条例适用于本省行政区域内的企业。

本条例所称企业民主管理，是指企业依照有关法律法规的规定，通过职工代表大会、职工大会或者其他民主形式，组织职工参与企业管理和监督的活动。

第三条 企业应当按照合法、公开、公正的原则，建立职工代表大会制度、企业事务公开制度。公司制企业设立董事会和监事会的，还应当依照《中华人民共和国公司法》的规定建立职工董事和职工监事制度。

企业应当尊重和保障职工依法享有的知情权、参与权、表达权和监督权等民主权利，为职工参与民主管理提供必要的条件和经费保障。

企业负责人应当支持职工代表大会和工会依法履行职责。

职工应当尊重和支持企业依法经营和管理，有序参与企业的民主管理。

第四条 企业工会应当引导职工热爱企业、关心企业发展，组织职工依法参与企业民主管理，维护职工合法权益。

上级工会应当支持、指导和帮助企业工会组织职工依法参与民主管理，对企业实行民主管理的情况进行监督。

第五条 企业方面代表应当推动企业实行民主管理，促进企业科学发展。

本条例所称企业方面代表，是指企业方面的联合会、协会、商会等在协调劳动关系三方机制中代表企业的社会组织。

第六条 企业民主管理应当依法进行，尊重职工参与民主管理的权利，支持股东会或者股东大会、董事会、监事会依法行使职权，维护企业所有者、经营者、劳动者合法权益。

第七条 县级以上人民政府及其人力资源和社会保障部门、经济和信息化主管部门、国有资产监督管理机构、监察机关等，应当依照各自职责，对企业民主管理工作提供服务和指导、进行检查和监督。

第二章　职工代表大会

第一节　组织机构

第八条 职工代表大会是企业民主管理的基本形式，是职工行使民主管理权力的机构。

企业应当在开业之日起一年内召开首次职工代表大会。

职工代表大会实行民主集中制。

第九条 县级以下一定区域内或者行业内若干小微企业，可以通过选举代表联合建立区域、行业职工代表大会制度。

区域、行业工会负责组织建立区域、行业职工代表大会，并作为区域、行业职工代表大会的工作机构，承担日常工作。

第十条 职工代表大会每届任期三年至五年。具体任期由职工代表大会根据实际情况确定。

职工代表大会因故需要提前或者延期换届的，应当由职工代表大会或者其授权的机构决定。

第十一条 职工代表大会选举主席团主持会议和负责处理会议期间的相关事项。主席团成员从职工代表中选举产生，其中工人、技术人员、中级以下管理人员应当超过半数。主席团成员中应当有女职工代表。

第十二条 职工代表大会根据需要，可以设立若干专门委员会（小组），负责办理职工代表大会交办的事项。

第十三条 职工代表按照选举单位组成代表团（组），并推选团（组）长。

企业可以建立职工代表大会团（组）长联席会议制度。在职工代表大会闭会期间，联席会议根据职工代表大会授权，负责处理临时需要解决的重要问题，并提请下一次职工代表大会予以确认。

第十四条 企业工会是职工代表大会的工作机构，负责职工代表大会的日常工作。

企业工会履行下列企业民主管理职责：

（一）负责职工代表大会会议筹备和组织工作，提出职工代表选举方案，组织职工选举职工代表，提出职工代表大会建议议题和有关方案；

（二）监督检查职工代表大会决议的执行情况和职工代表大会提案的办理情况、企业事务公开情况；

（三）建立与职工代表的联系制度，征求职工代表的建议，受理职工代表的申诉，维护职工代表的合法权益；

（四）组织职工学习法律法规和相关业务知识，提高职工的素质，鼓励职工就企业经营管理、技术创新、技术改造、企业文化等方面提出合理化建议。

第十五条 企业可以召开职工大会。职工大会适用本条例关于职工代表大会的规定。

第二节　职　权

第十六条 职工代表大会行使下列企业民主管理职权：

（一）听取企业关于发展规划、年度生产经营管理、劳动合同和集体合同签订履行、企业安全生产、企业缴纳社会保险费和住房公积金等报告，提出意见和建议；

（二）审议有关劳动报酬、工作时间、休息休假、劳动安全卫生、保险福利、职工培训、劳动纪律以及劳动定额管理等直接涉及职工切身利益的规章制度或者企业改革等重大事项方案，提出意见和建议；

（三）审议通过集体合同草案和专项集体合同草案；

（四）选举或者罢免公司制企业中的职工董事、职工监事，选举依法进入破产程序企业的债权人委员会中的职工代表；

（五）审查监督企业执行劳动、社会保险法律法规，履行集体合同和劳动合同，劳动争议处理，实行企业事务公开，执行职工代表大会决议和办理职工代表大会提案情况；

（六）法律法规规定的其他职权。

第十七条　国有及国有控股企业职工代表大会除行使第十六条规定的企业民主管理职权外，还行使下列职权：

（一）听取和审议企业关于投资、担保、资产处置、大额资金使用、重大技术改造、财务预决算、业务招待费使用等情况的报告，企业公积金的使用等方案，提出意见和建议；

（二）审议通过企业工资调整方案，奖金分配方案，企业年金方案和奖惩办法，以及职工裁员、分流、安置方案等涉及职工切身利益的事项；

（三）对企业的合并、分立、改制、解散、申请破产等重大事项提出意见和建议；

（四）听取企业管理人员薪酬水平、职务待遇、职务消费和业务消费以及廉洁自律规定执行情况，评议、监督企业中级高级管理人员，提出奖惩及任免建议。

第十八条　城镇集体所有制企业职工代表大会除行使第十六条、第十七条规定的企业民主管理职权外，还行使下列职权：

（一）制定、修改企业章程和其他重要规章制度；

（二）依法选举、罢免、聘用、解聘企业负责人；

（三）审议决定职工福利等重大事项。

第十九条　区域、行业职工代表大会听取和审议区域、行业内企业执行国家有关劳动、社会保险法律法规情况等报告，讨论通过区域、行业集体合同草案和专项集体合同草案。

第三节　会议制度

第二十条　职工代表大会每年至少召开一次会议。每次会议应当有三分之二以上的职工代表出席。

遇有重大事项，经三分之一以上职工代表、企业工会或者企业提议，可以召开临时会议。

第二十一条　职工代表大会的议题，可以由企业工会广泛征集职工意见后提出，也可以由企业提出，经企业工会与企业协商后确定。议题内容应当属于职工代表大会的职权范围。

召开职工代表大会的会议议题草案，应当在会议召开七个工作日前以书面形式送达职工代表，并向职工公布。

第二十二条　职工代表大会选举及表决通过重要事项，应当采用无记名投票的方式分项表决。选举及表决事项经全体职工代表过半数通过方为有效。

职工代表大会通过的选举结果应当当场公布。

职工代表大会通过的决议、重要事项等应当形成书面材料，并在七个工作日内公布。

第二十三条　职工代表大会依法在其职权范围内审议通过的决议和事项，非经职工代表大会同意不得变更或撤销。

职工代表大会应当尊重并支持企业股东会或者股东大会、董事会、监事会依照法律法规规定和公司章程行使职权。

第四节　职工代表

第二十四条　职工代表应当以班组、科室等为选举单位，由职工直接民主选举产生。规模较大、管理层次较多的企业的职工代表，可以按照分公司、分厂、车间、区队以及其他分支机构设立选举单位，经职工代表大会进行差额选举产生。

有条件的企业可以试行职工代表竞选制。

选举、罢免职工代表，应当召开选举单位全体职工会议。会议应当有三分之二以上职工参加。选举、罢免职工代表的决定，经选举单位全体职工的过半数通过方为有效。

第二十五条　职工不满一百人的企业一般召开职工大会；召开职工代表大会的，代表名额不得少于三十名；职工一百人以上不满一千人的企业，代表名额以三十名为基数，职工每增加一百人，代表名额增加十名；职工一千人以上不满五千人的企业，代表名额以一百二十名为基数，职工每增加一千人，代表名额增加三十五名；职工五千人以上的企业，代表名额不得少于二百六十名。职工代表名额应当是单数。

在职工代表大会届期内，企业职工人数发生明显变化的，应当按照前款规定对代表名额作出相应增减。

第二十六条　职工代表中企业中级、高级管理人员一般不超过代表总数的百分之二十。

女职工代表、集中安置残疾人企业的残疾人职工代表、使用劳务派遣工企业的劳务派遣工代表的比例不低于女职工、残疾人职工、劳务派遣工在本单位职工总量中所占比例。

区域、行业职工代表大会的代表名额，按照企业职工人数的适当比例分配到组成企业。每个企业至少应当有两名职工代表。

第二十七条 职工代表实行常任制，任期与职工代表大会届期相同，可以连选连任。

职工代表出现缺额时，应当按规定的条件和程序在原选举单位及时补选。

第二十八条 职工代表履行职责受法律保护，任何组织和个人不得妨碍和打击报复。

企业不得因职工代表履行职责扣发、降低其工资、福利，调动其工作岗位或者免除职务、降低职级，单方变更或者解除其劳动合同。

依法终止或者解除劳动关系的职工代表，其代表资格自行终止。

第二十九条 职工代表享有下列权利：

（一）选举权、被选举权和表决权；

（二）参加职工代表大会及其工作机构组织的民主管理活动，对企业涉及职工权益的事项有知情权、建议权、监督权；

（三）在职工代表大会闭会期间，通过工会组织对企业执行职工代表大会决议和提案落实情况进行监督、检查；

（四）法律法规规定的其他权利。

第三十条 职工代表应当履行下列义务：

（一）遵守法律法规，遵守企业规章制度，完成本职工作，关心支持企业发展，积极参与企业民主管理；

（二）听取职工对企业生产经营管理等方面的合理化建议、涉及职工切身利益的意见和要求，并客观真实地向企业反映；

（三）参加企业职工代表大会组织的活动，执行职工代表大会通过的决议，完成职工代表大会交办的事项；

（四）向本选举单位的职工报告参加职工代表大会活动和履行职责情况，接受职工的评议和监督；

（五）不得泄露企业的商业秘密和与知识产权相关的保密事项；

（六）法律法规规定的其他义务。

第三章 企业事务公开

第三十一条 企业应当实行企业事务公开制度。有条件的企业可以建立企业事务公开民主管理质量体系，推进标准化建设。

第三十二条 企业主要负责人是实行企业事务公开的责任人。企业应当确定相应机构或者专人负责企业事务公开的日常工作。

第三十三条 企业实行企业事务公开应当遵循合法、及时、真实、有利于职工权益维护和企业发展的原则。

第三十四条 本条例第十六条、第十七条、第十八条所涉及的事项和其他重要事项，应当及时向职工公开。

其他事项除涉及国家秘密、企业商业秘密和与知识产权相关的保密事项之外，企业可以自主决定向职工公开。

第三十五条 职工代表大会是企业事务公开的主要途径。

职工代表大会闭会期间，可以通过企业事务公开栏、企业情况发布会、联席会议以及单位内部报纸、刊物、板报、广播、电视、网络、手机短信等形式进行公开。

企业事务公开应当分层次进行。除了在企业一级进行公开外，还应当在分公司、分厂、车间、区队、班组进行。

第三十六条 企业应当及时听取和了解职工对企业事务公开的意见，对职工提出的重要意见和建议在三十日内给予答复或者说明；需要整改的，应当采取措施整改，并在三十日内将整改情况予以公开。

第四章 职工董事和职工监事

第三十七条 职工董事、职工监事由公司职工通过职工代表大会、职工大会或者其他形式民主选举产生。

职工董事和职工监事候选人在公司工会负责人和其他职工中推选。公司高级管理人员不得作为职工董事、职工监事候选人。

第三十八条 职工董事、职工监事应当听取职工意见，反映职工意愿，向职工代表大会报告工作，接受职工监督，并与公司的其他董事、监事享有同等的权利、履行相应的职责。

第三十九条 公司应当支持职工董事、职工监事依照法律法规和公司章程开展工作，为职工董事、职工监事履行职责提供必要的工作条件。

公司不得因职工董事、职工监事履行职责扣发、降低其工资、福利，调动其工作岗位或者免除职务、降低职级，单方变更或者解除其劳动合同。

第四十条 职工董事、职工监事不履行职责的，经三分之一以上的职工代表联名提议，职工代表大会全体代表的过半数通过可以罢免，并报上一级工会备案。法律法规另有规定的除外。

第五章　监督检查

第四十一条　县级以上人民政府人力资源和社会保障部门应当将企业实行民主管理情况纳入劳动保障监察的内容，并列入企业劳动保障守法诚信档案。对妨碍企业职工开展民主管理活动、侵害职工民主管理权利的行为，应当按照法定程序及时进行调查处理，并将调查处理结果依法向社会公开。

第四十二条　县级以上地方总工会应当加强对企业民主管理情况的监督检查，对企业侵犯职工民主管理权利的行为，可以发出工会劳动法律监督整改意见书，要求企业限期改正；对逾期不改正的，可以向同级人民政府人力资源和社会保障部门提出工会劳动法律监督处理建议书。人力资源和社会保障部门应当及时调查处理，并将结果通报地方总工会。

县级以上地方总工会依法对企业实行民主管理情况进行监督时，企业应当如实提供相关资料和说明。

第四十三条　评选企业和企业经营者涉及生产经营管理等荣誉称号时，应当将企业实行民主管理情况作为评选依据之一。

第四十四条　企业工会与企业因民主管理事项发生争议的，双方应当协商解决；协商不成的，提请人力资源和社会保障部门会同同级地方总工会、企业方面代表协调解决。

第四十五条　县级以上人民政府人力资源和社会保障部门会同同级地方总工会和企业方面代表建立的劳动关系三方协调会议制度，就涉及企业民主管理的重要问题进行研究，协商解决有关重大问题。

第六章　法律责任

第四十六条　企业违反本条例规定，有下列行为之一的，职工和工会组织有权向企业提出意见，企业应当及时改正；拒不改正的，由县级以上人民政府人力资源和社会保障部门将该企业列入企业劳动保障守法诚信档案，并定期向社会公布：

（一）未依法建立职工代表大会、企业事务公开、职工董事、职工监事等民主管理制度的；

（二）未召开或者未按照规定召开职工代表大会的；

（三）应当提交职工代表大会审议、通过、决定、选举的事项而不提交的；

（四）应当公开的事项不公开或者虚假公开的；

（五）不执行职工代表大会依法作出的决议、决定的；

（六）其他违反本条例规定的行为。

第四十七条 企业违反本条例第二十八条第二款、第三十九条第二款规定，因职工代表、职工董事、职工监事履行职责，扣发、降低其工资、福利，调动其工作岗位、免除职务、降低职级，或者解除其劳动合同的，依照《安徽省集体合同条例》第四十八条的规定处理。

第四十八条 职工董事、职工监事违背职工代表大会决议、决定，损害职工民主权利和企业利益的，由所在企业工会进行批评教育；造成经济损失的，依法承担赔偿责任。企业工会可以提请职工代表大会依法罢免其职务。

第四十九条 违反本条例规定，以暴力、威胁或者其他手段妨碍职工行使民主管理权力的，由有关机关依法追究法律责任。

第五十条 政府有关部门及其工作人员违反本条例规定，玩忽职守、滥用职权、徇私舞弊的，由有关机关依法处理。

第五十一条 工会工作人员不按照本条例规定履行职责，损害企业和职工合法权益的，由同级工会或者上级工会责令改正，并可以予以处分；造成损失的，应当依法承担赔偿责任；选举产生的工会工作人员可以依照《中国工会章程》予以罢免。

第七章 附 则

第五十二条 本省行政区域内的事业单位和民办非企业单位实行民主管理，参照本条例执行，但参照《中华人民共和国公务员法》管理的事业单位以及法律法规授权的具有公共事务管理职能的事业单位除外。

第五十三条 本条例自2014年3月1日起施行。

职工代表大会条例

河北省企业职工代表大会条例

（2003年6月12日　河北省第十届人民代表大会
常务委员会第三次会议通过）

第一章　总　则

第一条　为保障职工的民主权利，维护职工合法权益，保护和调动广大职工的积极性、创造性，促进企业健康发展，根据宪法和劳动法、工会法及其他有关法律、法规，结合本省实际，制定本条例。

第二条　本条例适用于本省行政区域内的企业。

第三条　职工代表大会是企业实行民主管理和协调劳动关系的基本形式，是职工行使民主管理权力的机构。

第四条　县级以上人民政府以及有关部门，根据其职责分别对本行政区域内的企业执行本条例的情况进行监督、检查。

各级地方总工会和产业工会指导职工代表大会工作，支持和维护职工代表大会依法行使职权，并协助有关部门做好本条例执行情况的监督、检查工作。

第五条　企业工会组织是职工代表大会的工作机构，负责职工代表大会的日常工作。

第六条　职工代表大会实行民主集中制。

第二章　职工代表

第七条　依法与企业建立劳动关系的职工均可当选为职工代表。

第八条　职工代表必须由职工民主选举产生。职工代表实行常任制，可连选连任，任期与职工代表大会届期一致。具体选举办法由企业工会组织制定。

第九条　职工代表中一线职工、科技人员和一般管理人员的比例应当不低于百分之五十。

女职工代表比例一般不低于本企业女职工占全体职工人数的比例。

第十条 职工代表享有下列权利：

（一）对涉及职工权益的企业经营状况有知情权；在职工代表大会上，有选举权、被选举权和表决权。

（二）有权参加职工代表大会及其工作机构组织的活动，闭会期间可以对企业执行职工代表大会决议和落实提案情况进行监督、检查。

（三）因参加职工代表大会或者经企业同意组织的活动而占用工作时间的，其工资和其他福利待遇不受影响。

第十一条 职工代表应当履行下列义务：

（一）认真学习国家有关法律、法规、政策，不断提高思想文化、技术业务素质和参与管理的水平。

（二）密切联系群众，代表职工合法权益，如实反映职工群众的意见和要求，认真执行职工代表大会的决议，做好职工代表大会交给的各项工作。

（三）模范遵守国家的法律、法规和企业的规章制度，保守企业商业秘密，做好本职工作。

第十二条 职工代表对选举单位的职工负责。选举单位的职工有权监督和罢免本单位的职工代表，罢免程序由企业职工代表大会确定。

第十三条 职工代表依法行使职权，任何组织和个人不得压制、阻挠和打击报复。

职工代表在劳动合同期内，除严重违反劳动纪律、企业规章制度，或者严重失职、徇私舞弊、给企业利益造成重大损害，或者被依法追究刑事责任外，企业不得与其解除劳动合同。确需解除劳动合同的，应当事先征求企业工会组织的意见。

第三章 组织制度

第十四条 不足一百人的企业应当建立职工大会制度或者建立职工代表大会制度。

一百人以上的企业应当建立职工代表大会制度。一百人以上、不足二百人的企业，职工代表人数不少于三十人；二百人以上、不足一千人的企业，职工代表按职工人数的百分之十五左右确定，一般不超过一百人；一千人以上的企业，职工代表按职工人数的百分之十左右确定，一般不超过四百人。具体人数可结合企业实际在本单位的职工代表大会工作制度中作出规定。

第十五条 职工代表大会每届任期三年或者五年，每年召开一至二次会议。每次会议必须有三分之二以上的职工代表出席，并根据需要选举主席团主持会议。

职工代表大会闭会期间，遇有重大事项，经企业经营者或者工会或者三分之一以上职工代表的提议，应当召开职工代表大会临时会议。

第十六条 职工代表大会根据需要，可以设立若干职工代表团（组）、专门委员会或者专门小组，负责办理职工代表大会交办的事项。

职工代表大会闭会期间，除确需提交职工代表大会讨论审议的事项外，其他需要临时解决的重要问题，由企业工会召集职工代表团（组）长和专门委员会或者专门小组负责人联席会议协商处理，并提请下一次职工代表大会确认。

第十七条 企业工会组织应当在职工代表大会召开七日前向职工代表公开会议的议题。

职工代表大会决议和职工代表提案的落实情况应当向下次职工代表大会报告。

第十八条 职工代表大会进行选举和审议通过重大事项，采用无记名投票表决方式，一般事项也可采用其他表决方式，但都须经全体职工代表过半数通过。

第十九条 企业应当建立职工代表大会工作制度，健全职工代表大会的考核、检查、奖惩及档案管理制度。

第二十条 企业职工代表大会工作费用，由企业管理费列支。

第四章 职工代表大会的职权

第二十一条 国有、国有控股企业职工代表大会行使下列职权：

（一）听取和审议企业的经营方针，发展规划，年度计划，企业财务会计报告，企业章程草案，重大技术改造方案，基本建设方案，职工培训计划，业务招待费使用情况以及实行厂务公开、履行集体合同情况的报告，并提出意见和建议。

（二）审议通过或者否决企业提出的经济责任制方案，劳动用工方案，工资调整方案，奖金分配方案，劳动安全卫生和女职工劳动保护措施，机构改革方案，裁员分流方案，改革、改制方案，企业破产实施方案，集体合同草案，工资集体协议草案及奖惩办法等重要的规章制度。

（三）审议决定职工福利基金、公益金使用方案及有关职工生活福利的重大事项。

（四）评议、监督企业高、中级管理人员，提出奖惩及任免建议。

（五）企业高、中级管理人员的任免，应当听取职工代表大会或者半数以上职工代表的意见。

（六）选举、罢免职工董事、职工监事和职工协商代表。

（七）依照法律、法规规定，或者经企业与工会协商确定需要由职工代表大会行使的其他权利。

第二十二条 城镇集体、集体控股企业的职工代表大会有权选举和罢免企业高级管理人员，决定经营管理的重大问题。具体职权内容由职工代表大会作出决定。

第二十三条 本条例第二十一条、第二十二条规定以外的其他企业职工代表大会行使下列职权：

（一）听取企业关于经营管理情况、职工社会保险费缴纳情况、企业制定规章制度情况以及实行厂务公开、履行集体合同情况的报告，并提出意见和建议。

（二）依照法律、法规规定，审议通过或者否决企业集体合同草案、工资集体协议草案以及劳动安全卫生方案。

（三）监督企业实施劳动法律、法规和实行厂务公开及履行集体合同的情况。

（四）选举、罢免职工董事、职工监事以及职工协商代表。

（五）依照法律、法规规定，或者经企业与工会协商确定需要由职工代表大会行使的其他权利。

第二十四条 依照法律、法规及本条例规定，应当提交职工代表大会审议的事项而未提交的，企业就此事项作出的决定视为无效。

职工代表大会在其职权范围内依法决定的事项，非经职工代表大会同意不得变更。

第二十五条 职工代表大会依法决定的事项对企业以及企业全体职工具有约束力，企业以及企业全体职工应当严格执行。

职工代表大会决定的事项违反法律、法规的无效。

第五章 企业工会组织的职责

第二十六条 企业工会组织作为职工代表大会的工作机构承担下列工作：

（一）组织职工选举职工代表。

（二）提出职工代表大会议题的建议，主持职工代表大会的筹备工作和会议的组织工作。

（三）组织专门小组进行调查研究，向职工代表大会提出建议，检查督促职工代表大会决议的执行情况，发动职工落实职工代表大会决议。

（四）向职工进行民主管理的宣传教育，组织职工学习政策、业务和管理知识，开展劳动竞赛和技术革新活动，开展文体活动，提高职工素质。

（五）受理职工代表的申诉，征集职工代表的建议，维护职工代表的合法权益。

（六）组织开展企业民主管理的其他工作。

第二十七条 企业召开职工代表大会的情况，企业工会组织应当在职工代表大会闭幕后七日内报上级工会备案。

第六章 法律责任

第二十八条 企业有下列行为之一的，分别由县级以上人民政府以及有关部门给予通报批评并责令其改正。对拒不改正的，依法给予有关责任人行政处分或者行政处罚：

（一）拒不建立职工代表大会制度的。

（二）不按本条例规定召开职工代表大会的。

（三）应当提交职工代表大会审议的事项而不提交的。

（四）拒不执行职工代表大会决定的。

（五）打击报复职工代表的。

（六）其他违反本条例规定的。

第二十九条 县级以上人民政府有关部门及其工作人员，在对职工代表大会进行监督、检查工作中敷衍塞责、失职渎职、徇私舞弊的，视情节轻重，由本级人民政府对部门负责人及责任人给予批评教育或者行政处分。

第三十条 对侵犯职工代表大会职权及打击报复职工代表等违法违纪行为，企业所在地的县级以上工会有权进行通报，并向有关部门提出处罚建议，有关部门应当将处理结果通报工会。

第三十一条 对违反本条例的单位和个人，企业工会组织及职工有权向县级以上人民政府以及有关部门和上级工会申诉，属于人民法院受理范围的，也可以向人民法院提起诉讼。

第七章 附 则

第三十二条 子公司、分公司、车间和企业分支机构可以根据具体情况，采取职工代表大会、职工代表组及其他形式对本单位权限范围内的事务行使民主管理的权利。

第三十三条 建立职工大会制度的企业适用本条例。

第三十四条 事业单位建立职工代表大会或者职工大会制度的参照本条例执行。

第三十五条 本条例自 2003 年 8 月 1 日起施行。

新疆维吾尔自治区职工代表大会条例

（2005 年 9 月 22 日　新疆维吾尔自治区第十届人民代表大会常务委员会第十九次会议通过）

第一章　总　则

第一条　为加强企业、事业单位的基层民主政治建设，保障职工的民主权利，维护职工的合法权益，保护和调动各族职工的积极性、创造性，促进企业、事业单位的健康发展，根据《中华人民共和国工会法》、《中华人民共和国劳动法》等有关法律、法规，结合自治区实际，制定本条例。

第二条　本条例适用于自治区行政区域内的企业、事业单位、民办非企业单位及其他经济组织。

第三条　企业、事业单位、民办非企业单位及其他经济组织（以下简称企事业单位）应当依法建立以职工代表大会为基本形式的民主管理制度。

第四条　职工代表大会是企事业单位民主政治建设的基本制度，是协调劳动关系的重要形式，是职工行使民主管理权力的机构，是实行厂务（院、校、所务等）公开的主要载体。

第五条　职工代表大会实行民主集中制。

第六条　企事业单位工会委员会是职工代表大会的工作机构，负责职工代表大会的日常工作。

第七条　县级以上人民政府劳动保障、人事等有关部门，应当对本行政区域内的企事业单位执行本条例的情况进行监督检查。

各级地方工会和产业工会对企事业单位职工代表大会工作进行指导和帮助，支持职工代表大会依法行使职权，协助同级政府和有关部门做好本条例执行情况的监督检查。

第八条　企事业单位应当支持职工代表大会依法开展工作，组织实施职工代表大会做出的有关决议和决定，接受职工代表大会的监督。

第二章　职工代表大会的职权

第九条　国有企业、国有控股企业和实行企业化管理的事业单位职工代表大会是职工行使民主管理权力的机构，行使下列职权：

（一）听取和审议企业经营方针和中长期发展规划，年度经营计划和投资方案，财务预决算报告，企业章程草案，重大技术改造方案，基本建设方案，职工培训计划，业务招待费使用情况，职工各项社会保险费用、住房公积金缴纳情况，实行厂务公开、工资集体协商、签订和履行集体合同、劳动合同情况的报告，并就上述内容提出意见和建议。

（二）审议通过企业提出的经济责任制方案，企业改革、改制方案，企业裁员、企业破产实施方案，职工安置方案，职工工资（奖金）调整、分配方案，企业年金方案，企业领导人员年薪制实施方案，劳动用工方案，对违纪职工予以解除劳动关系的事项，集体合同草案、工资集体协议草案，厂务公开实施细则，劳动安全卫生和女职工保护措施，职工奖惩办法及其他规章制度。

（三）审议决定职工福利基金、公益金使用方案、困难职工补助办法等有关职工生活福利和对违纪职工予以开除的重大事项。

（四）评议、监督企业领导班子及其成员，提出奖惩及任免建议。国有资产监督管理机构或者企业管理部门任免企业领导人员的职务时，应当将职工代表大会评议的结果作为干部考核任免和奖惩的重要依据。

（五）根据国有资产监督管理机构或者企业管理部门的部署，民主推荐企业经营者人选或者民主选举经营者；依法选举、罢免、调整职工董事、职工监事以及参加平等协商、劳动争议调解组织的职工代表，听取他们的工作汇报。

（六）向政府和有关部门推荐劳动模范和先进工作者。

（七）依照法律、法规规定，或者经企业与企业工会委员会协商确定需由职工代表大会行使的其他职权。

第十条 集体企业、集体控股企业职工代表大会是企业的权力机构，行使下列职权：

（一）制定、修改企业章程、职工奖惩办法及其他重要规章制度。

（二）听取和审议企业职工各项社会保险费缴纳情况，业务招待费使用情况，实行厂务公开及签订和履行集体合同、劳动合同情况的报告。

（三）审议通过企业经营方针和中长期发展规划，年度经营计划和投资方案，财务预决算报告，企业改革、改制方案，企业破产实施方案，职工培训计划，集体合同草案，厂务公开实施细则，经济责任制方案，劳动用工方案，劳动安全卫生和女职工保护措施。

（四）审议决定企业经营者或者职工代表提出的涉及企业经营管理方面的重大事项；审议决定职工工资（奖金）调整、分配方案，职工福利基金、公益金使用方案等有关职工生活福利的重大事项。

（五）依法选举、罢免、聘用、解聘企业领导人员；依照企业章程选举、罢免、更换职工董事、职工监事及参加平等协商、劳动争议调解组织的职工代表，并听取他们的工作汇报。

（六）向政府和有关部门推荐劳动模范和先进工作者。

（七）法律、法规和企业章程规定的其他职权。

第十一条 非公有制企业职工代表大会依法行使知情、审议、协商、监督等民主管理的权利，行使下列职权：

（一）听取业主或者经营者关于企业生产经营管理情况的报告，提出意见和建议。

（二）审议通过集体合同草案及涉及职工利益的重要规章制度。

（三）协商议定厂务公开的具体内容，工资集体协议、企业工资调整、经济性裁员、劳动安全卫生和女职工保护措施、职工培训计划、职工奖惩办法、职工福利基金和公益金的使用方案等与职工切身利益密切相关的其他事项。

（四）监督企业贯彻实施《工会法》、《劳动法》等有关法律、法规，以及缴纳职工各项社会保险费用，实行厂务公开，签订和履行集体合同、劳动合同的情况。

（五）根据企业要求，民主评议企业经营管理人员，并提出奖惩建议；选举、罢免职工一方参加平等协商、劳动争议调解组织的代表及公司制企业的职工董事、职工监事。

（六）向政府和有关部门推荐劳动模范和先进工作者。

（七）依照法律、法规规定，或者经企业与工会协商确定需由职工代表大会行使的其他职权。

第十二条 事业单位职工代表大会行使下列职权：

（一）听取和审议单位负责人所作的工作报告及对本单位发展规划，重大改制、改革方案，财务工作，事务公开情况的报告；就涉及职工切身利益的有关重大问题的决策提出意见和建议。

（二）审议通过本单位提出的职工聘用聘任、奖惩、工资福利分配制度、办法及其他与职工权益有关的重要规章制度，以及事务公开实施细则、集体合同草案。

（三）审议决定本单位医疗制度改革、福利费管理使用以及职工生活福利安排方面的其他事项，对职工参加社会保险及本单位缴纳各项社会保险费用的情况进行监督。

（四）民主评议和监督本单位中层以上管理人员，提出奖惩、任免建议；根据主管机关的部署，参与民主推荐领导人选。

（五）向政府和有关部门推荐劳动模范和先进工作者。

第十三条 本条例第九条、第十条、第十一条、第十二条规定以外的其他组织，其职工代表大会职权，参照本条例相关规定执行。

第十四条 依照法律、法规及本条例规定，应当提交职工代表大会审议通过、决定的事项而未提交的，企事业单位就此事项作出的决定无效。

第十五条 职工代表大会依法通过的决议、决定、办法和方案，对本单位及其全体职工均具有约束力，非经职工代表大会同意不得变更；如需修改，应当提请职工代表大会按法定程序重新审议表决。

职工代表大会审议、通过、决定的事项不得违反法律、法规的规定。

第三章 职工代表

第十六条 依法享有政治权利并与企事业单位建立劳动关系（含聘用）的职工，均有当选职工代表的权利。

职工代表应当具有较高的政治素质和议事能力。

第十七条 职工代表由职工民主选举产生，选举应有本选举单位三分之二以上职工参加方为有效，被选举人应获得全体职工半数以上赞成票方可当选为职工代表。

大型企事业单位的职工代表，应由所属分公司、分厂、车间以及其他分支机构的职工代表大会或职工大会在其职工代表或职工中推选产生。

第十八条 职工代表实行常任制，任期与职工代表大会届期一致，可连选连任，具体选举办法由企事业单位工会委员会根据本条例及其他有关规定制定。

第十九条 职工代表中的一线职工的比例应当不低于百分之六十，中层以上管理人员不超过百分之二十，其他人员不超过百分之二十。少数民族职工代表比例应当不低于其在本单位职工中所占的比例，女职工代表应占适当比例。

第二十条 职工代表的权利：

（一）对本单位涉及职工权益的事项有知情权、建议权，在职工代表大会上有选举权、被选举权和表决权。

（二）有权参加职工代表大会及其工作机构对本单位执行职工代表大会决议、决定、办法、方案和落实提案情况的监督检查，有权参加对本单位领导人员的评议和质询。

（三）因参加职工代表大会或经本单位同意参加工会组织的行使职工代表职权的其他活动而占用工作时间的，其工资福利及其他待遇不受影响。

第二十一条 职工代表的义务:

(一) 认真学习国家有关法律、法规、政策，不断提高综合素质和参与民主管理的能力。

(二) 密切联系职工群众，代表和维护职工的合法权益，如实反映职工群众的意见和要求，认真执行职工代表大会的决议、决定，做好职工代表大会交办的各项工作。

(三) 模范遵守国家法律、法规和本单位的规章制度，遵守劳动纪律，完成本职工作。

(四) 对本选举单位职工负责，定期向职工通报参加职工代表大会活动和履行职责的情况，接受职工的评议和监督。

第二十二条 职工有权监督和罢免本单位的职工代表，监督办法和罢免程序由企事业单位职工代表大会确定。

第二十三条 职工代表依法行使职权，任何组织和个人不得进行压制、阻挠和打击报复。

职工代表在任期内，其正在履行的劳动合同期限短于任期的，劳动合同期限自动延长至其任期期满。除法律、法规规定的情形外，所在单位不得变更或解除其劳动合同。

第二十四条 职工代表调离本单位、退休或被解除劳动关系的，其代表资格自行终止，缺额应由原选举单位按规定补选。

职工代表在本单位内转岗，原则上应保留代表资格。

第二十五条 企业在停产整顿或进入破产程序期间、职工整体或部分待岗等特殊情况下，职工代表资格应予保留，并可继续履行职责。

第二十六条 对在企事业单位民主管理工作中做出突出贡献的职工代表，企事业单位应当给予表彰和奖励。

第四章　组织制度

第二十七条 五十人以下的企事业单位应当建立职工大会制度，不足一百人的企事业单位应当建立职工大会制度或者职工代表大会制度，一百人以上的企事业单位应当建立职工代表大会制度。

一百人以上、不足二百人的企事业单位，职工代表人数应当不少于三十人；二百人以上、不足一千人的企事业单位，职工代表按职工人数的百分之十五以上确定，一般不超过一百人；一千人以上的企事业单位，职工代表按职工人数的百分之十以上确定，一般不超过四百人。具体人数可结合企事业单位实际在本单位职工代表大会工作制度中规定。

职工大会行使职权与职工代表大会相同，其召开会议的程序参照职工代表大会的规定执行。

第二十八条 职工代表大会每届任期三年或者五年，每年召开一至二次会议，每次会议应有三分之二以上职工代表出席。

职工代表大会选举主席团主持会议。主席团应由一线职工、科技人员、管理人员组成，其中，一线职工、科技人员和中层以下管理人员应当超过半数。

职工代表大会在闭会期间遇有重大事项，经企事业单位法定代表人、工会或三分之一以上职工代表提议，应当召开职工代表大会临时会议。

临时召开的职工代表大会，应当由企事业单位工会委员会按照程序组织筹备。

第二十九条 职工代表按基层选举单位组成代表团（组），并推选团（组）长。

职工代表大会根据需要可以设立专门委员会或者专门小组，负责办理职工代表大会交办的事项。

职工代表大会闭会期间，除本条例规定确需提交职工代表大会审议决定的事项外，其他需要临时决定的重要问题，由企事业单位工会委员会召集由职工代表团（组）长和专门委员会或专门小组负责人组成的联席会议协商处理，并应提请下一次职工代表大会确认。

职工代表大会对联席会议通过的事项具有最终审定权。

第三十条 企事业单位工会委员会应当提前七个工作日将职工代表大会的议题和议案送达职工代表。

职工代表大会决议、决定、办法、方案和职工代表提案的落实和办理情况，应当向下一次职工代表大会报告。

第三十一条 职工代表大会审议决定重大事项和进行选举表决时，应当采取无记名投票方式，并以获得全体职工代表过半数赞成票为通过。

第三十二条 企事业单位实行多级民主管理制度，其所属的分公司、分厂、车间以及其他分支机构也应当通过职工代表大会或者其他形式，保障职工行使民主管理权利。

第三十三条 企事业单位召开职工代表大会及职工代表大会日常工作所需经费，由本单位在管理费用中列支。

第五章 职工代表大会工作机构的职责

第三十四条 企事业单位工会委员会作为职工代表大会的工作机构，履行下列职责：

（一）组织职工选举职工代表。

（二）征集职工代表提案，提出职工代表大会建议议题，主持职工代表大会筹备工作和会议组织工作。

（三）提出职工代表大会主席团、专门委员会或者专门小组的设立方案；组织专门委员会或者专门小组、职工代表开展日常的巡视、监督和调查研究，向职工代表大会提出建议；监督检查本单位执行职工代表大会决议、决定和办理、落实提案的情况；组织职工落实职工代表大会的决议、决定。

（四）定期培训职工代表，向职工代表进行民主管理的宣传教育，组织职工代表学习法律、法规、政策和企业管理知识，提高职工代表的素质。

（五）建立与职工代表的联系制度，受理职工代表的申诉和建议，维护职工代表的合法权益。

（六）提名职工董事、职工监事候选人。

（七）组织企事业单位民主管理的其他工作。

第三十五条 职工代表大会闭会后的七个工作日内，企事业单位工会委员会应当将会议的有关情况报上一级工会备案。

第六章 法律责任

第三十六条 企事业单位有下列行为之一的，由县级以上地方总工会或者产业工会责令限期改正；逾期不改正的，予以通报批评，并可提请县级以上人民政府劳动保障行政部门依法处以2000元以上20000元以下罚款，对企事业单位法定代表人处以1000元以上5000元以下罚款：

（一）不按规定建立职工代表大会制度的。

（二）不按规定召开职工代表大会会议的。

（三）应当提交职工代表大会审议、决定的事项而不提交的。

（四）阻挠工会依法开展职工代表大会日常工作的。

（五）拒不执行职工代表大会决议、决定的。

（六）打击报复职工代表、侵犯其合法权益的。

前款第六项构成犯罪的，依法追究刑事责任。

第三十七条 县级以上人民政府有关部门、各级工会组织及其工作人员，在对企事业单位实行职工代表大会制度情况进行的监督检查中失职渎职、徇私舞弊的，视情节轻重，由其所在单位或上级主管部门对直接负责的主管人员及其他责任人员给予批评教育或者行政处分；构成犯罪的，依法追究刑事责任。

第三十八条 对侵犯职工代表大会职权及打击报复职工代表的违法违纪

等行为，县级以上地方总工会或者产业工会向有关部门提出处理建议的，有关部门应当及时依法处理，并将处理结果通报县级以上地方总工会、产业工会。

第三十九条 对违反本条例的单位和个人，企事业单位工会委员会及职工有权向县级以上人民政府有关部门和上级工会申诉；依法属于人民法院受理范围的，可以向人民法院提起诉讼。

第七章 附 则

第四十条 小型非公有制企业集中的乡镇（街道）、村（社区）及开发区、科技园区、工业园区，可以通过建立联合职代会或区域（行业）职代会制度的形式，审议通过区域（行业）集体合同、工资集体协议草案等涉及职工合法权益的事项，协商解决带有共性的问题。

第四十一条 企事业单位职工代表大会可依据本条例制定实施细则。

第四十二条 机关建立职工（代表）大会制度的，参照本条例执行。

第四十三条 本条例自2005年12月1日起施行。

山东省企业职工代表大会条例

（2005年11月25日 山东省第十届人民代表大会常务委员会第十七次会议通过）

第一章 总 则

第一条 为了加强企业民主政治建设，保障职工的民主权利，维护职工的合法权益，促进企业健康发展，根据有关法律、法规，结合本省实际，制定本条例。

第二条 本条例适用于本省行政区域内的企业。

第三条 企业应当建立和健全职工代表大会制度或者职工大会制度。

第四条 职工代表大会是企业实行民主管理的基本形式，是职工行使民主管理权力的机构。职工代表大会实行民主集中制。

第五条 企业工会组织是职工代表大会的工作机构，负责职工代表大会的日常工作。

第六条 县级以上人民政府以及有关部门按照各自职责负责对本条例的实施进行监督、检查。

各级地方总工会和产业工会指导企业职工代表大会工作，支持企业职工代表大会依法行使职权，并对企业执行职工代表大会决议的情况进行监督，督促决议的全面落实。

第二章　职工代表

第七条　依法享有政治权利并与企业建立劳动关系的职工，可以当选为职工代表。

第八条　职工代表必须由职工民主选举产生。职工代表实行常任制，可以连选连任，任期与职工代表大会届期相同。

职工代表的具体选举和罢免办法由企业工会组织制定。

第九条　职工代表中一线职工和科技人员的比例应当不低于百分之七十。女职工代表比例一般不低于本企业女职工占全体职工人数的比例。

第十条　职工代表享有下列权利：

（一）参加职工代表大会，有选举权、被选举权和表决权；

（二）对涉及职工权益的事项有知情权；

（三）有权参加职工代表大会及其工作机构组织的活动，闭会期间对企业执行职工代表大会决议和落实提案情况进行监督；

（四）参加职工代表大会或者经企业同意组织的活动，工资和其他福利待遇不受影响。

第十一条　职工代表履行下列义务：

（一）学习有关法律、法规、政策，提高政治、文化、技术业务素质和参与管理的水平；

（二）代表职工合法利益，反映职工的意见和要求，认真执行职工代表大会的决议，做好职工代表大会交办的各项工作；

（三）遵守法律、法规和企业规章制度，保守企业商业秘密，做好本职工作。

第十二条　职工代表对选举单位的职工负责。选举单位的职工有权监督和罢免本单位的职工代表。

第十三条　职工代表依法行使民主权利，任何组织和个人不得压制、阻挠和打击报复。

职工代表在任职期间内非因法定事由，企业不得与其解除劳动合同。

第三章　职工代表大会的组织制度

第十四条　一百人以上的企业应当建立职工代表大会。一百人以上不足一千人的企业，职工代表人数按照二十人至五十人确定；一千人以上不足一万人的企业，职工代表人数按照五十人至一百人确定；一万人以上的企业，职工代表人数不少于一百人。

不足一百人的企业应当建立职工大会。

第十五条 职工代表大会每届任期三年或者五年，每年至少召开一次会议，每次会议必须有三分之二以上的职工代表出席。

职工代表大会由会议选举的主席团主持。

职工代表大会闭会期间，遇有重大事项，经企业管理机构、工会或者三分之一以上职工代表提议，应当召开职工代表大会临时会议。

第十六条 职工代表大会根据需要可以设立若干职工代表团（组）、专门委员会或者专门小组，负责办理职工代表大会交办的事项。

职工代表大会闭会期间需要临时解决的重要事项由企业工会组织召集职工代表团（组）长和专门委员会或者专门小组负责人联席会议协商处理，并提请下一次职工代表大会确认。

第十七条 企业工会组织应当在职工代表大会召开十五日前将会议议题通知职工代表。

职工代表大会决议和职工代表提案的落实情况应当向下一次职工代表大会报告。

第十八条 职工代表大会选举和审议通过重大事项，采用无记名投票方式表决，一般事项也可以采用其他方式表决，均须经企业全体职工代表半数以上通过。

第十九条 职工代表大会应当建立健全工作程序、考核、检查、奖惩以及档案管理制度。

第四章 职工代表大会的职权

第二十条 国有、国有控股企业职工代表大会行使下列职权：

（一）听取和审议企业的经营方针、发展规划、年度计划、企业财务会计报告、重大投资计划、职工培训计划、业务招待费使用情况以及履行集体合同等情况的报告，并提出意见和建议；

（二）审议企业提出的工资调整方案，奖金分配方案，劳动安全卫生和女职工劳动保护措施，裁员分流方案，企业改革、改制方案，企业破产实施方案以及重要的规章制度；

（三）审议通过或者否决集体合同草案、工资集体协议草案；

（四）审议决定职工福利基金、公益金使用方案以及有关职工生活福利的重大事项；

（五）评议、监督企业高级和中级管理人员，提出奖惩建议；

（六）选举、罢免职工董事、职工监事和参加平等协商的职工方代表；

（七）依照法律、法规规定，或者经企业与企业工会组织协商确定需要由职工代表大会行使的其他职权。

第二十一条 城镇集体企业职工代表大会有权选举和罢免企业高级管理人员，决定经营管理的重大事项，具体职权由企业职工代表大会作出规定。实行股份制和股份合作制的企业除外。

第二十二条 本条例第二十条、第二十一条规定以外的其他企业职工代表大会行使下列职权：

（一）听取企业关于经营管理情况、职工社会保险费缴纳情况、企业制定规章制度情况以及履行集体合同情况的报告，并提出意见和建议；

（二）依照法律、法规规定，审议通过或者否决企业集体合同草案、工资集体协议草案以及劳动安全卫生措施计划；

（三）监督企业实施劳动法律、法规和履行集体合同的情况；

（四）选举、罢免职工监事以及参加平等协商的职工方代表；

（五）依照法律、法规规定，或者经企业与企业工会组织协商确定需要由职工代表大会行使的其他职权。

第二十三条 依法应当提交职工代表大会审议的事项而未提交审议的，企业就该事项作出的决定无效。

职工代表大会在其职权范围内依法决定的事项，非经职工代表大会同意不得变更。

第二十四条 职工代表大会依法作出的决议、决定对企业以及全体职工具有约束力，企业以及全体职工应当严格执行。

第五章 企业工会组织的职责

第二十五条 企业工会组织作为职工代表大会的工作机构，履行下列职责：

（一）组织职工选举职工代表；

（二）提出职工代表大会议题的建议，主持职工代表大会的筹备工作和会议的组织工作；

（三）组织专门小组进行调查研究，向职工代表大会提出建议，检查督促职工代表大会决议的执行情况，发动职工落实职工代表大会决议；

（四）向职工进行民主管理的宣传教育，组织职工学习法律、法规、政策、业务和管理知识，做好职工思想政治工作，提高职工素质；

（五）受理职工的申诉，征集职工的建议，维护职工的合法权益；

（六）组织开展企业民主管理的其他工作。

第二十六条 企业工会组织应当在职工代表大会闭幕后七日内，将企业召开职工代表大会的会议资料报上一级工会备案。

第六章 法律责任

第二十七条 企业及其工作人员违反本条例规定，有下列情形之一的，工会或者有关当事人有权要求县级以上人民政府以及有关部门依法处理：

（一）妨碍、阻挠职工依法行使民主管理、民主决策、民主监督权利的；

（二）拒不建立职工代表大会制度的；

（三）不按规定召开职工代表大会的；

（四）应当提交职工代表大会审议的事项而不提交的；

（五）拒不执行职工代表大会决议、决定的；

（六）打击报复职工代表的；

（七）违法与职工代表解除劳动合同的；

（八）违反本条例规定的其他行为。

第二十八条 县级以上人民政府有关部门及其工作人员不履行本条例规定职责的，根据情节轻重，由本级人民政府对部门直接负责的主管人员和其他直接责任人员给予批评教育或者行政处分。

第二十九条 工会工作人员违反本条例规定，妨碍职工行使民主管理权力、损害职工合法权益的，由同级工会或者上级工会责令改正，或者予以处分。

第七章 附 则

第三十条 建立职工大会制度的企业参照本条例执行。

第三十一条 建立职工代表大会或者职工大会制度的事业单位参照本条例执行。

第三十二条 本条例自2006年1月1日起施行。

江西省职工代表大会条例

（2006年7月28日 江西省第十届人民代表大会常务委员会第二十二次会议通过）

第一章 总 则

第一条 为加强基层民主政治建设，依法保障职工参与民主决策、民主管理、民主监督的权利，保护和调动广大职工的积极性、创造性，促进企业、事业单位以及其他组织健康发展，根据《中华人民共和国工会法》、《中华人民共和国劳动法》和《中华人民共和国公司法》等有关法律、法规，结合本省实际，制定本条例。

第二条 本条例适用于本省行政区域内的企业、事业单位以及其他组织。

第三条 职工代表大会是企业、事业单位以及其他组织职工实行民主管理的基本形式和行使民主权利的机构，应当在企业、事业单位以及其他组织推行以职工代表大会为基本形式的职工民主管理制度。

第四条 职工代表大会实行民主集中制。

第五条 基层工会委员会是职工代表大会的工作机构，负责职工代表大会的日常工作。

第六条 各级地方总工会和产业工会对职工代表大会工作进行指导和帮助，支持职工代表大会依法行使职权，对本条例执行情况进行监督检查。

县级以上人民政府及其有关部门，应当按照其职责对企业、事业单位以及其他组织执行本条例的情况进行监督检查，依法处理违反本条例的行为。

第七条 企业、事业单位以及其他组织应当支持职工代表大会依法开展工作，组织实施职工代表大会通过的有关决议、决定和方案，接受职工代表大会的监督。

第二章　职工代表大会的职权

第八条 国有企业（含国有控股企业以及企业化管理的事业单位）职工代表大会行使下列职权：

（一）听取和审议企业的经营方针和发展规划，年度经营计划和投资方案，财务预决算报告，企业章程草案，重大技术改造方案，基本建设方案，职工培训计划，业务招待费使用情况，职工各项社会保险费缴纳情况，实行厂务公开、签订和履行集体合同、劳动合同情况的报告，提出意见和建议。

（二）审议通过企业提出的经济责任制方案，企业改革、改制、破产实施方案，职工工资调整、奖金分配方案，劳动用工方案，劳动安全卫生和女职工特殊保护措施，集体合同草案、工资集体协议草案，厂务公开实施细则，职工奖惩办法及其他重要规章制度。

（三）审议决定职工福利基金、公益金使用方案及有关职工生活福利的重大事项。

（四）评议、监督企业高级管理人员，提出奖惩及任免建议。

（五）根据国有资产监督管理机构的决定，民主推荐企业经营者人选或者民主选举经营者；依法选举、罢免、更换董事会、监事会中的职工代表以及参加集体协商的职工代表。

（六）向政府和有关部门推荐劳动模范和先进工作者。

（七）依照法律、法规规定，或者经企业与工会协商确定需要由职工代表大会行使的其他职权。

国有资产监督管理机构任命或者免除企业高级管理人员的职务时，应当将职工代表大会评议的结果作为考核、任免和奖惩的重要依据。

第九条 集体企业职工代表大会行使下列职权：

（一）制定、修改企业章程，职工奖惩办法和其他重要规章制度。

（二）听取和审议企业职工各项社会保险费缴纳情况，业务招待费使用情况，实行厂务公开、履行集体合同和劳动合同情况的报告。

（三）审议通过企业经营方针和发展规划，年度经营计划和投资方案，企业改革、改制方案，财务预决算报告，职工培训计划，集体合同草案，厂务公开实施细则，经济责任制方案，劳动用工方案，劳动安全卫生和女职工特殊保护措施；审议决定职工工资调整、奖金分配方案，职工福利基金、公益金使用方案及有关职工生活福利的重大事项。

（四）依法选举、罢免、聘用、解聘企业高级管理人员；依照企业章程选举、罢免、更换参加集体协商的职工代表。

（五）向政府和有关部门推荐劳动模范和先进工作者。

（六）法律、法规和企业章程规定的其他职权。

第十条 非公有制企业职工代表大会行使下列职权：

（一）根据企业经营者的要求，听取业主或者经营者关于企业生产经营管理情况和重大技术改造方案，提出意见和建议。

（二）协商工资协议、裁减人员方案、劳动安全卫生方案、女职工特殊保护措施、职工奖惩办法、职工福利基金和公益金的使用方案等与职工切身利益密切相关的其他事项。

（三）审议通过集体合同草案以及涉及职工权益的重要规章制度。

（四）监督企业贯彻实施劳动法及其他有关法律、法规情况，职工各项社会保险费缴纳情况，实行厂务公开情况，签订和履行劳动合同、集体合同的情况。

（五）根据企业经营者的要求，民主评议企业经营管理人员，并提出奖惩的建议；选举或者罢免职工一方平等协商的代表以及公司制企业的董事会、监事会中的职工代表。

（六）向政府和有关部门推荐劳动模范和先进工作者。

（七）依照法律、法规规定，或者经企业与工会协商确定需要由职工代表大会行使的其他职权。

第十一条 事业单位职工代表大会行使下列职权：

（一）听取和审议单位负责人所作的工作报告，对本单位发展规划，重大改革方案，财务工作报告，事务公开情况，就涉及职工切身利益的其他有关重大问题的决策和重要规章制度的制定、修订，提出意见和建议。

（二）审议通过劳动用工、职工聘任、职工奖惩、分配制度的原则和办法及其他与职工权益有关的重要规章制度，事务公开实施细则以及集体合同草案。

（三）审议决定本单位医疗费、福利费管理使用原则和办法，以及其他有关职工生活福利的安排等有关事项；对职工参加社会保险及各项社会保险费缴纳情况进行监督。

（四）民主评议单位管理人员的工作。

（五）向政府和有关部门推荐劳动模范和先进工作者。

第十二条 本条例第八条至第十一条规定以外的其他组织，其职工代表大会职权，参照本条例规定由职工代表大会确定。

第十三条 依照法律、法规及本条例规定，应当提交职工代表大会审议、通过、决定的事项而未提交的，企业、事业单位以及其他组织就此事项作出的决定不得实施。

第十四条 职工代表大会依法通过的决议、决定和方案，对本单位及其全体职工均具有约束力，如需修改，应当按法定程序提请职工代表大会进行重新审议表决。

职工代表大会审议通过、决定的事项不得违反法律、法规的规定。

第三章 职工代表

第十五条 依法享有政治权利并与企业、事业单位以及其他组织建立劳动关系的职工，均可当选为职工代表。

第十六条 职工代表由职工民主选举产生。选举应当有三分之二以上职工参加方为有效，被选代表获得全体职工半数以上赞成票方可当选。具体选举办法由企业、事业单位以及其他组织工会根据本条例及其他有关规定制定。

职工代表实行常任制，可以连选连任，任期与职工代表大会届期相同。

第十七条 职工代表中一线职工的比例应当不低于50%；中级以上管理人员为20%；一般管理人员不超过30%。青年职工、女职工代表应当占适当比例。

教育、科技、文化、卫生、体育企业、事业单位以及其他组织的职工代表，应当以一线直接从事教学、科技、文化、卫生、体育活动的人员等为主体。

第十八条 职工代表的权利：

（一）对本单位涉及职工权益的有关事项有知情权；在职工代表大会上，有选举权、被选举权、罢免权和表决权。

（二）有权参加职工代表大会及其工作机构对企业、事业单位以及其他组织执行职工代表大会决议和落实提案情况的监督检查；有权参加对行政领导人员的评议和质询。

（三）职工代表因参加职工代表大会或者经企业、事业单位以及其他组织同意组织的活动而占用工作时间的，其工资福利和其他待遇不受影响。

第十九条 职工代表的义务：

（一）学习有关法律、法规、政策，提高参与管理的能力。

（二）代表和维护职工的合法权益，如实反映职工群众的意见和要求，认真执行职工代表大会的决议，做好职工代表大会交办的各项工作。

（三）遵守法律、法规和企业、事业单位以及其他组织的规章制度，遵守劳动纪律，依法接受职工的监督。

第二十条 职工代表对选举单位的职工负责。职工有权监督和罢免本单位的职工代表。罢免程序由企业、事业单位以及其他组织职工代表大会确定。

第二十一条 职工代表依法行使权利，任何组织和个人不得对其进行压制、阻挠和打击报复。

职工代表在任期内，其尚未履行的劳动合同期限短于任期的，劳动合同期限可以延长至任期期满。除法律、法规规定的情形外，企业、事业单位以及其他组织不得变更或者解除其劳动合同。

第四章 组织制度

第二十二条 100 人以下的企业、事业单位以及其他组织，可以实行职工大会制度或者职工代表大会制度；100 人以上的，应当建立职工代表大会制度。

100 人以上至 200 人以下的企业、事业单位以及其他组织，职工代表人数应当不少于 30 人；200 人以上至 1000 人以下的，职工代表按职工人数的 10% 至 20% 确定，但不少于 40 人；1000 人以上的，职工代表人数按职工人数的 10% 确定，但不多于 400 人。具体人数可在本单位的职工代表大会实施细则中作出规定。

第二十三条　企业、事业单位以及其他组织所属的分公司、分厂、车间以及分支机构，应当通过职工代表大会或者其他形式实行民主管理。

第二十四条　职工代表大会每届任期3年或者5年。每年至少召开一次会议。每次会议应当有三分之二以上的职工代表出席。

职工代表大会选举主席团主持会议。主席团主要由一线职工、科技人员、管理人员组成。

职工代表大会闭会期间，遇有重大事项，经企业、事业单位以及其他组织法定代表人、工会或者三分之一以上职工代表的提议，应当及时召开职工代表大会会议。

第二十五条　职工代表大会根据需要，可以设立若干职工代表团（组）、专门委员会或者专门小组，负责办理职工代表大会交办的事项。

职工代表大会闭会期间，除确需提交职工代表大会讨论审议的事项外，其他需要临时决定的重要问题，由企业、事业单位以及其他组织工会召集职工代表团（组）长和专门委员会或者专门小组负责人联席会议协商处理，并提请下一次职工代表大会确认。

职工代表大会对联席会议通过的事项具有最终审定权。

第二十六条　企业、事业单位以及其他组织工会应当提前7日以书面形式向职工代表公布职工代表大会的议题。

职工代表大会决议和职工代表提案的落实情况应当向下次职工代表大会报告。

第二十七条　职工代表大会审议决定重大事项和进行选举表决时，应当采用无记名投票方式，并获得全体职工代表过半数赞成票通过。

第二十八条　企业、事业单位以及其他组织应当根据本单位实际制定职工代表大会实施细则，建立考核、检查、奖惩及档案管理工作制度。

第二十九条　企业、事业单位以及其他组织召开职工代表大会以及日常工作所需经费，在所在单位行政管理费中支出。

第五章　职工代表大会与工会

第三十条　企业、事业单位以及其他组织工会委员会承担职工代表大会的日常工作，履行如下职责：

（一）组织职工选举职工代表。

（二）提出职工代表大会议题的建议，主持职工代表大会的筹备工作和会议的组织工作。

（三）提出职工代表大会主席团、专门委员会或者专门小组的设立方案；

组织专门小组或者职工代表开展日常的监督和调查研究，向职工代表大会提出建议。

（四）检查督促对职工代表大会决议的执行情况和闭会期间的提案落实情况；动员职工落实职工代表大会决议。

（五）向职工进行民主管理的宣传教育，组织职工代表学习政策、业务和管理知识，提高职工代表素质。

（六）建立与职工代表的联系制度，受理职工代表的申诉和提案，维护职工代表的合法权益。

（七）提名董事会、监事会中的职工代表候选人。

（八）组织企业、事业单位以及其他组织民主管理的其他工作。

第三十一条 企业、事业单位以及其他组织工会委员会应当于职工代表大会闭会7日内将会议的有关情况报上一级工会备案。

第六章 法律责任

第三十二条 企业、事业单位以及其他组织有下列行为之一的，由县级以上工会向企业、事业单位以及其他组织下发限期改正书。对拒不改正的，由县级以上工会通报批评，并可以提请县级以上人民政府有关部门给予单位负责人行政处分：

（一）不按规定召开职工代表大会会议的。

（二）应当提交职工代表大会审议、决定的事项而不提交的。

（三）阻挠工会通过职工代表大会依法行使民主权力的。

（四）拒不执行职工代表大会通过的决议、决定和方案的。

（五）打击报复职工代表，侵害其合法权益的。

违反前款第五项规定构成犯罪的，依法追究刑事责任。

第三十三条 县级以上人民政府有关部门及其工作人员，在监督检查企业、事业单位以及其他组织执行本条例工作中失职渎职、徇私舞弊的，视情节轻重，由本级人民政府对部门主要负责人及直接责任人给予批评教育或者行政处分；构成犯罪的，依法追究刑事责任。

第三十四条 对违反本条例的单位和个人，企业、事业单位以及其他组织工会及职工有权向县级以上人民政府有关部门和上级工会申诉，县级以上人民政府有关部门和上级工会应当依法进行处理。

第七章 附 则

第三十五条 小型非公有制企业集中的乡镇（街道）、村（社区）及开发区、科技园区、工业园区，在工会的指导下，可以通过建立联合职工代表大会或者区域（行业）职工代表大会制度的形式，审议通过区域（行业）集体合同、工资集体协议草案等涉及职工合法权益的事项。

第三十六条 企业、事业单位以及其他组织建立职工大会制度适用本条例。

云南省职工代表大会条例

（2007年3月30日　云南省第十届人民代表大会常务委员会第二十八次会议通过）

第一章　总　则

第一条 为发挥职工代表大会的作用，保障职工民主权利的行使，维护职工的合法权益，建立和谐的劳动关系，促进企事业单位健康发展，根据《中华人民共和国劳动法》、《中华人民共和国工会法》、《中华人民共和国公司法》和有关法律法规，结合本省实际，制定本条例。

第二条 本省行政区域内的企业、事业单位、民办非企业单位和其他经济组织（以下简称企业、事业单位），应当依法建立职工代表大会或者职工大会。

第三条 职工代表大会是职工参与和行使民主管理权力的机构，按民主集中制原则行使职权。

未建有职工代表大会的企业、事业单位的职工大会，其职权按照本条例规定的职工代表大会的职权行使。

第四条 企业、事业单位的工会是职工代表大会的工作机构，负责职工代表大会的日常工作。

第五条 县级以上人民政府劳动和社会保障、人事行政部门按照各自职责负责对本条例执行情况的监督、检查。

第六条 上级工会对企业、事业单位职工代表大会工作进行指导和帮助，支持职工代表大会依法行使职权，协助同级人民政府有关部门做好本条例执行情况的监督、检查。

第七条 企业、事业单位及其负责人应当支持职工代表大会依法开展工作。

职工代表大会应当支持企业、事业单位合法的生产经营和管理等活动，支持股东会、董事会、监事会和企业、事业单位负责人依法行使职权。

职工应当遵守企业、事业单位依法制定的规章制度，依法参与本单位的民主管理。

第二章 职工代表

第八条 与企业、事业单位建立劳动关系或者人事聘用关系的职工，可以当选为职工代表。

第九条 职工代表由职工民主选举产生，任期与职工代表大会届期一致，可以连选连任。

职工代表的选举应当有本选举单位三分之二以上职工参加方为有效，被选举人应当获得本选举单位全体职工半数以上赞成票方可当选为职工代表。

第十条 职工代表中，一线职工的代表不得低于代表总数的60%。其中青年职工、女职工和少数民族职工应当有相应比例。

第十一条 职工代表享有下列权利：

（一）参加职工代表大会，有选举权、被选举权和表决权；

（二）对本单位涉及职工合法权益的事项有知情权和建议权；

（三）参加职工代表大会及其工作机构组织的活动，闭会期间对本单位执行职工代表大会决议和落实提案情况进行监督；

（四）参加职工代表大会及其工作机构组织的活动，其工资和福利待遇不受影响。

第十二条 职工代表应当履行的义务：

（一）学习有关法律、法规、政策，提高政治、文化、技术业务素质和参与民主管理的能力；

（二）联系职工群众，了解职工生产生活情况，反映职工的意见和要求，代表职工合法利益，做好职工代表大会交办的各项工作；

（三）遵守法律、法规和本单位依法制定的规章制度，保守本单位商业秘密，做好本职工作；

（四）接受本选举单位职工的监督。

第十三条 职工有权监督和罢免本选举单位的职工代表，监督和罢免办法由本单位职工代表大会确定。

第十四条 职工代表依法行使职权，任何组织和个人不得压制、阻挠和打击报复。

第三章　职工代表大会的职权

第十五条　国有及国有控股企业职工代表大会行使下列职权：

（一）听取审议企业负责人关于企业的经营方针、发展规划和年度计划，重大技术改造方案，年度财务预算和决算，职工培训计划，企业改制、改组和关闭破产实施方案，社会保险费的缴纳情况，以及实行厂务公开、履行集体合同情况的报告，并提出意见和建议；

（二）审议通过集体合同草案、工资集体协议草案，企业年金方案、裁员分流方案、职工工资调整和奖金分配方案、企业改制和改组及关闭破产时的职工安置方案，以及劳动安全卫生保护措施、职工奖惩办法等重要规章制度；

（三）审议决定职工福利基金、公益金使用方案，以及有关职工生活福利的重大事项；

（四）按照国家规定，民主评议、监督企业中层以上管理人员，并提出奖惩和任免建议；

（五）依法选举、罢免职工董事、职工监事和参加平等协商的职工方代表，并对其履行职责的情况进行监督。

第十六条　集体企业职工代表大会行使下列职权：

（一）制定、修改企业章程和其他重要规章制度；

（二）按照国家规定选举、罢免、聘用、解聘企业负责人；

（三）审议决定企业经营管理的重大事项及企业奖金和分红方案；

（四）审议决定企业工资分配和调整方案等有关职工生活福利的重大事项；

（五）审议通过集体合同草案，裁员分流方案、企业改制及关闭破产方案、职工安置方案，劳动用工管理规章制度，以及劳动安全卫生保护措施；

（六）听取企业社会保险费的缴纳情况；

（七）选举、罢免参加平等协商的职工方代表，并对其履行职责的情况进行监督。

集体控股企业职工代表大会行使前款（四）、（五）、（六）、（七）项规定的职权。

第十七条　非公有制企业职工代表大会行使下列职权：

（一）听取企业社会保险费缴纳情况、企业的规章制度以及履行集体合同情况的报告，并提出意见和建议；

（二）按照国家规定，审议通过企业集体合同草案、工资集体协议草案，以及劳动安全卫生措施方案；

（三）监督企业执行劳动法律、法规的情况；

（四）选举、罢免职工监事以及参加平等协商的职工方代表。

第十八条 事业单位职工代表大会行使下列职权：

（一）听取审议单位负责人所作的工作报告和本单位发展规划、重大改制及改革方案、财务工作、社会保险费缴纳情况的报告，并提出意见和建议；

（二）审议通过本单位提出的与职工权益有关的重要规章制度。

第十九条 民办非企业单位和其他经济组织的职工代表大会职权，参照本章第十七条或者第十八条的规定执行。

第四章 组织制度

第二十条 职工人数100人以上的企业、事业单位应当建立职工代表大会，不足100人的应当建立职工大会。

职工人数100人以上不足300人的，职工代表人数不少于30人；300人以上不足1000人的，职工代表人数不少于50人；1000人以上不足5000人的，职工代表人数不少于70人；5000人以上不足1万人的，职工代表人数不少于100人；1万人以上的，职工代表人数不少于120人。

第二十一条 职工代表大会每届任期3年或者5年，每年至少召开一次会议。闭会期间，经本单位法定代表人、工会或者三分之一以上职工代表提议，可以临时召开会议。

第二十二条 职工代表大会应当有三分之二以上的职工代表出席，方可召开。职工代表大会的选举、表决事项，获得本单位全体职工代表过半数赞成票方可通过。

选举、通过、决定重要事项时，应当采用无记名投票方式分项表决、分别决议。职工代表大会的决议应当在通过之日起5日内，向本单位全体职工公布。

第二十三条 本单位工会应当提前7日将职工代表大会的议题送达职工代表。

第二十四条 职工代表大会由选举产生的主席团主持。主席团成员中，工人、技术人员、中层以下管理人员不得少于50%。

第二十五条 依照法律、法规规定应当提请职工代表大会审议、通过、决定的事项，未按照法定程序交付审议作出的决定无效。

第二十六条 职工代表大会依法通过的决议、决定对本单位及其负责人和全体职工具有约束力，非经职工代表大会同意不得变更。

第二十七条 职工代表大会根据需要可以设立若干职工代表团（组）、专门委员会或者专门小组，负责办理职工代表大会交办的事项。

职工代表大会闭会期间需要临时解决的重要事项，由工会组织召开职工代表团（组）长和专门委员会或者专门小组负责人联席会议协商处理，并提请下一次职工代表大会确认。

第二十八条 职工代表大会会议期间必需的经费，由企业、事业单位承担。

第五章 法律责任

第二十九条 企业、事业单位不依法成立职工代表大会或者职工大会的，由县级以上人民政府劳动和社会保障、人事行政部门督促其限期建立，逾期不建立的，给予通报批评。

第三十条 企业、事业单位及其负责人违反本条例规定，妨碍和阻挠职工代表大会以及职工代表依法行使职权的，由县级以上人民政府劳动和社会保障、人事行政部门依法纠正。

第三十一条 对侵犯职工代表大会职权和打击报复职工代表的，县级以上地方总工会可以要求其改正，或者提请县级以上人民政府及其有关部门依法处理。有关部门应当在90日内处理完毕，并在处理完毕后15日内将处理结果通报工会。

第三十二条 对违反本条例的单位和个人，职工可以先向本单位反映；本单位不能解决的，职工有权向县级以上人民政府及有关部门和工会举报或者申诉，也可以依法向人民法院提起诉讼。受理单位应当依法办理。

第三十三条 县级以上人民政府有关部门及其工作人员不履行本条例规定职责的，根据情节轻重，由本级人民政府对部门直接负责的主管人员和其他直接责任人员给予批评教育或者行政处分。

第六章 附 则

第三十四条 省总工会会同省级有关部门依照本条例制定职工代表大会操作规范。

第三十五条 本条例自2007年5月1日起施行。

黑龙江省企业事业单位职工代表大会条例

（2007 年 10 月 12 日　黑龙江省第十届人民代表大会
常务委员会第二十九次会议通过）

第一章　总　则

第一条　为了保障职工行使民主管理权力，维护职工合法权益，促进企业、事业单位发展，根据宪法和有关法律、法规，结合本省实际，制定本条例。

第二条　本条例适用于本省行政区域内的企业、事业单位。

第三条　职工代表大会是企业、事业单位实行民主管理和协调劳动关系的基本形式，是职工行使民主管理权力的机构。

第四条　县级以上人民政府及其有关部门负责监督检查本条例的执行。

县级以上总工会和产业工会指导职工代表大会工作，支持职工代表大会依法行使职权，协助有关部门监督、检查本条例的贯彻执行。

第五条　企业、事业单位应当支持和保障职工通过职工代表大会行使民主管理权力。

第二章　组织制度

第六条　职工人数不足 100 人的企业、事业单位应当建立职工大会制度，职工人数 100 人以上的企业、事业单位，应当建立职工代表大会制度。

第七条　职工代表大会每届任期应当与本单位工会委员会的任期相同，每年至少召开一次会议。遇有重大事项，经单位法定代表人或者主要负责人、工会委员会或者三分之一以上职工代表提议，应当及时召开职工代表大会会议。

第八条　职工代表人数由单位在下列幅度内确定：

职工人数 100 人以上不足 1000 人的单位，职工代表人数 30 人以上 200 人以下；职工人数 1000 人以上不足 5000 人的单位，职工代表人数 200 人以上 300 人以下；职工人数 5000 人以上不足 10000 人的单位，职工代表人数 300 人以上 400 人以下；职工人数 10000 人以上的单位，职工代表人数 400 人以上 500 人以下。

第九条　召开职工代表大会会议应当有三分之二以上的职工代表出席。

职工代表大会进行表决和选举时，应当采用无记名投票方式，并获得全体职工代表过半数赞成票通过。

第十条 职工代表大会选举主席团主持会议。

主席团成员中普通职工和中层以下管理人员代表应当超过半数。

第十一条 职工代表大会可以设立若干专门委员会或者专门小组，负责办理职工代表大会交办的事项。

职工代表大会闭会期间，需要临时处理的问题，由企业、事业单位工会委员会召集由专门委员会或者专门小组负责人、职工代表团团长或者代表组组长组成的联席会议协商处理，并应当向下一次职工代表大会会议报告予以确认。

联席会议可以邀请单位有关人员参加。

第十二条 企业、事业单位工会委员会应当在职工代表大会召开10日前，以书面形式向全体职工公布职工代表大会的议题。

职工代表大会决议、决定的落实情况应当向下一次职工代表大会会议报告。

第十三条 企业、事业单位应当制定落实职工代表大会制度的具体规定，建立健全考核、检查、奖惩及档案管理等工作制度。

第十四条 职工代表大会所需工作经费，由企业、事业单位行政管理费列支。

第十五条 企业、事业单位的工会委员会是职工代表大会的工作机构，负责检查、督促职工代表大会决议、决定的执行，并承担下列日常工作：

（一）提出职工代表选举方案，组织选举职工代表，将职工代表名单在本选区内进行公示；

（二）提出职工代表团或者代表组的设立方案，组织代表团或者代表组选举团长或者组长；

（三）提出职工代表大会主席团组成方案和专门委员会或者专门小组的设立方案；

（四）征集、整理职工代表的提案，提出职工代表大会议题的建议；

（五）宣传职工代表大会制度，对职工代表进行培训；

（六）推荐职工董事、职工监事的候选人；

（七）职工代表大会召开15日前，将职工代表大会的筹备情况、会议议题等以书面形式报上一级工会组织征求意见，上一级工会组织应当在5日内给予答复；职工代表大会结束后5日内，将会议的有关情况以书面形式报上一级工会组织备案。

第三章　职工代表

第十六条　职工代表由职工民主选举产生。

按照法律规定享有政治权利的职工，均可当选为职工代表。职工代表可以连选连任，每届任期与职工代表大会届期相同。

第十七条　职工代表的选举，以分公司或者分厂、车间或者工段、班组或者科室等为选区进行，选举时应当有本选区三分之二以上的职工参加。

职工代表候选人由本选区职工直接提名，候选人应当多于本选区应选人数并根据得票多少的顺序当选为职工代表。

职工代表候选人可以发表竞选演说，回答职工提出的问题，但其内容不得违背国家的政策、法律和法规。

第十八条　职工代表中的中层以上管理人员不超过职工代表总数的百分之二十五；女职工代表的比例不低于女职工在本单位所占比例；农民工比较集中的单位应当有相应比例的农民工职工代表。

第十九条　职工代表对本选区的职工负责并接受本选区职工的监督。职工代表不履行或者不能履行代表义务时，原选区可以罢免或者取消其代表资格，并及时补选。罢免和取消程序由职工代表大会制定。

职工代表与企业、事业单位解除劳动合同、聘用合同时，其代表资格自行终止。

第二十条　职工代表的权利：

（一）有选举权和被选举权；

（二）参加职工代表大会，行使审议和表决、评议和质询等与职工代表大会有关的职权；

（三）职工代表因参加职工代表大会或者经本单位同意参加其他与行使职工代表职权有关的活动而占用工作时间的，其工资福利和其他待遇不受影响。

第二十一条　职工代表的义务：

代表和维护职工的合法权益，反映职工的意见和要求，执行职工代表大会的决议、决定，做好职工代表大会交办的各项工作。

第二十二条　职工代表依法行使权利，任何组织和个人不得对其进行压制、阻挠和打击报复。

第二十三条　企业、事业单位可以对职工代表的学习资料、交通、通信等费用给予适当的补贴。

第四章 职工代表大会的职权

第二十四条 国有及国有控股企业职工代表大会行使下列职权：

（一）听取企业的经营规划或者计划，财务会计报告，改组、改制、破产和裁员方案，职工培训计划，履行集体合同和业务招待费使用等情况，并提出意见和建议；

（二）审议通过企业改组、改制和破产时职工的安置方案，职工工资调整、奖金分配方案，劳动安全卫生和女职工特殊保护措施，集体合同草案、工资协议草案、专项集体合同草案，公开管理措施，职工奖惩办法及其他重要规章制度；

（三）审议决定有关职工生活福利的重大事项；

（四）评议、监督单位的领导人员，并提出奖惩和任免建议；

（五）选举、罢免职工董事、职工监事、职工协商代表；

（六）推荐劳动模范和先进工作者候选人。

第二十五条 集体企业职工代表大会行使下列职权：

（一）制定、修改企业章程和其他重要规章制度；

（二）选举、罢免、聘用、解聘企业经营管理人员；

（三）审议企业法定代表人或者经营管理人员提出的各项议案，决定企业经营管理的重大问题；

（四）审议通过集体合同草案、工资集体协议草案、专项集体合同草案，改组、改制、裁员、破产方案以及劳动安全卫生和女职工特殊保护措施；

（五）审议决定企业工资分配和调整方案、奖金和分红方案等有关职工生活福利的重大事项；

（六）监督职工社会保险费用的缴纳、工会经费的拨缴、实行公开管理、集体合同和劳动合同的履行以及劳动安全卫生法律法规执行情况；

（七）选举、罢免职工协商代表，听取其工作汇报，并对其履行职责的情况进行监督；

（八）推荐劳动模范和先进工作者。

第二十六条 国有及国有控股企业、集体企业以外的企业的职工代表大会行使下列职权：

（一）对企业生产经营管理和重大技术改造等情况提出合理化建议；

（二）审议通过集体合同草案、工资协议草案；

（三）审议职工奖惩办法草案，企业劳动合同和集体合同的履行、工资标准的制定和执行、社会保险费的缴纳、公开管理措施的落实以及其他劳动安全卫生法律法规的执行等情况，提出意见和建议；

（四）选举、罢免职工董事、职工监事、职工协商代表；

（五）推荐劳动模范和先进工作者候选人。

第二十七条 事业单位职工代表大会行使下列职权：

（一）听取和审议单位的工作报告，对本单位的发展规划、重大改革方案、财务会计、公开管理和社会保险费的缴纳等情况，提出意见和建议；

（二）审议通过劳动用工、职工聘任、职工奖惩和分配办法，公开管理措施及其他与职工权益有关的重要规章制度；

（三）审议决定有关职工生活福利的事项；

（四）评议、监督单位领导人员，并提出奖惩和任免建议；

（五）推荐劳动模范和先进工作者候选人。

第二十八条 企业、事业单位依照法律、法规及本条例规定，应当提交职工代表大会讨论通过或者决定的事项而未提交的，做出的决议、决定无效。

第二十九条 公司制企业不得以股东会或者股东大会代替职工代表大会。

第三十条 职工代表大会依法通过的决议、决定，企业、事业单位及其全体职工应当执行。

职工代表大会审议通过、决定的事项不得违反国家政策和法律、法规的规定。

第五章 法律责任

第三十一条 企业、事业单位有下列行为之一的，企业由县级以上人民政府劳动和社会保障行政部门警告并责令改正，拒不改正的对主要责任人处1000元以上5000元以下的罚款；事业单位由上级主管部门警告并责令改正，拒不改正的，对主要责任人给予行政处分：

（一）阻挠建立职工代表大会制度或者召开职工代表大会会议的；

（二）应当提交职工代表大会的事项而不提交的；

（三）以其他形式取代职工代表大会的；

（四）拒不执行职工代表大会通过的决议、决定的。

发生上述行为的，取消单位以及法定代表人或者主要负责人评选先进集体或者先进个人等荣誉称号的资格。

第三十二条 企业、事业单位对职工代表行使职权打击报复的，本单位工会委员会、上级工会有权提请人民政府或者有关部门依法进行处理。

第六章　附　则

第三十三条　职工人数较少的企业、事业单位、个体工商户可以在县级总工会的指导下，按照区域或者行业建立联合职工代表大会。

民办非企业单位建立职工代表大会制度参照本条例的有关规定执行。

第三十四条　本条例自2007年12月1日起施行。

湖南省职工代表大会条例

（2007年11月30日　湖南省第十届人民代表大会常务委员会第三十次会议通过）

第一章　总　则

第一条　为了发挥职工代表大会的作用，维护职工的合法权益，促进企业、事业单位以及其他组织的健康发展，根据有关法律、行政法规，结合本省实际，制定本条例。

第二条　本条例适用于本省行政区域内的企业、事业单位以及民办非企业单位等组织（以下简称企业、事业单位）。

参照公务员法管理的事业单位不适用本条例。

第三条　企业、事业单位应当建立、健全职工代表大会制度或者职工大会制度以及其他形式的民主管理制度。

职工代表大会是企业、事业单位实行民主管理的基本形式，是实行厂务、事务公开的主要载体，是职工行使民主权力的机构。职工代表大会按照民主集中制原则行使职权。

第四条　企业、事业单位工会委员会是职工代表大会的工作机构，负责职工代表大会的日常工作。

第五条　地方各级人民政府应当采取措施，督促有关部门依法履行职责，对本行政区域内企业、事业单位执行本条例的情况进行监督检查。

县级以上人民政府劳动和社会保障、人事行政管理部门应当督促本行政区域内的企业、事业单位建立健全职工代表大会制度，支持职工代表大会依法行使职权。工商、民政、教育、卫生等行政管理部门应当按照各自职责做好与职工代表大会相关的工作。

地方各级总工会和产业工会对职工代表大会工作进行指导和帮助，督促企业、事业单位执行职工代表大会的决议、决定。

第六条 企业、事业单位应当支持职工代表大会依法开展工作，接受职工代表大会的监督。

职工代表大会应当支持企业、事业单位合法的生产经营和管理等活动。

第二章 职工代表大会的职权

第七条 企业职工代表大会行使下列职权：

（一）审议通过经平等协商提出的集体合同草案和劳动安全卫生、女职工权益保护、工资集体协议等专项集体合同草案，未成年工特殊权益保护措施；

（二）选举参加平等协商的职工方协商代表和职工董事、职工监事，听取其履行职责情况报告；

（三）讨论企业有关劳动报酬、工作时间、休息休假、劳动安全卫生、保险福利、职工培训、劳动纪律、职工奖惩办法以及劳动定额管理等直接涉及职工切身利益的规章制度草案或者重大事项方案，提出意见；

（四）围绕企业经营管理和职工生活福利等事项，提出合理化建议；

（五）监督企业执行劳动法律法规、参加社会保险和缴纳社会保险费、签订和履行集体合同和劳动合同、实行厂务公开的情况；

（六）法律法规规定的其他职权。

第八条 国有、集体企业以及国有、集体控股企业职工代表大会除行使本条例第七条规定的职权外，还行使下列职权：

（一）听取和审议企业年度工作计划，企业生产经营管理重大决策，企业重组、改制、破产的实施方案，企业经营者报酬实施方案，大额资产处置方案的报告；

（二）通过企业有关劳动报酬、企业年金、工作时间、休息休假、生活福利、职工奖惩、裁员分流、企业改制中的职工安置等涉及职工切身利益重大事项的方案；

（三）评议和监督企业中层以上管理人员，提出意见和建议；

（四）法律法规规定的其他职权。

第九条 事业单位职工代表大会的职权，参照本条例第七条和第八条的规定执行。

民办非企业单位等组织职工代表大会的职权，参照本条例第七条的规定执行。

第十条 职工代表大会依法作出的决议、决定，本单位以及全体职工应当执行。

依法应当提交职工代表大会审议通过、审议决定的事项而未提交或者审议未通过的，企业、事业单位就此事项作出的决定不得实施。

职工代表大会在其职权范围内依法决定的事项，非经职工代表大会同意不得变更。

第三章　职工代表

第十一条　与企业、事业单位建立劳动关系或者人事聘用关系的职工，可以当选为职工代表。

第十二条　职工代表一般以班组、科室、工段为选举单位，由职工直接选举产生。选举应当有选举单位三分之二以上职工参加方为有效。职工代表候选人获得选举单位全体职工过半数赞成票方可当选。

规模较大单位的职工代表，也可以由分厂、子公司、分公司、车间的职工代表大会选举产生。

具体选举办法由企业、事业单位根据本条例以及其他法律法规的规定制定。

第十三条　职工代表任期与职工代表大会届期相同，可以连选连任。

第十四条　职工代表中一线职工的比例应当不低于百分之五十，中层以上管理人员一般不超过百分之二十。

职工代表大会中女代表的比例应当与女职工比例相适应。

第十五条　职工代表与企业、事业单位解除或者终止劳动关系、人事聘用关系，其代表资格自行终止。原选举单位应当依法补选。

第十六条　职工代表的权利：

（一）对本单位涉及职工权益的事项有知情权、参与权、表达权、监督权，出席职工代表大会期间，有选举权、被选举权和表决权；

（二）有权参加职工代表大会及其工会委员会组织对本单位执行职工代表大会决议、决定和办理职工代表提案情况的监督检查及其他活动；

（三）参加职工代表大会或者本单位同意的活动，工资福利以及其他待遇不受影响。

第十七条　职工代表的义务：

（一）学习、宣传有关法律、法规、政策，熟悉、了解本单位情况，提高参与民主管理的能力；

（二）如实反映职工的意见和要求，维护职工的合法权益，执行职工代表大会依法作出的决议、决定，做好职工代表大会交办的各项工作；

（三）模范遵守本单位依法制定的规章制度，维护和谐稳定的劳动关系；

（四）及时向职工通报参加职工代表大会活动和履行职责的情况，接受职工的监督。

第十八条 罢免职工代表，应当由原选举单位五分之一以上的职工提出，经原选举单位全体职工无记名投票过半数赞成票通过。

第十九条 职工代表依法行使权利，任何组织和个人不得对其进行压制、阻挠和打击报复。

第四章 组织制度

第二十条 不足五十人的企业、事业单位，应当建立职工大会制度；五十人以上不足一百人的，应当建立职工大会制度或者职工代表大会制度；一百人以上的，应当建立职工代表大会制度。

五十人以上不足一百人且建立职工代表大会制度的企业、事业单位，职工代表人数应当不少于二十人；一百人以上不足二百人的，职工代表人数应当不少于三十人；二百人以上不足一千人的，职工代表按职工人数的百分之十至百分之二十确定，但不少于四十人；一千人以上的，职工代表人数按职工人数的百分之五至百分之十确定，但不超过五百人。

第二十一条 根据本条例规定应当建立职工代表大会制度尚未建立的企业、事业单位，应当在本条例实施之日起一年内建立。

新设立且应当建立职工代表大会制度的企业、事业单位，在开业投产、成立之日起一年内，应当建立职工代表大会制度。

第二十二条 职工代表大会每届任期三年或者五年，具体任期由职工代表大会根据本单位的实际情况确定。职工代表大会每年至少召开一次会议。

职工代表大会闭会期间，经本单位法定代表人、工会委员会或者三分之一以上职工代表提议，可以召开职工代表大会临时会议。

职工代表大会如遇企业停产整顿等特殊情况，报经上一级工会委员会同意，可以提前或者延期换届，但延期期限最长不超过二年。

第二十三条 职工代表大会由主席团主持会议。主席团成员从职工代表中选举产生。职工代表不足二百人的，主席团成员为职工代表人数的百分之十左右，但不少于五人；职工代表二百人以上的，主席团成员为职工代表人数的百分之八左右。主席团成员人数一般应为单数，其中中层以上管理人员不得超过半数。

第二十四条 职工代表大会应当有三分之二以上的职工代表出席，方可召开。职工代表大会的选举、表决事项，获得本单位全体职工代表过半数赞成票方可通过。

选举和通过涉及职工切身利益的重大事项时，应当采用无记名投票方式进行表决。

第二十五条 职工代表大会可以设立若干职工代表团（组）、专门委员会或者专门小组，负责办理职工代表大会交办的事项。

职工代表大会闭会期间，需要临时解决的重要事项，由工会委员会组织召开职工代表团（组）长、专门委员会或者专门小组负责人联席会议协商处理，并提请下一次职工代表大会确认。

第二十六条 职工代表大会的决议应当在通过之日起五个工作日内，向本单位全体职工公布。

职工代表大会决议、决定的执行情况和职工代表提案的办理情况，应当向下一次职工代表大会报告。

第二十七条 职工代表大会所需活动经费，由本单位承担。

第五章 职工代表大会工作机构的职责

第二十八条 企业、事业单位工会委员会作为职工代表大会的工作机构，履行下列职责：

（一）组织职工选举职工代表；

（二）征集职工代表提案，提出职工代表大会建议议题，主持职工代表大会筹备工作和会议组织工作；

（三）组织专门委员会、专门小组或者职工代表开展日常的监督和调查研究，向职工代表大会提出建议；

（四）提前七个工作日以书面形式向职工代表公布职工代表大会的建议议题；

（五）动员职工执行职工代表大会决议、决定，督促职工代表大会决议、决定的执行和提案的办理；

（六）培训职工代表，提高职工代表素质；

（七）建立与职工代表的联系制度，受理职工代表的申诉和提案，维护职工代表的合法权益；

（八）提名或者组织提名参加平等协商的职工方协商代表和职工董事、职工监事候选人；

（九）完成职工代表大会交办的其他工作。

第二十九条 企业、事业单位工会委员会应当在职工代表大会闭会之日起七个工作日内，将会议的有关情况报告上一级工会委员会。

第六章　法律责任

第三十条　企业、事业单位有下列行为之一的，由县级以上人民政府及其有关部门，按照各自职责责令其限期改正；逾期不改正的，给予通报批评：

（一）不依法建立职工代表大会制度或者职工大会制度的；

（二）不按规定召开职工代表大会会议的；

（三）应当提交职工代表大会审议、决定的事项而不提交的；

（四）拒不执行职工代表大会依法作出的决议、决定的。

第三十一条　企业、事业单位法定代表人、经营管理者或者负责人违反本条例规定，阻挠工会委员会依法开展职工代表大会日常工作的，妨碍、阻挠职工行使民主权力或者打击报复职工代表的，依照有关法律规定处罚；构成犯罪的，依法追究刑事责任。

第三十二条　县级以上人民政府有关部门及其工作人员不履行本条例规定职责的，由本级人民政府对部门直接负责的主管人员和其他直接责任人员给予批评教育，或者按人事管理权限依法给予行政处分。

第三十三条　违反本条例其他规定、法律和其他法规规定处罚的，从其规定。

第三十四条　对违反本条例规定的行为，职工可以向本单位反映，也可以向上级工会委员会、人民政府或者有关部门举报、申诉。

第七章　附　则

第三十五条　小型非公有制企业、个体经济组织集中的区域，可以建立联合职工代表大会制度或者行业职工代表大会制度。

企业、事业单位所属的分公司、分厂、分支机构可以按照本条例的有关规定建立职工代表大会制度或者职工大会制度，并对本单位权限范围内的事务进行民主管理。

第三十六条　企业、事业单位建立职工大会制度的，其职权适用本条例有关规定。

第三十七条　本条例自2008年1月1日起施行。

四川省职工代表大会条例

（2008年9月25日　四川省第十一届人民代表大会常务委员会第五次会议通过）

第一章　总　则

第一条　为了发展社会主义基层民主，完善职工代表大会制度，维护职工合法权益，建立和谐的劳动关系，促进企业、事业单位健康发展，根据宪法和有关法律、法规的规定，结合四川省实际，制定本条例。

第二条　本条例适用于本省行政区域内的企业、事业单位。

第三条　职工代表大会是企业、事业单位职工实行民主管理的基本形式和行使民主管理权力的机构。职工代表大会实行民主集中制。

第四条　县级以上地方各级人民政府及其有关部门负责监督检查本条例的执行。县级以上地方各级工会协助人民政府及其有关部门监督检查本条例的执行。

第二章　职工代表

第五条　按照法律规定与企业、事业单位建立劳动关系或者聘用关系的职工，可当选为职工代表。职工代表由职工民主选举产生，实行常任制，可连选连任，任期与职工代表大会届期一致。

第六条　选举职工代表应当根据企业、事业单位职工的分布状况，划分选区，分配名额，由职工直接选举产生。选举应当有选区三分之二以上职工参加方为有效，职工代表获得选区全体职工过半数赞成票始得当选。

职工代表可以按选区或者分布状况组成代表团（组），推选团（组）长。

第七条　企业、事业单位职工人数100人以上不足1000人的，职工代表人数不得低于30人；职工人数1000人以上不足10000人的，职工代表人数不得低于100人；职工人数10000人以上的，职工代表人数不得低于150人。

第八条　职工代表中一线职工代表不少于职工代表总人数的百分之五十，中层以上经营管理人员不超过职工代表总人数的百分之二十五。女职工代表应当占适当的比例。

第九条　职工代表在任期内，与单位解除或者终止劳动关系、聘用关系的，其代表资格自行终止。职工代表不履行职责的，可以撤换其代表职务。

代表缺额由原选区及时补选。撤换或补选程序由职工代表大会确定。

第十条 职工代表的权利：

（一）参加职工代表大会并行使提案、审议、表决、评议和质询等与职工代表大会有关的权利；

（二）选举公司董事会和监事会中的职工代表；

（三）职工代表因履行代表职责占用工作时间的，其工资福利及其他待遇不受影响。

第十一条 职工代表的义务：

（一）认真履行职工代表的职责，如实反映职工的意见和要求，维护职工的合法权益，执行职工代表大会的决议、决定，承担职工代表大会交办的各项工作；

（二）对本选区职工负责，定期向职工通报履行职工代表职责的情况，接受职工的评议和监督；

（三）遵守本单位依法制定的规章制度，维护和谐稳定的劳动关系。

第三章 职工代表大会职权

第十二条 国有及国有控股企业职工代表大会行使下列职权：

（一）听取和审议企业工作报告、经营方针、发展规划和年度计划及执行情况；听取和审议企业改制、改组及破产方案，重大技术改造方案，厂务公开，履行集体合同、工资集体协议等情况的报告；听取和审议财务报告、依法缴纳社会保险费等情况的报告，提出意见和建议；

（二）审议通过厂务公开实施细则，企业经济责任制考核方案和职工收入分配方案，裁员、分流和安置方案，集体合同草案和工资集体协议草案，以及劳动安全卫生保护措施，职工奖惩办法等涉及职工切身利益的重要规章制度；

（三）审议决定有关职工生活福利的重大事项；

（四）评议企业中层以上领导人员，提出奖惩和任免建议；

（五）选举、罢免公司董事会、监事会中的职工代表；

（六）依照法律、法规规定，或者经企业与工会协商确定需由职工代表大会行使的其他职权。

第十三条 集体企业职工代表大会行使下列职权：

（一）听取和审议依法缴纳社会保险费，履行劳动合同、集体合同、工资集体协议等情况的报告，提出意见和建议；

（二）审议通过厂务公开实施细则和企业改制、改组及破产方案，集体合同、工资集体协议等草案；

（三）审议决定企业经营管理方案，收入分配方案，解除、变更或者撤销劳动合同等涉及职工切身利益的重大事项和企业提交的其他议案；

（四）依法制定、修改企业章程和其他重要规章制度；

（五）按照国家规定选举、评议、罢免、聘用、解聘企业负责人；

（六）法律、法规和企业章程规定的其他职权。

第十四条 非公有制企业职工代表大会行使下列职权：

（一）听取和审议企业年度工作计划，依法缴纳社会保险费，履行集体合同、工资集体协议等情况的报告，提出意见和建议；

（二）讨论有关劳动报酬，劳动定额，工作时间，休息休假，劳动安全卫生，保险福利，职工培训，劳动纪律，解除、变更或者撤销劳动合同等涉及职工切身利益的规章制度或者重大事项，提出方案和意见；

（三）审议通过职工与企业平等协商的集体合同草案或专项集体合同草案；

（四）根据企业要求，评议企业经营管理人员；

（五）依照法律、法规规定，或者经企业与工会协商确定需由职工代表大会行使的其他职权。

第十五条 事业单位职工代表大会行使下列职权：

（一）听取和审议单位工作报告、发展规划、重大改革方案、财务报告和事务公开情况等的报告，提出意见和建议；

（二）审议通过职工聘用聘任、奖惩和收入分配办法、集体合同草案等重要规章制度；

（三）审议决定有关职工生活福利的重大事项；

（四）评议单位中层以上领导人员，提出奖惩和任免建议。

第十六条 职工代表大会审议通过的决议、决定，企业、事业单位及其全体职工应当执行。

职工代表大会作出的决议、决定等不得与有关法律法规相抵触。

第四章 组织制度

第十七条 职工代表大会每届任期三年或者五年，具体任期由职工代表大会确定。任期届满应当按时换届。

第十八条 职工代表大会每年至少召开一次。每次会议必须有三分之二以上的职工代表出席。遇有重大事项或者特殊情况，经企业、事业单位主要负责人、工会或三分之一以上职工代表提议，应当召开职工代表大会。

第十九条 职工代表大会选举主席团，主持职工代表大会会议，领导大会期间的各项活动。

第二十条 企业、事业单位和工会经协商，提前七天共同以书面形式向职工代表公布会议议题。

第二十一条 职工代表大会进行选举和对涉及职工利益的重大议案作出决议、决定的，采取无记名投票方式进行表决，经全体职工代表过半数同意，方为有效。

第二十二条 职工代表大会可以根据工作需要设立专门委员会或者专门工作小组，负责办理职工代表大会交办的事项。

第二十三条 职工代表大会闭会期间，需要临时解决的重要问题，由企业、事业单位工会委员会召集职工代表团（组）长和专门工作小组负责人联席会议协商处理，并向下一次职工代表大会报告予以确认。

第二十四条 企业、事业单位工会委员会是职工代表大会的工作机构，负责组织职工选举职工代表和职工代表大会的筹备工作以及闭会期间的日常工作。

第二十五条 职工代表大会开展工作的经费由企业、事业单位在行政经费中列支。

第五章　法律责任

第二十六条 企业、事业单位有下列情形之一的，由县级以上地方各级人民政府及其有关部门按照各自职责，责令其限期改正；逾期不改正的，给予通报批评；拒不改正的，按照有关法律法规处理：

（一）拒不建立职工代表大会制度的；

（二）不按规定召开职工代表大会的；

（三）应当提交职工代表大会的事项而不提交的；

（四）拒不执行职工代表大会决议、决定的；

（五）打击报复职工代表的；

（六）违反本条例规定的其他行为。

第二十七条 对违反本条例的单位和个人，企业、事业单位工会及职工有权向县级以上地方各级人民政府及其有关部门和上级工会申诉，县级以上地方各级人民政府及其有关部门和上级工会应当依法进行处理；属于人民法院受理范围的，可以向人民法院提起诉讼。

对侵犯职工代表大会职权及打击报复职工代表等违法违纪行为，企业、事业单位所在地的县级以上工会有权进行通报，并向有关部门提出处罚建议，有关部门应当将处理结果通报工会。

第六章 附 则

第二十八条 民办非企业单位和其他经济组织的职工代表大会参照本条例的规定执行。

第二十九条 职工人数不足100人的企业、事业单位建立职工大会，并参照本条例执行。

第三十条 本条例自2009年1月1日起施行。

西藏自治区职工代表大会条例

（2009年7月31日 西藏自治区第九届人民代表大会
常务委员会第十一次会议通过）

第一章 总 则

第一条 为了加强基层民主政治建设，保障职工的民主权利，维护职工的合法权益，建立和谐的劳动关系，促进企业、事业单位的健康发展，根据《中华人民共和国劳动法》、《中华人民共和国公司法》和《中华人民共和国工会法》等有关法律、法规的规定，结合自治区实际，制定本条例。

第二条 本条例适用于自治区行政区域内的企业、事业单位、民办非企业单位及其他经济组织（以下简称企事业单位）。

参照《中华人民共和国公务员法》管理的事业单位不适用本条例。

第三条 职工代表大会是企事业单位民主管理的基本制度，是职工行使民主管理权力的机构，自治区行政区域内的企事业单位应当依法建立健全以职工代表大会为基本形式的民主管理制度。

第四条 职工代表大会应当接受企事业单位党组织的政治思想领导，坚持科学发展，依法行使职权。

第五条 职工代表大会实行民主集中制。企事业单位应当依法推进职工参与民主决策、民主管理和民主监督。

第六条 企事业单位工会委员会是职工代表大会的工作机构，负责职工代表大会的日常工作。

第七条 县级以上各级人民政府及其有关部门，负责监督检查本条例的执行。

县级以上地方各级工会和产业工会，协助同级人民政府及其有关部门监督检查本条例的执行。

第八条 企事业单位及其负责人应当支持职工代表大会依法开展工作，组织实施职工代表大会作出的有关决议和决定，接受职工代表大会的监督。

职工代表大会应当支持企事业单位合法的生产经营和管理等活动，支持股东会、董事会、监事会和企事业单位负责人依法行使职权。

第九条 对在企事业单位民主管理工作中做出突出贡献的职工代表，企事业单位应当给予表彰和奖励。

第二章 职工代表

第十条 依法享有公民的权利和义务并与企事业单位建立劳动关系（含聘用）的职工，均享有当选职工代表的权利。

职工代表应当具备相应的政治素质和议事能力。

第十一条 职工代表由职工民主选举产生，任期与职工代表大会届期一致，可以连选连任。

职工代表的选举，应有本选举单位三分之二以上职工参加方可有效，被选举人应获得全体职工过半数赞成票方可当选。

第十二条 职工代表中，一线职工的比例应当不低于职工代表总人数的百分之六十，中层以上管理人员不超过职工代表总人数的百分之三十，其他人员不超过百分之十。少数民族职工代表应当不低于其在本单位职工中所占的比例，女职工代表应当占本单位女职工总人数的百分之二十以上。

第十三条 职工代表对职工负责，职工有权监督和建议罢免本单位的职工代表。

罢免职工代表，应当由原选举单位五分之一以上的职工提出，经原选举单位全体职工过半数赞成票通过。

第十四条 职工代表的权利：

（一）对本单位涉及职工权益的事项有知情权、建议权、监督权，在职工代表大会上有选举权、被选举权和表决权；

（二）参加职工代表大会及其工作机构对本单位执行职工代表大会决议、决定、办法、方案和落实提案情况的监督检查；

（三）参加对本单位中层以上管理人员的民主评议和质询。

第十五条 职工代表的义务：

（一）学习和遵守国家法律、法规、政策及单位的各项规章制度，做好本职工作，反对分裂，维护祖国统一和民族团结；

（二）密切联系职工群众，维护职工的合法权益，如实反映职工群众的意见和要求，维护和谐稳定的劳动关系；

（三）执行职工代表大会的决议、决定，做好职工代表大会交办的各项工作；

（四）对本选举单位职工负责，及时向职工通报履行代表职责的情况，接受职工的监督。

第十六条 职工代表因履行代表职权而占用工作时间的，其工资福利及其他待遇不受影响。

第十七条 职工代表调离原单位、离退休或被解除劳动关系的，其代表资格自行终止，缺额应由原选举单位按规定补选。

职工代表在本单位内转岗，在任期内继续履行其代表职责。职工代表在任期内，其正在履行的劳动合同期限短于代表任期的，劳动合同到期后，所在单位应当与其续签劳动合同至任期期满。除法律、法规规定的情形外，所在单位不得变更或解除其劳动合同。

第十八条 企业在进入破产或者被兼并程序期间，职工代表应当继续履行其职责。

第十九条 职工代表依法行使职权，任何组织和个人不得进行压制、阻挠和打击报复。

第三章 职工代表大会的职权

第二十条 国有及国有控股企业职工代表大会行使下列职权：

（一）听取和审议企业工作报告、经营方针、发展规划、年度计划及执行情况；听取和审议重大投资方案、重大技术改造方案、基本建设方案，职工培训计划，工资集体协商，签订和履行集体合同、劳动合同情况以及依法缴纳社会保险费、住房公积金等情况的报告；听取和审议财务工作报告、业务招待费使用情况，实行厂务公开、企业领导人廉洁自律等情况的报告；

（二）审议通过企业经济责任制方案，企业改革改制方案，企业裁员、企业破产及职工分流和安置方案，职工收入分配方案，企业领导人员年薪制实施方案，劳动用工方案，集体合同草案、工资集体协议草案，劳动安全卫生和厂务公开实施细则，女职工特殊保护措施，职工奖惩办法及其他重要规章制度；

（三）审议决定职工福利基金、公益金使用方案、困难职工补助办法等有关职工生活福利和对违纪职工解除劳动关系等重大事项；

（四）评议、监督企业领导班子及其成员，并向有关部门提出奖惩及任免建议；

（五）依法选举、罢免、调整职工董事、职工监事以及参加平等协商、劳动争议调解组织中的职工代表；

（六）向政府和有关部门推荐劳动模范和先进工作者；

（七）依照法律、法规规定，或者经企业与工会委员协商确定需由职工代表大会行使的其他职权。

第二十一条 集体及集体控股企业职工代表大会行使下列职权：

（一）制定、修改职工奖惩办法等涉及职工切身利益的其他重要规章制度；

（二）听取和审议企业依法缴纳各项社会保险费、业务招待费使用情况及签订和履行集体合同、劳动合同、工资集体协商等情况的报告；

（三）审议通过企业发展规划，年度经营计划和投资方案，财务预决算报告，企业改革、改制及破产方案，职工培训计划，集体合同草案，厂务公开实施细则，经济责任制方案，劳动用工方案，劳动安全卫生和女职工特殊保护措施；

（四）审议决定企业经营管理方面的重大事项以及职工收入分配方案、职工福利基金和公益金的使用方案等涉及职工切身利益的重大事项和企业提交的其他议案；

（五）依法选举、罢免、聘用、解聘企业领导人员，以及依照企业章程选举、罢免、更换职工董事、职工监事及参加平等协商、劳动争议调解组织中的职工代表；

（六）向政府和有关部门推荐劳动模范和先进工作者；

（七）法律、法规和企业章程规定的其他职权。

第二十二条 非国家出资企业职工代表大会行使下列职权：

（一）听取业主或者经营者关于企业年度工作计划、生产经营管理情况的报告，提出意见和建议；

（二）审议通过集体合同草案以及涉及职工利益的重要规章制度；

（三）协商议定与职工利益有关的劳动报酬、劳动时间、休息休假、劳动纪律、职工培训、劳动安全卫生、保险福利、工资集体协议、经济性裁员、职工奖惩办法、女职工特殊保护措施等事项；

（四）监督企业贯彻实施《劳动法》、《劳动合同法》和《工会法》等有关法律、法规，以及缴纳职工各项社会保险费用，实行厂务公开，签订和履行集体合同、劳动合同的情况；

（五）根据企业要求，民主评议企业经营管理人员，并提出奖惩建议；

（六）选举、罢免职工一方参加平等协商、劳动争议调解组织中的代表及公司制企业的职工董事、职工监事；

（七）向政府和有关部门推荐劳动模范和先进工作者；

（八）依照法律、法规规定，或者经企业与工会委员会协商确定需由职工代表大会行使的其他职权。

第二十三条 事业单位职工代表大会行使下列职权：

（一）听取和审议单位工作报告及本单位发展规划、重大改制、改革方案、财务工作、事务公开等情况的报告；

（二）审议通过本单位制定的与职工权益有关的重要规章制度、事务公开实施细则及集体合同草案等相关制度；

（三）审议决定福利费管理使用以及职工生活福利安排方面的重要事项；

（四）对职工参加社会保险及本单位缴纳各项社会保险费用的情况进行监督；

（五）民主评议和监督本单位中层以上管理人员，并向有关部门提出奖惩和任免建议；

（六）向政府和有关部门推荐劳动模范和先进工作者。

第二十四条 依照法律、法规及本条例规定，应当提交职工代表大会审议、通过、决定的事项而未提交的，企事业单就此事项作出的决定不得实施。

第二十五条 职工代表大会依法通过的决议、决定、办法和方案，任何单位和个人不得变更；如需变更，应当提请职工代表大会重新审议。

职工代表大会作出的决议、决定等不得与有关法律法规相抵触。

第四章　组织制度

第二十六条 企事业单位应当实行职工代表大会或者职工大会制度。

职工人数五十人以上、不足一百人的企事业单位，职工代表人数应当不少于二十人；一百人以上、不足二百人的企事业单位，职工代表人数应当不少于三十人；二百人以上、不足五百人的企事业单位，职工代表人数应当不少于四十人；五百人以上、不足一千人的企事业单位，职工代表人数应当不少于五十人；一千人以上的企事业单位，职工代表人数应当不少于一百人。

五十人以下的企事业单位，可以实行职工大会或者职工代表大会制度。

第二十七条 小型非国家出资企业、个体经济组织集中的区域，可以建立区域、行业职工代表大会制度。

第二十八条 职工代表大会每届任期三年或者五年，每年至少召开一次会议。

职工代表大会应当有三分之二以上职工代表出席，方可召开。

职工代表大会由主席团主持会议。主席团成员中，一线职工、科技人员和中层以下管理人员应当超过半数。

职工代表大会在闭会期间遇有重大事项，经企事业单位法定代表人、工会委员会或三分之一以上职工代表提议，应当召开职工代表大会临时会议。

第二十九条 职工代表大会根据需要，可以设立若干职工代表团（组）、专门委员会或者专门小组，负责办理职工代表大会交办的事项。

职工代表大会闭会期间，除本条例规定确需提交职工代表大会审议决定的事项外，其他需要临时决定的重要问题，由企事业单位工会委员会召集职工代表团（组）长和专门委员会或者专门小组负责人组成的联席会议协商处理，并应提请下一次职工代表大会确认。

职工代表大会对联席会议通过的事项具有最终审定权。

第三十条 职工代表大会的决议、决定、办法、方案以及职工代表提案的落实和办理情况，应当向下一次职工代表大会报告。

第三十一条 职工代表大会审议决定重大事项和进行选举表决时，应当采取无记名投票方式，并以获得全体职工代表过半数赞成票为通过。

第三十二条 企事业单位实行多级民主管理制度，所属的分公司、分厂、车间以及其他分支机构，应当通过职工代表大会或者职工大会等其他形式，保障职工行使民主管理权力。

第三十三条 企事业单位应当建立职工代表大会工作制度，健全职工代表大会的考核、检查、奖惩及档案管理制度。

第三十四条 企事业单位召开职工代表大会及职工代表大会日常工作所需经费，在本单位行政经费中列支。

第五章 职工代表大会工作机构的职责

第三十五条 企事业单位工会委员会应当履行下列职责：

（一）组织职工选举职工代表；

（二）负责和组织职工代表大会的筹备和组织工作；

（三）征集职工代表提案，提出职工代表大会建议议题并在大会召开七日前向职工代表公开；

（四）提出职工代表大会主席团、专门委员会或者专门小组的设立方案，组织专门委员会或者专门小组、职工代表开展日常的巡视、监督和调查研究，向职工代表大会提出建议；

（五）组织职工落实职工代表大会的决议、决定，监督检查本单位执行职工代表大会决议、决定和办理、落实提案的情况；

（六）制定职工代表培训计划，定期培训职工代表，组织职工代表学习法律、法规、政策和企业管理知识，提高职工代表的素质；

（七）建立与职工代表的联系制度，受理职工代表的申诉和建议，维护职工代表的合法权益；

（八）提名职工董事、职工监事及职工一方参加平等协商、劳动争议调解组织中的代表候选人；

（九）完成职工代表大会交办的其他工作。

第三十六条 职工代表大会闭会后七日内，企事业单位工会委员会应当将会议的有关情况报上一级工会委员会备案。

第三十七条 对侵犯职工代表大会职权及打击报复职工代表等违法违纪行为，县级以上地方总工会或者产业工会有权向有关部门提出处理建议，有关部门应当将处理结果通报县级以上地方总工会或者产业工会。

第六章　法律责任

第三十八条 企事业单位有下列情形之一的，由县级以上人民政府有关部门按照各自职责，责令限期改正并给予通报批评：

（一）不按规定建立职工代表大会制度的；

（二）不按规定召开职工代表大会会议的；

（三）应当提交职工代表大会审议、决定的事项而未提交的；

（四）以其他形式取代职工代表大会职权的；

（五）阻挠工会依法开展职工代表大会日常工作的；

（六）拒不执行职工代表大会决议、决定的。

第三十九条 对打击报复职工代表、侵犯其合法权益，构成犯罪的，依法追究刑事责任。

第四十条 县级以上人民政府及其有关部门、各级工会组织及其工作人员，在对企事业单位实行职工代表大会制度情况进行的监督检查中失职渎职、徇私舞弊的，视情节轻重由其所在单位或上级主管部门对直接负责的主管人员及其他责任人员给予批评教育或者行政处分；构成犯罪的，依法追究刑事责任。

第四十一条 对违反本条例的单位和个人，企事业单位工会委员会及职工有权向县级以上各级人民政府及其有关部门和上级工会申诉，依法属于人民法院受理范围的，可以向人民法院提起诉讼。

第七章　附　则

第四十二条　本条例所称民办非企业单位是指企事业单位、社会团体和其他社会力量以及公民个人，利用非国有资产举办的从事非营利性社会服务活动的社会组织。

第四十三条　企事业单位职工代表大会可以依据本条例制定实施细则。

第四十四条　本条例自2009年10月1日起施行。

上海市职工代表大会条例

（2010年12月23日　上海市第十三届人民代表大会常务委员会第二十三次会议通过）

第一章　总　则

第一条　为了保障职工的民主权利，构建和谐稳定的劳动关系，促进职工和企业、事业单位以及民办非企业单位等组织共同发展，根据《中华人民共和国宪法》、《中华人民共和国劳动法》、《中华人民共和国工会法》、《中华人民共和国公司法》、《中华人民共和国劳动合同法》以及其他有关法律、行政法规，结合本市实际，制定本条例。

第二条　本市行政区域内的企业、事业单位以及民办非企业单位等组织（以下统称“企事业单位”）建立和实施职工代表大会制度，适用本条例。

第三条　企事业单位应当建立职工代表大会制度。

职工人数在一百人以上的企事业单位应当召开职工代表大会；职工人数不足一百人的企事业单位一般召开职工大会。

职工代表大会（或者职工大会，下同）是企事业单位实行民主管理的基本形式，是协调劳动关系的重要制度，是职工行使民主管理权力的机构。

职工代表大会应当充分发扬民主，实行少数服从多数的原则。

第四条　企事业单位应当保障职工代表大会依法行使职权，保障职工依法享有知情权、参与权、表达权和监督权。

职工通过职工代表大会依法参与企事业单位民主管理，支持企事业单位合法的生产经营和管理活动，维护自身合法权益。

第五条　企事业单位的工会是职工代表大会的工作机构，承担职工代表大会的日常工作。

第六条 本市各级人民政府及其国有资产、教育、卫生等主管部门和人力资源社会保障等有关行政管理部门应当指导、督促企事业单位实行职工代表大会制度。

第七条 上级工会、行业协会和相关企业联合组织应当指导和帮助企事业单位建立健全职工代表大会制度。

第二章 职 权

第八条 职工代表大会依法行使审议建议、审议通过、审查监督、民主选举、民主评议等职权。

第九条 下列事项应当向职工代表大会报告，接受职工代表大会审议，听取职工代表大会代表（以下简称“职工代表”）的建议：

（一）企事业单位的发展规划、年度经营管理情况和重要决策；

（二）企事业单位制定、修改、决定直接涉及职工切身利益的规章制度或者重大事项；

（三）工会与企业就职工工资调整、经济性裁员、群体性劳动纠纷和生产过程中发现的重大事故隐患或者职业危害等事项进行集体协商的情况；

（四）职工代表大会工作机构的工作情况、联席会议协商处理的事项；

（五）国有、集体及其控股企业财务预决算，重组改制方案和重大改革措施，申请破产或者解散等重要事项；

（六）事业单位的财务预决算、重大改革改制方案等重要事项；

（七）法律法规规定或者企事业单位与工会协商确定应当向职工代表大会报告的其他事项。

第十条 下列事项应当向职工代表大会报告，并由职工代表大会审议通过：

（一）涉及劳动报酬、工作时间、休息休假、保险福利等事项的集体合同草案；

（二）工资调整机制，女职工权益保护、劳动安全卫生等专项集体合同草案；

（三）国有、集体及其控股企业的薪酬制度、福利制度、劳动用工管理制度、职工教育培训制度，改革改制中涉及的职工安置方案以及其他涉及职工切身利益的重要事项；

（四）事业单位的职工聘任、考核奖惩办法，收益分配的原则和办法，职工生活福利制度，改革改制中涉及的职工安置方案以及其他涉及职工切身利益的重要事项；

（五）法律法规规定或者企事业单位与工会协商确定应当提交职工代表大会审议通过的其他事项。

第十一条 下列事项应当向职工代表大会报告，并接受审查监督：

（一）职工代表大会提案办理情况；

（二）职工代表大会审议通过的重要事项落实情况；

（三）集体合同和专项集体合同履行情况；

（四）劳动安全卫生标准执行、社会保险费交缴、职工教育培训经费提取使用等情况；

（五）法律法规规定或者企事业单位与工会协商确定应当向职工代表大会报告并接受审查监督的其他事项。

第十二条 下列人员应当由职工代表大会民主选举产生：

（一）民主管理专门小组（委员会）成员；

（二）董事会和监事会中的职工代表；

（三）法律法规规定或者企事业单位与工会协商确定应当由职工代表大会民主选举产生的其他人员。

第十三条 下列人员应当接受职工代表大会的民主评议：

（一）董事会和监事会中的职工代表；

（二）国有、集体及其控股企业的高级管理人员，事业单位负责人以及按照本市有关规定应当接受职工代表大会民主评议的其他人员；

（三）法律法规规定或者企事业单位与工会协商确定应当接受职工代表大会民主评议的其他人员。

第三章 职工代表

第十四条 企事业单位的职工可以当选为职工代表。

职工代表由职工民主选举产生，实行常任制，可以连选连任，任期与职工代表大会届期相同。

选举职工代表一般以分公司、分院（校）、部门、班组、科室等为选区。选举应当有选区全体职工三分之二以上参加，候选人获得选区全体职工半数以上赞成票方可当选。选举结果应当公布。

第十五条 职工代表的构成应当以一线职工为主体，中、高层管理人员不超过百分之二十，但跨地区、跨行业的大型集团型企业的比例可以适当提高。女职工代表比例一般与本单位女职工人数所占比例相适应。

教育、科技、文化、卫生等领域的企事业单位，职工代表应当以直接从事专业技术工作的人员为主体。

第十六条 职工代表的权利：

（一）在职工代表大会上，有选举权、被选举权、审议权和表决权；

（二）对涉及本单位发展和职工权益的重要事项有知情权、建议权、参与权和监督权；

（三）参加与职工代表履职相关的培训、检查等活动；

（四）因履职活动而占用生产、工作时间，按照正常出勤享受应得的待遇。

第十七条 职工代表的义务：

（一）学习、宣传有关法律法规和政策，提高自身素质，增强参与民主管理的能力，做好本职工作；

（二）联系选区职工，听取职工的意见和建议，表达职工的意愿和要求；

（三）执行职工代表大会决议，做好职工代表大会交办的各项工作；

（四）及时向选区职工通报参加职工代表大会活动和履行职责的情况，接受评议监督；

（五）模范遵守单位规章制度，保守商业秘密。

第十八条 职工代表出现缺额时，应当由原选区依照规定的民主程序及时补选。选举结果应当公布。

职工代表因无故不履行或者无法履行代表职责而被撤免的，应当经原选区全体职工半数以上同意。

第十九条 职工代表依法行使权利，任何组织和个人不得压制、阻挠和打击报复。

第四章 组织制度

第二十条 企事业单位职工代表大会的职工代表名额，按照下列规定确定：

（一）职工人数在一百人至三千人的，职工代表名额以三十名为基数，职工人数每增加一百人，职工代表名额增加不得少于五名；

（二）职工人数在三千人以上的，职工代表名额不得少于一百七十五名；

（三）职工人数不足一百人，实行职工代表大会制度的，职工代表名额不得少于三十名。

职工代表大会可以根据需要设置列席代表。列席代表无表决权和选举权。

第二十一条 职工代表大会每届任期为三年至五年。职工代表大会因故需要延期换届的，延期时间不得超过一年。

职工代表大会每年至少召开一次会议。企事业单位、工会或者三分之一以上职工代表提议，可以召开职工代表大会。

第二十二条 职工代表大会选举产生的主席团主持会议，处理大会期间有关重大问题。主席团人数不得少于七人，其中一线职工代表的比例不得少于百分之五十。

第二十三条 职工代表大会可以设立若干民主管理专门小组（委员会），组织职工代表开展民主管理专项活动，办理职工代表大会交办的有关事项。专门小组（委员会）负责人由职工代表担任。

第二十四条 职工代表大会闭会期间，除法律法规规定应当提交职工代表大会审议通过的事项外，对需要及时处理的重要事项，企事业单位可以召开职工代表大会联席会议进行协商处理，处理结果应当向下一次职工代表大会报告。

联席会议由工会负责召集，由职工代表团（组）长、民主管理专门小组（委员会）负责人、主席团成员、工会委员会委员参加。

第二十五条 企事业单位下属的分公司（厂）、分院（校）应当建立职工代表大会制度，行使与其管理权限相对应的职工民主管理权力。

第二十六条 职工代表大会的经费由企事业单位在管理费用中列支。

第五章 议事规则

第二十七条 职工代表大会须有全体职工代表三分之二以上出席，方可召开。

第二十八条 职工代表大会的议题和议程，由企事业单位与工会协商确定。

第二十九条 提交职工代表大会审议和审议表决的书面材料，应当在职工代表大会召开的七日前送交职工代表；职工代表团（组）应当组织职工代表讨论，由工会及时汇总整理职工代表团（组）的意见和建议。

职工代表对涉及职工切身利益的重要事项意见分歧较大的，由企事业单位和工会根据职工代表意见进行协商修改后，提交职工代表大会再次审议。

第三十条 职工代表大会审议通过事项，应采取无记名投票方式，并须获得全体职工代表半数以上赞成票方可通过。

第三十一条 职工代表大会审议通过的事项和决议应当在职工代表大会闭会后向全体职工公布。

第三十二条 法律法规规定应当提交职工代表大会审议的事项，未按照法定程序提交的，企事业单位的工会有权要求纠正，企事业单位应当根据工会的要求予以纠正。

法律法规规定应当提交职工代表大会审议通过的事项，未按照法定程序提交审议通过的，企事业单位就该事项作出的决定对本单位职工不具有约束力。

第三十三条 职工代表大会在其职权范围内审议通过的事项对本单位以及全体职工具有约束力，未经职工代表大会重新审议通过不得变更。

第六章 工作机构

第三十四条 企事业单位的工会在职工代表大会筹备和召开期间，履行下列职责：

（一）组织开展职工代表的选举、撤换、培训等工作；

（二）做好职工代表大会文件的准备工作；

（三）提出职工代表大会主席团成员、民主管理专门小组（委员会）成员候选人建议名单，董事会、监事会中的职工代表候选人建议名单；

（四）代表职工与企事业单位开展集体协商，形成集体合同草案、专项集体合同草案和起草说明、集体协商情况的报告等；

（五）组织职工代表团（组）在会前和会中对提交职工代表大会审议和审议表决的事项进行讨论，汇总整理意见，并与企事业单位协商修改；

（六）负责职工代表大会其他筹备和组织工作。

第三十五条 企事业单位的工会在职工代表大会闭会期间，履行下列职责：

（一）动员职工执行职工代表大会决议，督促决议的落实和提案的办理；

（二）建立与职工代表的联系制度，受理职工代表的申诉和提案，维护职工代表的合法权益；

（三）组织职工代表、民主管理专门小组（委员会）开展提案、巡视检查、质量评估等日常民主管理活动；

（四）完成职工代表大会交办的其他工作。

第三十六条 企事业单位的工会应当在职工代表大会闭会之日起七个工作日内，将会议的有关情况报告上一级工会。

第七章 区域性、行业性职工代表大会

第三十七条 社区、产业园区、商务楼宇等同一区域内的企业可以联合建立区域性职工代表大会。生产经营业务相同或者相近的企业可以联合建立行业性职工代表大会。

区域性、行业性职工代表大会的工作机构是区域、行业工会。

乡、镇人民政府和街道办事处应当积极推动区域性、行业性职工代表大会的建立，支持和保障职工代表大会制度的正常运行。

第三十八条 区域性、行业性职工代表大会行使下列职权：

（一）听取区域、行业执行劳动法律法规和政策情况报告，区域、行业劳动关系状况报告，并提出意见和建议；

（二）审议区域、行业内企业有关劳动报酬、工作时间、休息休假、劳动安全卫生、保险福利、职工培训以及劳动定额等直接涉及职工切身利益的重大事项，提出意见和建议；

（三）审议通过区域性、行业性集体合同草案和专项集体合同草案；

（四）审查监督区域、行业内企业执行劳动法律法规和区域性、行业性职工代表大会决定事项的情况，履行区域性、行业性集体合同情况；

（五）其他应当由区域性、行业性职工代表大会行使的职权。

第三十九条 区域性、行业性职工代表大会的职工代表人数和构成，由区域、行业工会与区域、行业内企业协商确定，并根据实际设立选区，组织职工按比例民主选举产生职工代表。

区域性、行业性职工代表大会的职工代表总数不得少于三十人，其中企业经营管理者不得超过百分之三十，一线职工不得少于百分之五十。

第四十条 区域性、行业性职工代表大会通过的集体合同、专项集体合同以及有关决议应当向全体职工公布。

第四十一条 区域性、行业性职工代表大会的组织制度、议事规则、工作机构的职责等参照企事业单位职工代表大会的有关规定实施。

第八章 监督检查和法律责任

第四十二条 市和区、县人力资源社会保障行政管理部门，同级工会和企事业单位代表，通过劳动关系三方协商机制，共同推进企事业单位建立健全职工代表大会制度。

第四十三条 市和区、县总工会应当将企事业单位实行职工代表大会制度的情况纳入工会劳动法律法规监督检查的内容。对企事业单位违反本条例规定的行为，可以发出工会劳动法律监督整改意见书，要求企事业单位予以改正。对逾期不改正的，可以根据需要向同级国有资产、教育、卫生等主管部门和人力资源社会保障等行政管理部门提出工会劳动法律监督处理建议书，国有资产、教育、卫生等主管部门和人力资源社会保障等行政管理部门应当依法进行调查处理。

第四十四条 企事业单位与工会因实施职工代表大会制度的事项发生争议，双方应当协商解决；协商不成的，提请上级工会与有关主管部门协调解决。

第四十五条 企事业单位违反本条例规定，有下列行为之一的，由市和区、县人民政府以及相关部门责令改正，对企事业单位法定代表人和有关责任人给予批评教育；拒不改正的，依法处理：

（一）阻挠建立职工代表大会制度的；

（二）妨碍职工代表大会依法行使职权的；

（三）应当提交职工代表大会审议和审议通过的事项，未按照法定程序提交，给职工造成损害的；

（四）擅自变更或者拒不执行职工代表大会决议并侵害职工权益的。

第四十六条 企事业单位法定代表人和其他管理人员对职工代表进行侮辱、诽谤或者以暴力、威胁等手段进行打击报复、人身伤害的，公安机关依法给予治安处罚；造成严重后果构成犯罪的，依法追究刑事责任。

企事业单位工会负责人不按照本条例规定履行职责，对职工权益造成损害的，由市和区、县、产业（局）工会责令限期改正，情节严重的，依法予以罢免。

第四十七条 市和区、县人民政府有关部门及其工作人员违反本条例规定，玩忽职守、滥用职权、徇私舞弊的，由其所在单位或者上级主管部门依法给予行政处分；构成犯罪的，依法追究刑事责任。

第九章 附 则

第四十八条 本条例自2011年5月1日起施行。

甘肃省职工代表大会条例

（2012年9月28日 甘肃省第十一届人民代表大会常务委员会第二十九次会议通过）

第一章 总 则

第一条 为了保障职工的民主权利，构建和谐稳定的劳动关系，促进企业事业单位发展，根据有关法律、行政法规，结合本省实际，制定本条例。

第二条 本省行政区域内的企业事业单位建立和实行职工代表大会制度，适用本条例。

本条例所称事业单位，不含参照公务员法管理的事业单位。

第三条 职工代表大会是企业事业单位实行民主管理、民主监督的基本形式，是职工行使民主管理权力的机构。

第四条 企业事业单位应当建立和规范职工代表大会制度，其法定代表人或者主要负责人负有建立和实行职工代表大会制度的法定义务。

企业开业投产和事业单位成立后一年内，应当建立职工代表大会制度。

职工人数在一百人以上的企业事业单位应当召开职工代表大会；职工人数不足一百人的企业事业单位一般召开职工大会。

企业事业单位筹备、召开职工代表大会以及开展职工代表大会日常工作所需经费，应当在单位管理费用中列支。

第五条 企业事业单位及其法定代表人或者主要负责人应当保障职工代表大会依法行使职权，执行职工代表大会的决议、决定等，接受职工代表大会和职工代表的民主监督。

职工代表大会应当支持企业事业单位依法组织开展生产经营和管理活动，引导职工遵守国家法律、法规、政策和企业规章制度，完成生产和工作任务。

第六条 上级工会、行业协会和相关企业联合会应当指导和帮助企业事业单位建立和规范职工代表大会制度。

第七条 县级以上人民政府国有资产管理、教育、卫生、人力资源和社会保障、工商行政管理、安全生产监督等有关部门根据各自职责负责监督、检查本条例的执行。各级地方、产业（系统）工会应当协助配合。

第二章 职 权

第八条 下列事项应当向职工代表大会报告，接受职工代表大会审议，听取职工代表的意见建议：

（一）企业事业单位的章程草案、发展规划、年度生产经营计划和其他重要决策；

（二）企业事业单位制定、修改或者决定的有关劳动报酬、工作时间、休息休假、劳动安全卫生、保险福利、职工培训、劳动纪律以及劳动定额管理等直接涉及职工切身利益的规章制度或者重大事项；

（三）工会与企业就职工工资调整、经济性裁员、群体性劳动纠纷和生产过程中发现的重大事故隐患或者职业危害等事项进行集体协商的情况；

（四）职工代表大会工作机构的工作情况，职工代表团（组）长和专门委员会（小组）负责人联席会议决定的事项；

（五）国有、集体及其控股企业改制破产、兼并重组、产权转让、对外投资和利益调配等方案，年度投资计划，大宗物资采购、重大技术改造、工程建设等项目安排，年度预算内大额度资金调动和使用、超预算资金调动和使用以及年度财务预决算，企业领导人员年薪实施方案、业务招待费使用、职务消费、领导班子及其成员廉洁自律等情况；

（六）事业单位改革方案、重要资产处置方案，大宗物资采购、重大建设项目，年度财务预决算、年度预算内大额度资金调动和使用、超预算资金调动和使用、业务招待费使用等情况。

第九条 下列事项应当向职工代表大会报告，由职工代表大会审议通过：

（一）集体合同以及劳动工资分配、劳动安全卫生、女职工权益保护和保险福利等专项集体合同草案；

（二）职工福利基金使用、企业公益金使用、住房公积金和社会保险费缴纳等方案；

（三）国有、集体及其控股企业的劳动用工管理制度、职工教育培训制度、企业年金制度、考核奖惩办法、工资调整方案、奖金分配方案、改革改制中的职工安置方案和涉及职工切身利益的其他重要事项；

（四）事业单位的岗位设置及聘用方案、工资奖金分配方案、考核奖惩办法、改革中的职工安置方案和涉及职工切身利益的其他重要事项。

第十条 下列事项应当向职工代表大会报告，接受审查监督：

（一）职工代表大会提案和意见建议办理情况；

（二）职工代表大会决议和决定落实情况；

（三）集体合同和专项集体合同履行情况；

（四）劳动安全卫生标准执行、住房公积金缴纳、社会保险费缴纳和职工教育培训经费提取使用等情况。

第十一条 下列人员应当由职工代表大会民主选举产生或者罢免：

（一）职工代表大会主席团、专门委员会（小组）成员；

（二）董事会和监事会中的职工代表。

第十二条 下列人员应当向职工代表大会述职，接受职工代表大会的民主评议：

（一）国有、集体及其控股企业领导班子成员；

（二）董事会和监事会中的职工代表。

职工代表大会民主评议的结果应当作为有关人员考核、奖惩、任免的重要依据。

第十三条 本条例第八条、第九条、第十条、第十一条、第十二条规定之外的其他事项，法律、法规规定或者工会与企业事业单位协商确定需要提交职工代表大会的，应当提交职工代表大会审议建议、审议通过、审查监督、民主选举、民主评议。

第十四条 企业事业单位工会是职工代表大会的工作机构，承担职工代表大会的日常工作，履行以下职责：

（一）负责职工代表大会的筹备和组织工作，与单位协商、提出职工代表大会的议题和日程建议，征集职工代表提案和意见建议，提出职工代表大会主席团和专门委员会（小组）的设立方案和组成人选建议；

（二）组织职工选举、补选、撤换或者罢免职工代表；

（三）组织专门委员会（小组）和职工代表开展巡视、检查、调研和质询等活动，督促职工代表大会决议、决定的落实以及提案和意见建议的办理；

（四）提名职工董事、职工监事候选人；

（五）推荐劳动模范、先进工作者和先进集体；

（六）定期培训职工代表，组织职工代表学习法律、法规、政策和职工民主管理知识；

（七）组织开展职工代表述职和评议工作；

（八）受理职工代表的申诉；

（九）完成职工代表大会决定由工会办理的其他事项。

第三章　职工代表

第十五条　企业事业单位职工代表从职工中以无记名投票方式民主选举产生，其任期与职工代表大会届期相同，可以连选连任。

选举职工代表一般以企业事业单位内部组织结构和职工分布状况确定选举单位。选举应当有选举单位全体职工三分之二以上参加，候选人获得选举单位全体职工半数以上赞成票方可当选。选举结果应当公布。

职工代表大会因特殊情况不能按时换届，职工代表继续履行职责。

第十六条　职工代表调离原单位、退休或者解除劳动关系，其代表资格自行终止。

职工代表无故不履行或者无法履行代表职责，应当撤换或者罢免。撤换或者罢免职工代表，依据选举职工代表的程序进行。

第十七条　职工代表缺额时，由原选举单位依照选举职工代表程序补选。

第十八条　企业职工代表中生产一线职工不得低于职工代表总数的百分之六十，中层以上管理人员不得高于职工代表总数的百分之二十，技术人员应当占一定比例。跨地区、跨行业大型企业集团职工代表中，中层以上管理人员所占比例可以适当提高。

事业单位职工代表中，直接从事教学、科研、文化、卫生、体育等一线工作人员不得低于职工代表总数的百分之六十。

女职工代表、少数民族职工代表在职工代表中的比例应当与本单位女职工、少数民族职工人数在全体职工人数中所占比例相适应。农民工、劳务派遣工比较集中的单位应当有相应比例的农民工、劳务派遣工代表。

第十九条 职工代表行使以下权利：

（一）对本单位经营管理等情况有知情权、建议权、参与权和监督权；

（二）在职工代表大会上有选举权、被选举权、表决权和评议权；

（三）参加职工代表大会及其工作机构组织的各项活动；

（四）对职工代表大会决议、决定落实情况，提案和意见建议办理情况，集体合同履行情况以及职工福利保障落实情况进行监督。

职工代表参加职工代表大会各项活动占用工作时间按照正常出勤对待，其工资和其他福利待遇不受影响。

第二十条 职工代表履行以下义务：

（一）学习、宣传有关法律、法规、政策和本单位规章制度；

（二）征求、反映选举单位职工意见，定期向选举单位职工报告参加职工代表大会活动和履行职责的情况；

（三）传达、执行职工代表大会通过的决议、决定；

（四）做好职工代表大会交办的其他工作。

第二十一条 职工代表依法行使民主权利，任何组织或者个人不得阻挠、压制和打击报复。

第四章 组织制度

第二十二条 职工代表大会的职工代表名额，按照下列规定确定：

（一）职工人数在一千人以下的单位，按照职工人数的百分之十至百分之三十确定，但不得少于三十名；

（二）职工人数在一千人至一万人的单位，按照职工人数的百分之三至百分之十五确定，但不得少于一百五十名；

（三）职工人数在一万人以上的单位，按照职工人数的百分之三左右确定，但不得少于三百名。

第二十三条 企业事业单位所属分公司、分厂、车间等建立职工代表大会制度，班组（科、室）、工段及商业网点等，建立民主管理委员会或者小组，对本单位权限范围内的事务行使民主管理权力。

第二十四条 职工代表大会每届任期三年至五年，具体任期由本单位职工代表大会决定。遇特殊情况，职工代表大会可以提前或者延期换届，但延期期限不超过一年。

职工代表大会每年至少召开一次会议。

召开职工代表大会前，企业事业单位应当向其主管部门和上一级工会报告。职工代表大会闭会之日起七个工作日内，应当将会议有关情况报其主管部门和上一级工会备案。

第二十五条 职工代表大会主席团主持召开职工代表大会会议，处理大会期间有关重大问题。主席团由职工代表大会选举产生，主席团成员中一线职工、技术人员、中层管理人员应当不少于总数的百分之五十，女职工代表应当占适当比例。

第二十六条 职工代表按选举单位组成代表团（组），并推选职工代表大会代表团（组）长。

第二十七条 职工代表大会可以根据需要设立若干专门委员会（小组），组织职工代表开展民主管理专项活动，办理职工代表大会交办的事项。

第二十八条 职工代表大会应当有全体职工代表三分之二以上出席，方可召开。

职工代表大会履行审议通过、民主选举职权时，应当采用无记名投票方式，获得全体职工代表过半数赞成票方可通过。

第二十九条 提交职工代表大会审议、表决的事项，应当在会议召开七日前以书面形式将具体内容向全体职工公示。职工代表大会决议、决定和审议通过事项的具体内容，应当在通过之日起三个工作日内，向全体职工公布。

第三十条 应当提交职工代表大会审议、通过、选举的事项，未按照本条例规定提交的，企业事业单位作出的决定无效。职工代表大会作出的决议、决定，对企业事业单位和全体职工具有约束力，未经职工代表大会审议通过不得变更。

第三十一条 职工代表大会闭会期间，企业事业单位工会可以组织召开职工代表团（组）长和专门委员会（小组）负责人联席会议，根据职工代表大会的授权，研究解决临时出现的重要问题和职工代表大会决议、决定在执行中出现的问题，并向下一次职工代表大会报告，由大会予以确认。但需要提交职工代表大会审议通过、民主选举、民主评议的事项除外。

第三十二条 职工代表大会闭会期间遇有重大事项，经企业事业单位负责人、工会或者三分之一以上职工代表提议，应当召开职工代表大会。

第三十三条 公司制企业的职工代表大会、股东大会、董事会依法分别行使职权，不得以股东会、董事会替代职工代表大会。

第五章　区域性、行业性职工代表大会

第三十四条 社区、行政村、产业园区、商务楼宇等同一区域内的企业可以联合建立区域性职工代表大会制度。在一定区域内生产经营业务相同或

者相近的企业可以联合建立行业性职工代表大会制度。

区域性、行业性职工代表大会的工作机构是区域性、行业性工会。

第三十五条 区域性、行业性职工代表大会行使下列职权：

（一）听取审议区域、行业内企业有关劳动报酬、工作时间、休息休假、劳动安全卫生、保险福利、职工培训和劳动定额管理等直接涉及职工切身利益的重大事项，提出意见和建议；

（二）审议通过区域性、行业性集体合同草案和劳动工资分配、劳动安全卫生、女职工权益保护、保险福利等专项集体合同草案；

（三）审查监督区域、行业内企业执行劳动法律、法规和职工代表大会决议、决定的情况，职工代表大会提案和意见建议办理情况，区域性、行业性集体合同及专项集体合同履行情况，劳动安全卫生标准执行、社会保险费缴纳等情况；

（四）工会与区域、行业内单位协商确定，需要由职工代表大会行使的其他职权。

第三十六条 区域性、行业性职工代表大会的职工代表总数不得少于三十人，其中一线职工不得少于百分之六十。

职工代表具体人数和构成，由区域、行业工会与区域、行业内单位协商确定，并根据实际确定选举单位，组织职工选举产生职工代表。

区域性、行业性工会和相关管理部门的工作人员，经选举单位职工选举可担任区域性、行业性职工代表大会代表。

第三十七条 区域性、行业性职工代表大会的组织制度、工作机构职责等按照本条例有关规定执行。

第六章 法律责任

第三十八条 对违反本条例的企业事业单位和个人，本单位工会和职工有权向县级以上人民政府国有资产管理、教育、卫生、人力资源和社会保障、工商行政管理、安全生产监督等有关部门投诉。接到投诉的部门应当按照职责分工，会同同级工会在三十日内进行调查、核实，作出处理。

第三十九条 企业事业单位违反本条例规定，有下列情形之一的，由其主管部门和有关行政管理部门进行通报批评，并责令改正；拒不改正的，对相关负责人、直接责任人依据有关法律、法规给予处理，并取消单位和法定代表人、主要负责人两年内评先选优资格：

（一）不建立职工代表大会制度的；

（二）不按规定召开职工代表大会或者职工大会的；

（三）妨碍职工代表大会行使职权的；

（四）应当提交职工代表大会审议通过、审查监督、选举、评议的事项而不提交的；

（五）擅自变更或者拒不执行职工代表大会决议、决定的；

（六）阻挠依法调查、核实相关情况的；

（七）打击报复职工代表，侵害其合法权益的；

（八）其他违反本条例规定的。

第四十条 企业事业单位工会负责人不按照本条例规定履行职责，对职工权益造成损害的，由上一级工会责令其限期改正，拒不改正的，依据有关法律、法规给予处理。

第四十一条 县级以上人民政府国有资产管理、教育、卫生、人力资源和社会保障、工商行政管理、安全生产监督等有关部门和工作人员在监督、检查本条例执行时，有下列行为之一的，由同级人民政府监察机关对部门负责人和直接责任人依据有关法律、法规给予行政处分：

（一）拒不受理投诉的；

（二）未在法定期限内，对举报内容调查核实的；

（三）其他失职渎职、徇私舞弊、滥用职权的。

第七章 附 则

第四十二条 本条例自2013年1月1日起施行。

厂务公开条例

河北省厂务公开条例

（2001 年 9 月 27 日　河北省第九届人民代表大会常务委员会第二十三次会议通过）

第一条　为加强企业民主管理建设，维护职工合法权益，建立稳定协调的劳动关系，促进企业健康发展，根据《宪法》和《劳动法》、《工会法》及其他有关法律、法规，结合本省实际，制定本条例。

第二条　本条例适用于本省行政区域内的企业。

第三条　厂务公开是指企业通过一定的形式和程序，将有关重大事项向职工公开，实施职工民主管理、民主监督的制度。

第四条　厂务公开应当遵循有关法律、法规的规定，按照实事求是、注重实效、及时准确和有利于改革发展稳定、保护商业秘密的原则进行。

第五条　县级以上人民政府的经济贸易、劳动和社会保障、乡镇企业、工商行政管理部门，根据其职责，分别对本行政区域内的厂务公开工作负有指导、监督、检查、考核的职责。

各级地方工会应当协调有关部门做好对厂务公开的指导、监督、检查、考核工作。

第六条　企业法定代表人或负责人是厂务公开的主要责任人；企业有关部门负责厂务公开的日常工作；企业工会负责组织职工对厂务公开实施民主监督。

第七条　任何组织和个人对违反本条例的行为有权检举和控告。对举报有功者，应当表彰或奖励。

第八条　国有、集体企业及其控股企业，应当公开下列内容：

（一）企业的经营方针、发展规划、年度计划、经营状况和规章制度；

（二）企业改革、改制方案及企业的重大决策情况；

（三）可以公开的企业重要基建项目、重大技术改造、工程投资、招标、技术引进、产品开发情况；

（四）大宗物资采购、处理和大额资金的使用情况；

（五）企业用工、裁员，职工晋级，工资、奖金分配事项和职工养老、失业、医疗等社会保险费的缴纳及福利基金和公益金的使用情况；

（六）劳动安全卫生保护情况；

（七）集体合同及工资集体协议的签订、修订、续订、履行情况；

（八）高、中级管理人员的聘任、待遇和民主评议情况；

（九）企业业务招待费的提取及年度使用情况；

（十）职工大会或者职工代表大会认为应当公开的事项。

第九条 除国有、集体企业及其控股企业外，其他类型的企业应当公开下列内容：

（一）企业制定的规章制度；

（二）辞退和处分职工的情况及理由；

（三）职工养老、失业、医疗等社会保险费的缴纳情况；

（四）劳动安全卫生保护情况；

（五）集体合同及工资集体协议的签订、修订、续订、履行情况；

（六）涉及职工合法权益的其他事项；

（七）企业经营者和工会经过协商同意公开的其他事项。

第十条 通过职工大会、职工代表大会实行公开是厂务公开的基本形式。

企业应当在醒目处设立固定的厂务公开栏，还可以通过厂情发布会、座谈会等其他形式进行厂务公开。

第十一条 通过职工大会或者职工代表大会进行厂务公开应当遵循下列程序：

（一）依据本条例规定，公布应当公开的内容；

（二）企业工会组织职工对公开内容进行民主评议，评议的重点是真实性、合法性；

（三）企业应当根据职工的评议意见，制定整改措施，并对职工提出的重要问题给予答复或说明；

（四）企业工会组织职工对整改措施的实施进行民主监督。

第十二条 属于职工大会或者职工代表大会审议的事项，应当每半年公开一次，其他事项应及时公开，或根据职工大会或者职工代表大会的要求予以公开。

第十三条 企业有下列行为之一的，分别由人民政府有关行政管理部门给予通报批评；对不改正的，依法给予有关责任人行政处分或者行政处罚；构成犯罪的，依法追究刑事责任：

（一）拒不实行厂务公开的；

（二）不按规定内容公开的；

（三）搞虚假公开的；

（四）应当提交职工大会或者职工代表大会公开的事项而不提交的；

（五）对职工的合理意见不答复的；

（六）打击报复检举人、控告人的；

（七）打击报复在厂务公开工作中依法履行职责的工作人员的；

（八）其他违反本条例规定的。

第十四条　企业公开的事项有违反法律、法规的，依照有关法律、法规处理。

第十五条　人民政府有关行政管理部门及其工作人员，在对厂务公开进行指导、监督、检查、考核工作中敷衍塞责、失职渎职、徇私舞弊的，视情节轻重，由本级人民政府对部门负责人及直接责任人给予批评教育或者行政处分；构成犯罪的，依法追究刑事责任。

第十六条　实行企业化管理的事业单位参照本条例执行。

第十七条　本条例自公布之日起施行。

广东省厂务公开条例

（2002 年 7 月 25 日　广东省第九届人民代表大会
常务委员会第三十五次会议通过）

第一条　为加强企业民主制度建设，保障职工参与民主决策、民主管理和民主监督的权利，维护职工合法权益，促进企业发展，根据有关法律法规，结合本省实际，制定本条例。

第二条　本条例所称厂务公开，是指企业依照本条例规定，向本企业职工公开企业的重要决策、企业生产经营管理的重大事项、涉及职工切身利益和企业廉政建设的事项，接受职工监督的民主管理制度。

第三条　本条例适用于本省行政区域内的国有、集体企业及其控股企业厂务公开的活动。

第四条　实行厂务公开，应当遵循法律法规的规定，坚持实事求是、注重实效、有利于改革发展稳定和保护商业秘密。

第五条　县级以上人民政府及其经济贸易、监察、劳动和社会保障、财政、审计、卫生等行政部门，根据各自职责实施本条例。

县以上地方工会组织协助本级人民政府有关行政部门指导、检查、监督本行政区域内的厂务公开工作。

第六条 企业法定代表人或者负责人是厂务公开的主要责任人；企业有关部门负责厂务公开的日常工作；企业工会负责组织职工对厂务公开实行民主监督。

第七条 企业应公开下列事项：

（一）企业发展规划，投资、生产经营重大决策方案；

（二）企业改革、改制方案，兼并、破产方案，重大技术改造方案，职工裁员、分流、安置方案；

（三）年度生产经营目标及其完成情况，财务预决算、贷款、担保、大额资金使用情况，工程建设项目的招投标、大宗物资采购供应、产品销售和盈亏情况，承包租赁合同执行情况；

（四）企业内部经济责任制度落实情况，重要制度的制定情况；

（五）劳动法律法规的执行情况，集体合同、劳动合同的签订和履行情况；

（六）职工提薪、晋级、工资奖金分配、奖励与福利情况，职工养老、医疗、工伤、失业、生育等社会保障基金缴纳情况；

（七）职工招聘，技术职称的评定情况，评选先进的条件、步骤、数量和结果；

（八）企业公积金、公益金使用方案，职工培训计划，安全生产、劳动保护、职业病防治、计划生育情况；

（九）企业民主评议领导人员情况，中层领导人员、重要岗位人员的选聘和任用情况；

（十）企业领导人员廉洁自律规定执行情况，人员工资（年薪）、奖金、兼职、补贴、住房、用车、通讯工具使用情况，出国出境人员费用支出情况；

（十一）企业业务招待费使用情况；

（十二）职工大会或者职工代表大会决定公开的其他事项。

前款规定的事项事前不宜公开的，事后应当及时公开。

第八条 职工大会、职工代表大会是厂务公开的主要实现形式。

企业每年至少应当依照本条例第七条的规定向职工大会或者职工代表大会公开厂务一次。企业工会或者三分之一以上职工代表提出的属于本条例第七条规定的公开事项的提案，应当列入职工大会或者职工代表大会议程。

遇有重大事项需要公开，经企业法定代表人、企业工会或者三分之一以上职工代表提议，应当召开临时职工大会或者职工代表大会予以公开。

法律、法规规定需要经职工大会或者职工代表大会审议、通过、决定的事项，应当事前予以公开，依法由职工大会或者职工代表大会审议、通过、决定。

第九条 企业应当在便于职工阅览的地方设立固定的厂务公开栏，随时公开应当公开及时公开的事项。

企业可以通过厂情发布会、企业内部信息网络、广播、电视、厂报、墙报等形式公开厂务。

第十条 企业工会应当采取多种方式组织职工对企业公开的事项进行监督，对企业公开的事项提出意见和建议，并将职工提出的意见和建议反馈给企业厂务公开责任人。

企业厂务公开责任人对企业工会反馈的意见和建议应当在三十日内给予答复或者说明，对其中需要整改的事项应当采取措施及时整改，并接受职工监督。

第十一条 职工和职工代表对本企业公开的有关重大决策和生产经营管理的重大事项依法负有保守秘密的义务。

第十二条 任何组织和个人对违反本条例的行为有权举报和控告，有关部门接到举报、控告，应当及时进行调查、核实、处理。

第十三条 县以上人民政府及其有关行政部门对企业不依照本条例的规定实行厂务公开的，责令其改正，并给予有关通报批评；对弄虚作假、欺骗职工的，责令其改正，并给予有关责任人员批评教育或者行政处分；对拒不改正或者打击报复举报人、控告人、依法履行厂务公开职责的工作人员的，依法给予有关责任人员行政处分。

对厂务公开中发现有滥用职权、玩忽职守造成重大损失的，或者有挥霍、侵占、挪用、贪污公共财物等违法行为的，应当及时处理，构成犯罪的，依法追究刑事责任。

第十四条 县以上人民政府有关行政部门及其工作人员在实施本条例中，弄虚作假、玩忽职守、滥用职权的，视情节轻重，本级人民政府及其有关行政部门给予通报批评或者行政处分；构成犯罪的，依法追究刑事责任。

第十五条 实行企业化管理的事业单位参照本条例执行。

国有、集体企业及其控股企业以外的企业，可以参照本条例，采取与本单位相适应的形式实行厂务公开，组织职工参与企业民主管理，保障职工合法权益。

第十六条 本条例自2002年10月1日起实行。

重庆市厂务公开条例

（2003 年 11 月 29 日　重庆市第二届人民代表大会常务委员会第六次会议通过）

第一条　为了加强基层民主政治建设，保障职工依法行使民主权利，根据有关法律法规，结合本市实际，制定本条例。

第二条　本条例适用于本市行政区域内的企业事业单位和民办非企业单位。

第三条　本条例所称厂务，是对企业事业单位和民办非企业单位的企务、校务、院务、所务等称谓的统称。

本条例所称厂务公开，是指企业事业单位和民办非企业单位依照本条例规定，向职工公开本单位的重大决策，生产、经营、建设、管理的重大事项，涉及职工切身利益和廉政建设的事项，接受职工监督的民主管理制度。

第四条　厂务公开应当遵循法律法规的规定，坚持有利于本单位发展，有利于维护职工合法权益的原则。

实行厂务公开应当保守国家秘密和单位的商业秘密。

第五条　企业事业单位和民办非企业单位按照本条例的规定建立和推行厂务公开制度。

企业事业单位和民办非企业单位的法定代表人或者主要负责人是厂务公开的责任人。

企业事业单位和民办非企业单位应当指定专门机构或者人员负责厂务公开的日常工作。

企业事业单位和民办非企业单位的工会负责组织职工对厂务公开实行民主监督。

第六条　市和区县（自治县、市）应当确定相应机构，负责本行政区域内的厂务公开工作。

企业事业单位和民办非企业单位的主管部门或者行业组织负责指导、协调本行业、本系统厂务公开工作。

行政监察、国有资产管理、劳动和社会保障、安全生产监督、人事、审计、卫生、环境保护等行政管理部门依照各自职责，对企业事业单位和民办非企业单位执行本条例的情况进行监督。

市和区县（自治县、市）总工会和产业工会分别协助本级人民政府及其有关部门指导、协调和监督本地区、本行业的厂务公开工作。

第七条 国有、集体企业及其控股企业和事业单位应当公开下列事项：

（一）单位改制方案，破产方案，资产重组方案，重大技术改造方案，环境保护方案，职工裁员、分流、安置方案；

（二）年度生产经营目标及其完成情况、财务预决算、资产状况、担保情况、工程建设情况、大宗物资采购情况、承包租赁合同执行情况；

（三）重要规章制度、单位内部经济责任制落实情况；

（四）劳动（人事）法律法规执行情况，集体合同、劳动（聘用）合同的签订、续订、变更和履行情况；

（五）职工工资、福利、奖金分配方案，单位职工养老、医疗、工伤、失业、生育等社会保险费缴纳情况；

（六）单位公积金、公益金使用方案，职工培训计划，安全生产、劳动保护、环境保护、计划生育情况；

（七）民主评议中级以上管理人员情况，重要岗位人员选聘和任用情况，职工的招聘、晋升、解聘、专业技术职称评聘情况，奖惩制度执行情况；

（八）单位高级管理人员工资、奖金等收入的分配方案，单位年度业务招待费用和公费出国出境情况；

（九）对依法收取的费用的管理和使用情况以及事业单位其他应当公开的重大事项；

（十）其他涉及职工切身利益的法定义务的履行情况。

前款规定的事项事前不宜公开的，事后应当适时公开。

第八条 国有、集体企业及其控股企业和事业单位以外的其他企业和民办非企业单位应当公开下列事项：

（一）单位制定的规章制度；

（二）处分和处理职工的情况及理由；

（三）职工养老、医疗、工伤、失业、生育以及法律法规规定的其他应当缴纳的社会保险费的缴纳情况；

（四）安全生产、劳动保护、环境保护情况；

（五）集体合同和工资集体协议的签订、续订、变更和履行情况；

（六）其他涉及职工切身利益的法定义务的履行情况。

第九条 厂务公开的基本形式是职工（代表）大会。

企业事业单位和民办非企业单位应当设立固定的厂务公开栏，公布应当公开的事项，公布的时间不得少于十五天。

涉及厂务公开的一般性事项可以采取情况发布会、内部信息网络、广播电视、内部报刊、墙报等形式进行。

第十条 需经职工（代表）大会公开的事项，应当遵守下列规定：

（一）开会五日前公布会议议程和相关事项；

（二）组织职工对职工（代表）大会公开的事项的真实性、合法性进行民主评议；

（三）根据职工的评议意见，制定整改方案，采取整改措施，并对职工提出的重要问题给予答复或者说明。

第十一条 企业事业单位和民办非企业单位的工会应当采取多种形式组织职工对本单位执行厂务公开制度的情况进行经常性监督，并将职工的意见和建议及时反馈给单位厂务公开责任人。

企业事业单位和民办非企业单位的厂务公开责任人对工会反馈的意见和建议应当在三十日内给予答复或者说明，对其中需要整改的事项应当采取措施及时整改。

第十二条 企业事业单位和民办非企业单位的厂务公开责任人和工会，每年至少召开一次联席会议对本单位执行厂务公开制度的情况进行总结、交换意见，研究并协调解决厂务公开制度执行中的问题。

第十三条 任何组织和个人对违反本条例的行为均有权向人民政府有关部门举报和控告，有关部门接到举报、控告后，应当在十日内会同同级工会调查处理。

第十四条 对有下列情形之一的国有、集体企业及其控股企业和事业单位，由其主管部门给予通报批评或者取消单位和厂务公开责任人及直接责任人员当年度评优受奖、授予荣誉称号的资格，并责令限期改正；拒不改正的，按照有关规定给予厂务公开责任人和直接责任人员行政处分：

（一）拒不建立、实行厂务公开制度的；

（二）按照本条例规定应当公开而未公开的；

（三）虚假公开的；

（四）应当提交职工（代表）大会公开的事项而不提交的；

（五）对职工（代表）大会议定整改的事项不在规定期限内整改的；

（六）对工会提出的监督意见和职工的合理建议不按规定时限答复和整改的；

（七）打击报复举报人、控告人和在厂务公开工作中依法履行职责的工作人员的；

（八）其他违反本条例规定的。

对有前款规定情形的其他企业和民办非企业单位，由其主管部门或者行业组织给予通报批评或者取消其当年度评优晋级、授予荣誉称号的资格。

实施本条第一款第（七）项行为的直接责任人员构成犯罪的，依法追究刑事责任。

第十五条 本条例自2004年3月1日起施行。

黑龙江省企业事业单位公开管理条例

（2004年8月20日 黑龙江省第十届人民代表大会
常务委员会第十次会议通过）

第一条 为了加强企业、事业单位的民主管理和民主监督，保障职工的合法权益，促进企业、事业单位发展，根据《中华人民共和国宪法》和《中华人民共和国劳动法》、《中华人民共和国工会法》及其他有关法律、法规，结合本省实际，制定本条例。

第二条 本条例所称的公开管理，是指企业、事业单位将重要决策、生产经营管理的重大事项、涉及职工切身利益的事项和领导班子建设及廉政建设的事项等向职工公开，并接受职工监督的活动。

第三条 本省行政区域内的企业、事业单位的公开管理适用本条例。

第四条 实行公开管理应当遵循依法、真实、全面和及时的原则。

实行公开管理应当保守国家秘密和企业、事业单位的商业、技术、组织秘密。

第五条 省、市（地）、县（市、区）应当确定相应机构，负责对本行政区域内企业、事业单位的公开管理工作进行组织、检查和监督。

省、市（地）、县（市、区）工会负责公开管理机构的日常工作。

第六条 国有、集体企业及其控股的混合所有制企业对下列事项应当公开：

（一）重要决策方面

1. 发展目标和长远规划；

2. 改制、重组、兼并、租赁、承包、破产、拍卖方案；

3. 股本设计、增资扩股和股权激励方案；

4. 职工招聘、解聘方案。

（二）生产、经营、管理方面

1. 年度发展目标及完成情况；

2. 财务管理和审计、评估结果；

3. 对外投资和工程建设项目招投标；
4. 大宗物资采购；
5. 租赁、承包合同及执行情况；
6. 目标管理落实情况；
7. 重要规章制度的制定和执行。
（三）涉及职工利益方面
1. 集体合同、劳动合同的签订和执行；
2. 职工工资、福利、晋级；
3. 奖励和惩处职工；
4. 职工养老、医疗等社会保障基金的缴纳；
5. 职工专业技术职称、职务评聘；
6. 企业公积金和公益金使用方案；
7. 职工住房公积金管理；
8. 劳动保护、环境保护；
9. 安全生产措施、安全责任事故及其处理结果；
10. 职工培训计划；
11. 破产、转制、改制企业职工安置方案。
（四）领导班子建设和廉政建设方面
1. 中层以上领导人员、重要岗位人员的选聘和任用情况；
2. 领导人员执行廉洁自律规定的情况；
3. 领导人员工资、奖金和持有本单位股权的情况；
4. 领导人员任期经济责任审计结果；
5. 招待费使用情况；
6. 民主评议领导人员情况。
（五）其他依法应当公开的事项。

第七条 教育、科技、文化、卫生、体育等事业单位，根据本条例第六条的规定，结合本单位的实际确定公开的内容。

第八条 国有、集体企业及其控股的混合所有制企业以外的其他企业下列事项应当公开：

（一）规章制度；
（二）辞退和处分职工的情况及理由；
（三）职工养老、医疗等社会保障基金的缴纳情况；
（四）劳动、安全、卫生保护情况；
（五）集体合同和工资集体协议的签订、续订、变更和履行情况；

（六）涉及职工合法权益的其他事项；

（七）企业经营者和工会经协商同意公开的其他事项。

第九条 国有、集体企业及其控股的混合所有制企业应当成立由有关领导人员组成的公开管理领导小组，负责公开管理的组织领导工作；应当成立由内部有关部门人员和职工代表组成的公开管理监督小组，负责组织职工对公开管理工作进行评议和检查等监督工作。

第十条 国有、集体企业及其控股的混合所有制企业以外的其他企业和教育、科技、文化、卫生、体育等事业单位，应当结合单位的实际确定相应的公开管理组织机构或者管理人员。

第十一条 企业、事业单位的法定代表人是公开管理工作的主要责任人。

第十二条 企业、事业单位公开事项应当通过下列形式：

（一）召开职工大会或者职工代表大会；

（二）建立公开栏、张贴公开告示；

（三）利用内部的广播、电视、简报、信息网络等。

第十三条 企业、事业单位可以根据本条例的规定，制定公开管理的规章制度。

第十四条 职工发现本单位有违反本条例规定的，有权向省、市（地）、县（市、区）公开管理机构举报，公开管理机构应当及时进行调查处理。

第十五条 省、市（地）、县（市、区）公开管理的机构对违反本条例规定，不实行公开管理或者搞虚假公开的，责令限期改正；拒不改正的，可以对其法定代表人或者主要负责人通报批评；情节严重的，可以建议主管部门给予相关责任人行政或者纪律处分，并取消单位和相关责任人当年评选先进、授予荣誉称号的资格。

第十六条 民办非企业单位的公开管理活动，参照本条例的规定执行。

第十七条 本条例自2004年10月1日起施行。

宁夏回族自治区厂务公开条例

（2006年7月21日 宁夏回族自治区第九届人民代表大会
常务委员会第二十三次会议通过）

第一条 为加强企业民主制度建设，保障职工依法行使选举权、知情权、参与权、监督权等民主权利，维护职工合法权益，促进企业发展，根据有关法律、法规，结合自治区实际，制定本条例。

第二条 本条例所称厂务公开，是指企业依照本条例规定，通过一定形式和程序向职工公开本单位的重大决策、生产经营管理和建设等重大问题，涉及职工切身利益和廉政建设的事项，接受职工监督的民主管理制度。

第三条 自治区行政区域内的企业按照本条例规定建立和推行厂务公开制度。

第四条 厂务公开应当遵循法律法规的规定，坚持实事求是，注重实效，有利于改革发展稳定的原则。

实行厂务公开应当保守国家秘密和单位的商业秘密、科技秘密。

第五条 企业行政是实行厂务公开的主体；企业的法定代表人或者主要负责人是厂务公开的责任人；企业有关机构负责厂务公开工作。

企业的工会负责组织职工对厂务公开实行民主监督。

第六条 自治区和市、县（市、区）应当确定相应机构，负责本行政区域内的厂务公开工作，本级财政应当给予一定的经费保障。

企业的主管部门或者行业组织负责本系统、本行业厂务公开工作。

行政监察、国有资产管理、劳动和社会保障、安全生产监督、审计、卫生、环境保护等行政管理部门依照各自职责，对企业执行本条例的情况进行监督。

各级工会协助本级人民政府及其有关部门指导、监督、检查和考核本地区、本行业的厂务公开工作。

第七条 国有、集体及其控股企业应当公开下列事项：

（一）企业发展规划，投资、生产经营重大决策方案；

（二）企业改革、改制方案，兼并、破产方案，重大技术改造方案，企业裁员、分流、安置方案；

（三）年度生产经营目标及完成情况，财务预决算、贷款、担保、工程建设项目的招标投标、大宗物资采购供应、产品销售和盈亏情况，承包租赁合同执行情况；

（四）企业内部经济责任制落实情况，重要规章制度的制定情况；

（五）执行劳动法律法规的情况，集体合同、劳动合同的签订、续订、变更和履行情况；

（六）职工提薪晋级、工资奖金分配、奖罚与福利情况，职工养老、医疗、工伤、失业、生育等社会保障基金缴纳的情况以及住房公积金缴纳和管理情况；

（七）依法拨缴工会经费的情况；

（八）职工招聘解聘，专业技术职称的评聘，评选优秀、先进的条件、程序、数量和结果；

（九）企业公积金、公益金使用方案，职工培训计划、安全生产和劳动保护以及职业病防治措施、环境保护、计划生育情况；

（十）民主评议单位领导人员情况，中层领导人员、重要岗位人员的选聘和任用情况；

（十一）企业领导人员廉洁自律规定执行情况，工资（年薪）、奖金、兼职、补贴、住房、用车等使用情况，出国出境费用支出情况；

（十二）企业业务招待费使用情况；

（十三）职工大会或者职工代表大会决定公开的其他事项。

前款规定的事项实行事前、事中、事后三公开，事前、事中不宜公开的，事后应当及时公开。

第八条 国有、集体及其控股企业以外的其他企业应当公开下列事项：

（一）年度生产经营目标及完成情况，财务预决算；

（二）企业制定规章制度的情况；

（三）辞退和处分职工的情况及理由；

（四）执行劳动法律法规的情况，集体合同、劳动合同和工资集体协议的签订、续订、变更和履行情况；

（五）职工提薪晋级、工资奖金分配、奖罚与福利情况，职工养老、医疗、工伤、失业、生育等社会保障基金缴纳情况以及住房公积金缴纳和管理情况；

（六）依法拨缴工会经费的情况；

（七）职工培训计划，安全生产和劳动保护以及职业病防治措施、环境保护、计划生育情况；

（八）其他涉及职工合法权益的事项；

（九）企业经营者和工会经过协商同意公开的其他事项。

第九条 厂务公开的基本形式是职工大会或者职工代表大会。在职工大会或者职工代表大会闭会期间，可以通过职工代表团（组）长联席会、厂情发布会、情况通报会等形式公开。

企业应当设立固定的厂务公开栏，及时公布应当公开的事项，公布的时间不得少于十五日。厂务公开的一般性和临时性事项可以通过内部信息网络、广播、电视、内部报刊、墙报等形式进行。

第十条 企业的工会应当采取多种形式组织职工对本单位厂务公开工作情况进行经常性监督，并将职工的意见和建议及时反馈给单位厂务公开工作机构。

企业的厂务公开工作机构对工会反馈的意见和建议，应当在三十日内给予答复或者说明，对需要整改的事项提出整改措施。

第十一条 企业的厂务公开工作机构，应当定期召开会议，对本单位厂务公开工作进行研究和总结，及时解决工作中存在的问题。

第十二条 任何组织和个人对违反本条例的行为有权进行举报和控告。有关部门接到举报、控告后，应当及时进行调查、核实，做出相应处理。

第十三条 对有下列情形之一的企业，县级以上人民政府及其主管部门给予通报批评，责令限期改正；拒不改正的，按照有关规定予以处理：

（一）拒不建立、实行厂务公开制度的；

（二）虚假公开的；

（三）应当提交职工大会或者职工代表大会的事项而不提交的；

（四）对职工大会或者职工代表大会议定整改的事项不及时整改的；

（五）对工会提出的意见、建议不及时答复和整改的；

（六）打击报复举报人、控告人和在厂务公开工作中依法履行职责的工作人员的。

第十四条 自治区行政区域内的教育、科技、文化、卫生、体育等事业单位以及其他企业化管理的事业单位实行厂务公开，参照本条例执行。

第十五条 本条例自2006年9月1日起施行。

江西省厂务公开条例

（2007年7月27日 江西省第十届人民代表大会常务委员会第三十次会议通过）

第一条 为加强基层民主政治建设，保障职工依法行使民主权利，维护职工合法权益，促进企业、事业单位和民办非企业单位健康发展，根据《中华人民共和国劳动法》和《中华人民共和国工会法》等有关法律、法规的规定，结合本省实际，制定本条例。

第二条 本条例适用于本省行政区域内的企业、事业单位和民办非企业单位。

第三条 本条例所称厂务，是指本单位的重大决策、生产经营管理的重大事项、涉及职工切身利益和廉政建设的事项，包括企业、事业单位和民办非企业单位的企务、校务、院务、所务等。

本条例所称厂务公开，是指企业、事业单位和民办非企业单位依照本条例规定，通过一定的形式和程序，向职工公开本单位的厂务，接受职工监督的民主管理制度。

第四条 实行厂务公开应当遵循依法、真实、全面和及时的原则。

实行厂务公开应当保守国家秘密和保护单位的商业秘密。

第五条 县级以上人民政府监察、国有资产管理、经济贸易、劳动保障等有关部门，根据各自职责负责本条例的实施。

县级以上地方工会和产业工会应当承担推行厂务公开的日常工作，并协助本级人民政府有关部门指导、协调、监督和检查厂务公开工作。

第六条 企业、事业单位和民办非企业单位应当按照本条例规定建立和实行厂务公开制度。

企业、事业单位和民办非企业单位的法定代表人或者主要负责人是实行厂务公开的责任人。

企业、事业单位和民办非企业单位应当有相应机构或者专人负责本单位厂务公开的日常工作。

企业、事业单位和民办非企业单位的工会负责组织职工对厂务公开实行民主监督。

第七条 国有、集体企业及其控股企业应当公开下列事项：

（一）企业发展规划，投资和生产经营管理重大决策方案，重大技术改造方案；

（二）企业改革、改制方案，兼并、重组、破产等方案，职工裁员、分流、安置方案；

（三）年度生产经营目标及完成情况，财务预决算、企业担保、大额资金使用情况，工程建设项目的招投标、大宗物资采购供应、产品销售和盈亏情况，承包租赁合同执行情况；

（四）企业内部经济责任制落实情况，重要的规章制度；

（五）劳动合同、集体合同和工资集体协议的签订、续订、变更和履行情况；

（六）职工提薪晋级、工资、福利、奖金分配方案，职工养老、医疗、工伤、失业、生育等社会保险费缴纳情况，住房公积金缴纳情况；

（七）专业技术职称评聘，评选先进的条件、数量和结果，职工的招聘解聘和处分情况；

（八）安全生产和职业病防治等措施，企业公积金和公益金的使用方案，职工培训计划；

（九）民主评议企业高级管理人员情况，企业中层管理人员、重要岗位人员的选聘和任用情况；

（十）企业中高层管理人员廉洁自律规定执行情况，工资、奖金、兼职、补贴、住房、用车情况，出国出境费用支出情况；

（十一）企业业务招待费使用情况；

（十二）职工（代表）大会决定公开的其他事项。

第八条 事业单位应当公开下列事项：

（一）单位发展规划，经营管理重大决策方案，改革、改制方案，重大技术改造方案；

（二）财务预决算、大额资金使用情况，工程建设项目的招投标、大宗物资采购供应情况；

（三）单位内部责任制落实情况，重要的规章制度；

（四）聘用合同的签订、续订、变更和履行情况；

（五）职工提薪晋级、工资、福利、奖金分配方案，职工社会保险费缴纳情况，住房公积金缴纳情况；

（六）专业技术职称评聘，评选先进的条件、数量和结果，职工的招聘解聘和处分情况；

（七）安全生产和职业病防治等措施，职工培训计划；

（八）民主评议单位高级管理人员情况，单位中层管理人员、重要岗位人员的选聘和任用情况；

（九）单位中高层管理人员廉洁自律规定执行情况，工资、奖金、兼职、补贴、住房、用车情况，出国出境费用支出情况，业务招待费使用情况；

（十）职工（代表）大会决定公开的其他事项。

第九条 非公有制企业和民办非企业单位应当公开下列事项：

（一）单位的发展规划；

（二）单位重要的规章制度；

（三）职工养老、医疗、工伤、失业、生育等社会保险费缴纳情况，住房公积金缴纳情况；

（四）辞退和处分职工的情况；

（五）职工培训计划，安全生产和职业病防治等情况；

（六）劳动合同、集体合同和工资集体协议的签订、续订、变更和履行情况；

（七）评选先进的条件、数量和结果；

（八）职工（代表）大会决定公开的其他事项。

第十条 厂务公开的基本形式是职工（代表）大会。在职工（代表）大会闭会期间，可以通过职工代表团（组）长联席会、厂情发布会、内部信息网络、内部广播电视、报刊、墙报等形式公开。

企业、事业单位和民办非企业单位应当设立固定的厂务公开栏，公布事项的时间不得少于15日。

第十一条 厂务公开程序一般按提出、审查、公开、议事、整改五个环节进行。

第十二条 属于职工（代表）大会审议的事项，应当每年至少公开一次，其他事项应当及时公开，或者根据职工（代表）大会的要求予以公开。

通过职工（代表）大会的事项，应当遵守下列程序：

（一）开会7日前公布会议议程和相关事项；

（二）会后公布职工（代表）大会审议、通过、决定的事项；

（三）组织职工对公开内容进行民主评议，评议的重点是内容的真实性、合法性、公平性；

（四）根据职工的评议意见，相关单位应当制定整改措施，并对职工提出的重要问题给予答复或者说明。

第十三条 企业、事业单位和民办非企业单位的工会应当采取多种形式组织职工对本单位执行厂务公开制度的情况进行经常性监督，并将职工的意见和建议及时反馈负责厂务公开的机构和单位厂务公开责任人。

企业、事业单位和民办非企业单位的厂务公开责任人对工会反馈的意见和建议应当在30日内给予答复或者说明，对其中需要整改的事项应当采取措施及时整改。

第十四条 企业、事业单位和民办非企业单位的厂务公开责任人和工会，每年至少召开一次联席会议，对本单位执行厂务公开制度的情况进行总结、交换意见，研究并协调解决厂务公开实行中的问题。

第十五条 任何组织和个人对违反本条例的行为都有权向人民政府监察、国有资产管理、经济贸易、劳动保障等有关部门举报和控告，有关部门接到举报、控告后，应当会同本级工会及时调查、核实、处理。

第十六条 企业、事业单位和民办非企业单位有下列行为之一的，由县级以上人民政府有关部门给予通报批评并责令限期改正；拒不改正的，依法对厂务公开责任人进行处理：

（一）拒不建立、实行厂务公开制度的；

（二）不按照本条例规定内容、程序公开的；

（三）公开的内容虚假的；

（四）应当提交职工（代表）大会公开的事项而不提交的；
（五）对职工（代表）大会议定整改的事项不及时整改的；
（六）对工会提出的监督意见和建议不按规定时限答复或者说明的；
（七）打击报复举报人、控告人的；
（八）打击报复在厂务公开工作中依法履行职责的工作人员的；
（九）其他违反本条例规定的。

第十七条 县级以上人民政府有关部门及其工作人员，在对厂务公开进行指导、监督、检查、考核工作中弄虚作假、玩忽职守、滥用职权的，视情节轻重，由其所在单位或者上级主管机关对直接负责的主管人员及直接责任人员给予批评教育，或者依法给予处分；构成犯罪的，依法追究刑事责任。

第十八条 本条例自2007年10月1日起施行。

甘肃省厂务公开条例

（2007年9月27日 甘肃省第十届人民代表大会
常务委员会第三十一次会议通过）

第一条 为了加强企业、事业单位民主管理，保障职工民主监督的权利，维护职工合法权益，促进企业、事业单位发展，根据有关法律、法规，结合本省实际，制定本条例。

第二条 本省行政区域内的企业、事业和民办非企业单位应当按照本条例规定，建立和推行厂务公开制度。

本条例所称厂务公开是指企业、事业和民办非企业单位通过一定的形式和程序，适时向本单位职工公开与本单位发展和职工切身利益密切相关的重大事项，接受职工监督的民主管理制度。

第三条 实行厂务公开应当坚持实事求是、注重实效、有利于本单位发展、有利于维护职工合法权益的原则。

实行厂务公开应当保守国家秘密和单位的商业秘密、科技秘密。

第四条 省、市（州）、县（市、区）厂务公开领导机构负责指导、协调、检查、考核厂务公开工作。日常工作由其办事机构承办，具体职责是：

（一）宣传、贯彻实施厂务公开的法律法规和政策；
（二）协调、检查、督促开展厂务公开工作；
（三）考核厂务公开情况，提出厂务公开的意见和建议；

（四）表彰、奖励在厂务公开工作中成绩显著的组织和个人；

（五）领导机构交办的其他事项。

省、市（州）、县（市、区）厂务公开办事机构的工作经费同级财政应当予以保障。

第五条 企业、事业单位主管部门、行业组织负责本行业、本系统的厂务公开工作。

县级以上人民政府相关部门在各自职责范围内做好有关厂务公开工作。

省、市（州）、县（市、区）工会和产业、系统工会协助做好厂务公开工作。

第六条 企业、事业单位是实行厂务公开的主体，其法定代表人或行政主要负责人是厂务公开的责任人。

企业、事业单位应当确定机构负责厂务公开的组织实施工作。

企业、事业单位工会应当组织职工对本单位实行厂务公开的情况进行民主监督。

第七条 国有、集体及其控股企业和事业单位，应当公开下列内容：

（一）中长期发展规划，投资和生产经营重大决策方案；

（二）年度生产经营目标及完成情况，年度财务预决算，承包租赁合同履行及内部经济责任制落实情况，资产转让、对外对内担保、大宗物资采购处理、大额资金使用和产品销售盈亏情况；

（三）重大技术改造、引进项目和工程建设的投资及招投标情况；

（四）改革、改制、兼并、破产及裁员、职工分流安置方案；

（五）重要的规章制度制定、落实情况，劳动合同、集体合同及工资等专项集体协议的签订、续订、变更和履行情况；

（六）职工提薪晋级、工资奖金及福利分配方案，职工基本养老、基本医疗、工伤、失业、生育等社会保险费缴纳情况，职工住房建设、分配方案和住房公积金缴纳管理情况；

（七）劳动安全卫生、劳动保护、职业病防治、环境保护、计划生育情况，职工教育经费提取使用和职工培训计划执行情况；

（八）职工招用、专业技术职称评聘、评先选优的条件、程序、数量和结果，解聘和处分职工的情况和理由；

（九）领导人员工资、奖金、补贴、兼职、住房、用车等情况，年度业务招待费和公费出国、出境费用支出情况；

（十）中层管理人员、重要岗位人员的选聘和任用情况，对中层以上管理人员的民主评议情况；

（十一）法律法规规定和职工（代表）大会决定需要公开的事项。

第八条 除国有、集体及其控股企业以外的其他企业和民办非企业单位应当主要公开下列内容：

（一）涉及职工切身利益的规章制度制定、落实情况；

（二）劳动合同、集体合同及工资等专项集体协议的签订、续订、变更和履行情况；

（三）职工工资标准、工作时间、休息休假情况；

（四）职工基本养老、基本医疗、工伤、失业、生育等社会保险费缴纳情况；

（五）劳动安全卫生、劳动保护、职业病防治、环境保护、计划生育情况，职工教育经费提取使用和职工培训计划执行情况；

（六）裁员方案，解聘和处分职工的情况及理由；

（七）职工要求公开，并经工会和企业经营者协商同意公开的其他事项；

（八）法律法规规定需要公开的其他事项。

第九条 厂务公开的基本形式是职工（代表）大会。职工（代表）大会闭会期间，可以通过职工代表团（组）长联席会议公开。

企业、事业单位应当设立固定的厂务公开栏，或者通过厂情发布会、单位内部信息网络、广播、电视、厂报、墙报等形式及时公开厂务。

第十条 企业、事业单位应当将厂务公开的内容每年至少向职工（代表）大会报告一次。遇有重大事项需要公开的，经单位法定代表人、工会组织或者三分之一以上职工（代表）提议，应当召开职工（代表）大会予以公开。

需经职工（代表）大会审议、通过、决定的事项，应当于会议召开 7 日前予以公示。

第十一条 企业、事业单位工会应当汇总职工对厂务公开内容的意见和建议，向单位的法定代表人或行政主要负责人进行反馈。

企业、事业单位对职工的意见和建议在 1 个月内予以答复或者说明，需要整改的，应当责成有关部门采取措施整改，并将整改情况及时公开。

第十二条 任何组织和个人对违反本条例的行为有权举报和投诉。县级以上厂务公开办事机构接到举报、投诉后，应当会同人民政府的相关部门、行业组织和同级工会，在 1 个月内进行调查、核实，并作出处理决定。

第十三条 国有、集体及其控股企业和事业单位实行厂务公开的情况，应当作为领导班子和领导人员奖惩任免的重要依据。

第十四条 企业、事业单位有下列行为之一的，由县级以上厂务公开领导机构通报批评，并责令其在 1 个月内改正；县级以上人民政府及其相关部门和行业组织取消其单位和法定代表人或者行政主要负责人本年度评先选优资格，对不改正的按照有关规定给予责任人或者直接责任人行政处分：

（一）不建立和实行厂务公开制度的；

（二）不按规定时间、内容公开或者搞虚假公开的；

（三）不建立或者召开职工（代表）大会的；

（四）应当提交职工（代表）大会通过的事项，未提交或者未按规定时间公开的；

（五）对需要整改的事项未作整改的；

（六）打击报复检举人、投诉人或者在厂务公开工作中依法履行职责的工作人员的。

对有前款第（六）项规定行为的直接责任人，情节严重，构成犯罪的，依法追究刑事责任。

第十五条 县级以上厂务公开领导机构及其工作人员，县级以上人民政府及其相关部门、行业组织和工作人员，在厂务公开监督、检查工作中有下列行为之一的，由同级人民政府监察机关对部门负责人及直接责任人按照有关规定予以处理：

（一）拒不受理举报、投诉的；

（二）未在法定期限内，对举报、投诉内容调查、核实，作出处理决定的；

（三）其他失职渎职、徇私舞弊、滥用职权的。

第十六条 本条例自2008年1月1日起施行。

新疆维吾尔自治区厂务公开条例

（2008年7月31日　新疆维吾尔自治区第十一届人民代表大会常务委员会第四次会议通过）

第一条 为加强企业事业单位的民主政治建设，依法保障职工参与民主决策、民主管理和民主监督的权利，维护职工合法权益，促进企业事业单位发展，根据有关法律法规，结合自治区实际，制定本条例。

第二条 本条例适用于自治区行政区域内的企业、事业单位和民办非企业单位。

第三条 本条例所称厂务（企、院、校、站、所务等）公开，是指企业事业单位和民办非企业单位（以下简称企事业单位）依照本条例规定，通过一定形式和程序向职工公开重大决策，生产、经营管理的重大事项，涉及职工切身利益和反腐倡廉建设等事项，接受职工监督的民主管理制度。

第四条　实行厂务公开，应当遵循依法、真实、及时、便民的原则。应当保守国家秘密和保护单位的商业秘密。

第五条　县级以上厂务公开领导机构，由本级人民政府及其有关部门和相关单位组成。指导、协调、检查和监督本行政区域内的厂务公开工作，定期研究解决有关厂务公开的重大问题。

县级以上人民政府监察、劳动和社会保障、经济贸易、国有资产管理、工商行政管理等有关部门和相关单位，根据各自职责负责本条例的实施。

县级以上地方工会和产业工会负责厂务公开的日常工作。

第六条　企事业单位按照本条例的规定实行厂务公开制度。

企事业单位是实行厂务公开的主体，其法定代表人或者行政主要负责人是厂务公开的责任人。

企事业单位的工会负责组织职工对厂务公开工作实行民主监督。

第七条　国有企业、集体企业及其控股的企业，应当公开下列事项：

（一）发展规划，投资、融资、生产经营重大决策和重大技术改造方案；

（二）改制、兼并、重组、租赁、承包、破产、拍卖方案，职工裁员分流安置方案；

（三）年度生产经营目标及经营状况，财务预决算、贷款、担保、大额资金使用情况，基本建设方案，工程建设项目的招投标，大宗物资采购供应，经济责任制落实情况，承包租赁合同执行情况；

（四）重要规章制度的制定、修改和废止情况；

（五）劳动合同、集体合同和工资集体协议的订立、履行、变更、解除或者终止情况；

（六）职工工资、奖金、晋级方案，职工养老、失业、医疗、工伤、生育等社会保险费缴纳情况，住房公积金缴纳情况；

（七）专业技术职称评聘，评选先进条件、数量和结果，职工招聘解聘和奖惩情况；

（八）劳动安全卫生、劳动保护、劳动定额、环境保护和职业病防治等措施，职工培训计划，企业公积金的使用方案；

（九）民主评议高层管理人员情况，中高层管理人员任期经济责任制考核、审计结果，中层管理人员、重要岗位人员的选聘和任用情况；

（十）中高层管理人员工资（年薪）、奖金、津补贴、兼职、持有本单位股权、出国出境、培训考察费用支出情况；

（十一）年度业务招待费使用情况；

（十二）法律法规规定和职工（代表）大会决定需要公开的其他事项。

第八条 事业单位应当公开下列事项：

（一）发展规划，经营管理重大决策、重大技术改造方案，人事制度、分配制度改革方案；

（二）财务预决算，经济责任制落实情况，大额资金使用情况，工程建设项目的招投标、大宗物资采购供应情况；

（三）重要规章制度的制定、修改和废止情况；

（四）劳动合同、聘用合同、集体合同的订立、履行、变更、解除或者终止情况；

（五）职工提薪晋级、工资、福利、奖金分配方案，职工养老、失业、医疗、工伤、生育等社会保险费缴纳情况，住房公积金缴纳情况；

（六）专业技术职称评聘，评选先进的条件、数量和结果，职工招聘解聘和奖惩情况；

（七）环境保护、职业病防治等措施，职工培训计划；

（八）民主评议高层管理人员情况，中层管理人员、重要岗位人员的选聘和任用情况；

（九）中高层管理人员工资、奖金、津补贴、兼职等情况，年度业务招待费、培训考察和出国出境费用支出情况；

（十）法律法规规定和职工（代表）大会决定公开的其他事项。

第九条 非公有制企业和民办非企业单位应当公开下列事项：

（一）发展规划；

（二）制定、修改涉及职工切身利益的规章制度；

（三）劳动合同、集体合同和工资集体协议的订立、履行、变更、解除或者终止情况；

（四）职工养老、失业、医疗、工伤、生育等社会保险费及住房公积金缴纳和福利费用情况；

（五）职工培训、劳动安全卫生、劳动保护、劳动定额、环境保护、职业病防治情况；

（六）工会经费的拨缴情况；

（七）工会与企业经营者经过协商同意公开的事项；

（八）法律法规规定公开的其他事项。

第十条 厂务公开的基本形式是职工（代表）大会。

在职工（代表）大会闭会期间，可以通过职工代表团（组）长联席会、厂情发布会、内部信息网络、内部广播电视、报刊、墙报等形式及时公开。

企事业单位应当设立固定的便于职工阅览的厂务公开栏，公布事项的时间不少于 15 日。

第十一条 厂务公开程序按提出、审查、公开、议事、整改五个环节进行。

第十二条 厂务公开工作每年至少向职工（代表）大会报告一次，职工（代表）大会对厂务公开工作进行民主评议，根据评议意见，相关部门应当制定整改措施，并对提出的问题给予答复或者说明。

第十三条 企事业单位的工会应当采取多种形式组织职工对本单位执行厂务公开制度的情况进行经常性监督，并将职工的意见和建议及时反馈给单位厂务公开责任人。

企事业单位厂务公开责任人对工会反馈的意见和建议应当在30 日内给予答复或者说明，对需要整改的事项应当采取措施进行整改，并将整改情况及时公开。

第十四条 厂务公开的资料应当备案、存档。

第十五条 任何组织和个人对违反本条例的行为均有权举报。县级以上人民政府有关部门和相关单位接到举报后，应当会同同级工会及时进行调查处理。

第十六条 企事业单位有下列行为之一的，由县级以上厂务公开领导机构通报批评，并责令其限期改正；拒不改正的，由县级以上人民政府有关部门和相关单位取消其单位、法定代表人或者主要负责人本年度评先评优资格和荣誉称号；情节严重的，按有关规定对法定代表人或者主要负责人和直接责任人予以处理：

（一）不建立和实行厂务公开制度的；

（二）不按本条例规定内容公开或者搞虚假公开的；

（三）应当提交职工（代表）大会公开的事项而不提交的；

（四）对需要整改的事项未作整改的；

（五）打击报复依法履行厂务公开职责的工作人员或者举报人的；

（六）其他违反本条例规定的。

前款第（五）项构成犯罪的，依法追究刑事责任。

第十七条 县级以上人民政府有关部门和相关单位及其工作人员，在厂务公开工作中弄虚作假、玩忽职守、滥用职权的，视情节轻重，由其所在单位或者上级主管部门对直接负责的主管人员和其他直接责任人员给予批评教育，或者依法给予行政处分；构成犯罪的，依法追究刑事责任。

第十八条 本条例自 2008 年 10 月 1 日起施行。

山东省厂务公开条例

（2014年3月28日 山东省第十二届人民代表大会常务委员会第七次会议通过）

第一条 为了加强基层民主政治建设，保障职工依法行使民主权利，维护职工合法权益，促进用人单位健康发展，根据有关法律、行政法规，结合本省实际，制定本条例。

第二条 本条例适用于本省行政区域内的企业和民办非企业单位的厂务公开活动。

第三条 本条例所称厂务公开，是指采取职工代表大会或者其他形式，依照法定程序，向职工公开重大决策、生产经营管理重大事项、直接涉及职工切身利益的事项和经营管理人员廉洁从业的情况，并接受职工监督的民主管理制度。

第四条 实行厂务公开应当遵循合法、真实、及时，维护职工合法权益和促进单位发展稳定相结合的原则。

实行厂务公开应当保守国家秘密、商业秘密以及与知识产权相关的保密事项。

第五条 县（市、区）以上厂务公开民主管理领导机构，负责统筹规划、组织协调、监督考核厂务公开工作，及时督促解决工作中遇到的重大问题，办事机构设在同级地方总工会，由其承担日常工作。

县级以上人民政府人力资源社会保障、监察、民政、安全生产监督管理、财政、审计、教育、卫生计划生育等有关部门和履行国有资产出资人职责的机构应当按照各自职责，做好本条例的实施工作。

第六条 县（市、区）以上厂务公开民主管理领导机构的工作经费应当列入同级财政预算，专款专用。

第七条 企业、民办非企业单位法定代表人或者负责人是实行厂务公开的主要责任人。

企业、民办非企业单位应当确定机构负责厂务公开的组织实施工作，其工会应当组织职工对本单位实行厂务公开的情况进行民主监督。

第八条 国有企业、国有控股企业和其他公有制企业，应当公开下列事项：

（一）中期、长期发展规划和生产经营重大决策；

（二）改制、并购、分立、合作、重组、租赁、承包、破产、拍卖方案，职工裁员分流安置方案；

（三）年度生产经营目标以及完成情况，财务预算、决算、担保、捐赠、大额资金使用情况，工程建设项目招标、投标情况，大宗物资采购、产品销售和盈亏情况；

（四）经济责任制落实情况，重要规章制度的制定落实情况；

（五）订立、履行和企业单方解除劳动合同的总体情况，订立、履行集体合同情况，执行工资分配制度、工资集体协商制度情况，职工提薪晋级、工资支付、福利分配、带薪年休假执行情况；

（六）职工招用、专业技术人员聘用情况，推荐劳动模范和评选优秀职工的条件、名额、结果，职工教育经费的提取、使用和培训计划的执行情况；

（七）企业缴纳社会保险费和住房公积金情况以及企业年金的提取情况；

（八）劳动保护、职业病防治措施，安全事故发生情况及其处理结果；

（九）职工代表大会或者职工大会民主评议单位高层管理人员情况，人事、审计、财务等重要岗位人员聘用和任用情况，中层以上管理人员工资、奖金、职务消费和兼职情况以及出国出境费用支出情况，廉洁自律规定执行情况；

（十）业务招待费使用情况；

（十一）依照法律、法规规定应当公开的其他事项。

第九条 非公有制企业和民办非企业单位应当公开下列事项：

（一）订立、履行集体合同和工资集体协议情况，执行工资指导线情况；

（二）直接涉及职工切身利益的规章制度；

（三）单位缴纳社会保险费和住房公积金情况；

（四）职工培训计划，劳动保护、职业病防治措施，安全事故发生情况及其处理结果；

（五）评选先进和推荐劳动模范的条件、数量和结果；

（六）工会与单位经营者或者管理者经过协商同意公开的事项；

（七）依照法律、法规规定应当公开的其他事项。

第十条 厂务公开除采取职工代表大会基本形式外，还可以采取下列形式：

（一）厂务公开栏、内部报刊以及广播、电视、网络等信息传播手段；

（二）厂务工作会、厂务联席会、厂情发布会、职工代表团（组）长联席会；

（三）职工代表巡视和民主恳谈会。

第十一条 厂务公开工作应当按照制订方案、征求意见、审查审批、实施公开、监督检查、限期整改、通报情况和归档管理的程序组织实施。

第十二条 厂务公开的时限，应当依照下列规定执行：

（一）阶段性与年度性、专项性与综合性公开的事项定期公开；

（二）直接涉及职工切身利益和依法应当公开的其他重大事项办理过程与结果随时公开；

（三）向职工代表大会或者临时职工代表大会公开的事项，应当将会议的议程和相关事项于召开会议七日前向职工公开，会议审议、通过、决定的事项应当于闭会后的三日内公开。

前款规定的公开时限不得少于十五日。

本条例规定的厂务公开事项，前两款对其公开时限未作规定，单位章程作出具体规定的，应当按照其规定执行。

第十三条 单位实行厂务公开，应当设立意见箱、监督电话和其他信息平台，接受职工投诉、举报，征求、了解职工的批评、意见和建议。

第十四条 依照本条例实行厂务公开的国有企业、国有控股企业和其他公有制企业，下列事项应当每年至少向职工代表大会报告一次，并由职工代表大会进行审议：

（一）民主评议本单位中层以上管理人员的述职、述廉情况；

（二）集体合同履行情况；

（三）职工福利费的提取和使用情况；

（四）业务招待费使用情况。

第十五条 单位对职工或者职工代表针对厂务公开重大事项提出的合理意见和建议，应当予以采纳；需要整改的，应当制定整改措施，并将采纳、整改情况予以公开。

第十六条 单位和各级厂务公开民主管理领导机构应当分别建立厂务公开检查考核制度。

厂务公开检查考核应当采取单位内部检查考核，设区的市、县（市、区）厂务公开民主管理领导机构随机检查考核，省厂务公开民主管理领导机构抽查考核的方式组织实施。

对厂务公开随机检查和抽查考核发现的问题，本单位应当制定整改措施予以整改；对逾期不改或者整改不力的，厂务公开民主管理领导机构给予通报批评。

第十七条 任何组织和个人对违反本条例的行为有权向厂务公开民主管

理领导机构和县级以上人民政府有关部门举报或者投诉。

县（市、区）以上厂务公开民主管理领导机构和县级以上人民政府有关部门接到举报、投诉后，应当及时进行调查、核实；对查证属实的，依法处理。

第十八条 单位及其工作人员违反本条例规定，有下列情形之一的，根据情节轻重，由县（市、区）以上厂务公开民主管理领导机构给予通报批评，并责令限期改正；拒不改正的，由县级以上人民政府及有关部门取消单位、法定代表人或者责任人年度评先评优资格和荣誉称号；违反有关法律、法规的，依法追究法律责任：

（一）不建立、不实行厂务公开制度的；

（二）不依法公开或者弄虚作假的；

（三）应当提交职工代表大会公开的事项不提交的；

（四）对整改事项不采取措施整改或者整改不力的；

（五）违法与职工代表解除劳动合同或者打击报复职工代表的；

（六）打击、报复举报人、控告人和在厂务公开工作中依法履行职责的工作人员的；

（七）违反本条例规定的其他行为。

第十九条 县级以上人民政府有关部门及其工作人员不履行本条例规定职责的，由主管机关按照有关规定，对直接负责的主管人员和其他直接责任人员给予批评教育或者处分。

第二十条 违反本条例规定，严重妨碍厂务公开的行为，有关部门不予处理或者处理不当的，县（市、区）以上厂务公开民主管理领导机构应当向其发出督促处理建议书，有关部门自接到督促处理建议书之日起三十日内依法处理并作出答复；逾期不处理又不答复的，县（市、区）以上厂务公开民主管理领导机构应当建议有关部门责令其限期改正。拒不改正的，由有关部门对直接负责的主管人员和其他直接责任人员给予处分。

第二十一条 事业单位的校务、院务、所务等事务公开活动，参照本条例执行。

第二十二条 本条例自 2014 年 5 月 1 日起施行。

职工董事职工监事条例

内蒙古自治区公司职工董事职工监事条例

（2006年9月29日　内蒙古自治区第十届人民代表大会常务委员会第二十四次会议通过）

第一条　为了适应建立现代企业制度的需要，规范职工董事、职工监事依法履行职责，维护职工董事、职工监事的合法权益，根据《中华人民共和国公司法》等国家有关法律法规，结合自治区实际，制定本条例。

第二条　本条例适用于自治区行政区域内依法应当设立职工董事、职工监事的有限责任公司和股份有限公司。

第三条　本条例所称的职工董事、职工监事是指由公司职工通过职工代表大会、职工大会或者其他形式民主选举产生的董事和监事。

第四条　对公司负有管理监督职责的有关部门应当在各自职责范围内依法监督检查职工董事、职工监事制度的建立和执行。

各级工会组织应当按照《中华人民共和国工会法》等法律法规的规定督促公司建立职工董事、职工监事制度，支持和帮助公司职工董事、职工监事依法履行职责。

第五条　国有独资公司、两个以上的国有企业或者两个以上的其他国有投资主体投资设立的有限责任公司，其董事会成员中应当有公司职工代表；其他有限责任公司和股份有限公司的董事会成员中可以有公司职工代表。

依法设立职工董事的有限责任公司和股份有限公司，应当在其公司章程中规定职工董事的人数。

设立监事会的有限责任公司和股份有限公司，监事会成员中职工监事的比例不得低于三分之一，具体比例由公司章程规定。

第六条　职工董事、职工监事应当具备下列基本条件：

（一）符合《中华人民共和国公司法》规定的担任董事、监事资格条件的本公司职工；

（二）熟悉相关法律法规，具有参与议事和决策的能力；

（三）能够代表职工利益，反映职工意愿，密切联系职工群众；

（四）法律法规和公司章程规定的其他条件。

第七条 职工董事和职工监事由本公司工会在广泛征求意见的基础上提名，经职工代表大会、职工大会或者其他形式民主选举，获得应当参加人员的半数以上赞成票始得当选，并报上一级工会备案。

《中华人民共和国公司法》规定的高级管理人员和董事不得兼任职工监事。

第八条 职工董事、职工监事的任期与其他董事、监事的任期相同，任期届满，连选可以连任。

第九条 职工董事、职工监事不履行职责或者有严重过错的，经三分之一以上的职工代表提议，可以通过职工代表大会、职工大会或者其他民主形式进行罢免；非经职工代表大会、职工大会或者其他民主形式的应当参加人员的过半数通过，不得罢免。

第十条 职工董事、职工监事出缺时，由公司工会依照本条例第七条的规定及时提出替补人选，提请职工代表大会、职工大会或者其他形式民主选举产生。空缺时间一般不得超过三个月。

第十一条 职工董事依法行使下列权利：

（一）董事会在讨论决定有关工资、奖金、福利、劳动安全卫生、社会保险、变更劳动关系、裁员等涉及职工切身利益的重大问题和事项时，如实反映职工的合理要求，代表和维护职工的合法权益；

（二）在董事会研究确定公司高级管理人员的聘任、解聘时，如实反映职工代表大会民主评议公司管理人员的情况；

（三）可以列席与其职责相关的公司行政办公会议和有关生产经营工作的重要会议；

（四）向工会组织、有关部门和机构反映有关情况；

（五）《中华人民共和国公司法》和公司章程规定的其他权利。

第十二条 职工监事依法行使下列权利：

（一）参与检查公司对涉及职工切身利益的法律法规和公司规章制度的贯彻执行情况；

（二）定期监督检查公司对职工各项保险基金、工会经费的提取缴纳情况和职工工资、福利、劳动保护、社会保险等制度的执行情况；

（三）可以列席与其职责相关的公司行政办公会议和有关生产经营工作的重要会议；

（四）向上级工会、有关部门和机构反映有关情况；

（五）《中华人民共和国公司法》和公司章程规定的其他权利。

第十三条 职工董事和职工监事应当履行下列义务：

（一）熟悉法律法规和公司生产经营状况，不断提高依法履行职责的能力；

（二）经常或者定期听取职工意见、建议，为董事会、监事会提供决策依据；

（三）维护公司和职工的利益，在董事会和监事会讨论涉及职工切身利益的重大问题和事项时，提出明确的意见和主张；

（四）参加职工代表大会的有关活动，执行职工代表大会的有关决议，在董事会会议、监事会会议上按照职工代表大会的相关决定精神发表意见；

（五）定期向职工代表大会述职，接受职工代表的询问，接受职工代表大会和职工的监督；

（六）《中华人民共和国公司法》和公司章程规定的其他义务。

第十四条 有限责任公司和股份有限公司应当对职工董事、职工监事进行培训，为职工董事、职工监事履行职责提供必要的工作条件。

第十五条 职工董事、职工监事因故不能出席董事会、监事会会议时，可以书面委托其他董事、监事代为反映意见，并在委托书中明确授权范围。

第十六条 职工董事、职工监事依照《中华人民共和国公司法》和公司章程行使职权，任何组织和个人不得压制、阻挠或者打击报复。

职工董事、职工监事在任职期间，除因《中华人民共和国劳动法》规定的情形或者劳动合同约定外，公司不得与其解除劳动合同或者作出不利于其履行职责的岗位变动。

第十七条 违反本条例规定，有下列行为之一的，工会组织有权依法责令其限期改正；对拒不改正的，工会组织有权提请同级人民政府公司登记机关、国有资产管理监督等相关部门依法作出处理：

（一）拒绝建立职工董事、职工监事制度的；

（二）妨碍职工董事、职工监事依法履行职责的；

（三）拒绝为职工董事、职工监事履行职责提供保障的。

第十八条 公司的工会组织在职工董事、职工监事制度的建立和工作中，未按照本条例规定履行职责的，由上级工会责令改正。

第十九条 本条例自 2007 年 1 月 1 日起施行。

地方行政规章

辽宁省职工代表大会规定

（2007年1月29日辽宁省第十届人民政府第76次常务会议通过
2007年12月21日辽宁省人民政府第〔217〕号政府令发布
自2008年2月1日起施行）

第一条 为了保障企业、事业单位职工依法行使民主权利，维护其合法权益，促进企业、事业单位健康发展，根据《中华人民共和国工会法》、《中华人民共和国劳动法》等有关法律、法规，结合我省实际，制定本规定。

第二条 我省行政区域内的企业、事业单位实施职工代表大会（以下简称职代会）制度，适用本规定。

本规定所称事业单位，不含参照公务员管理的事业单位。

第三条 职代会是企业、事业单位职工依法实行民主管理的基本形式和行使民主管理权力的机构，是职工维护其合法权益的组织方式。

第四条 省、市、县（含县级市、区，下同）总工会和产业工会对企业、事业单位实行职代会制度予以指导和监督。

第五条 企业、事业单位应当支持职代会依法开展工作，依法办理职代会审议通过和决定的事项，接受职代会的民主监督。

企业、事业单位及其工会和职工负有共同维护本单位工作秩序的义务。

第六条 省、市、县人民政府通过与同级总工会召开联席会议或者其他方式，听取职工群众的意见和要求，研究解决开展职代会工作存在的问题。

国有资产监管和教育、卫生、科技等有关行政部门在其职责范围内，配合总工会做好企业、事业单位实施职代会制度的监督工作。

第七条 依法享有政治权利并与本单位建立劳动或者人事关系的职工，有资格当选为本单位的职工代表。

第八条 职工代表由职工民主选举产生。开展选举活动，应当有选区三分之二以上的职工参加，方为有效；被选者获得选区全体职工半数以上的赞成票，方为当选。

企业、事业单位可以以本单位为选区，也可以根据本单位职工人数和分支机构状况，划定若干选区。

职工代表实行常任制，可以连选连任，任期与职代会届期相同。

第九条 职工代表应当具有广泛的代表性和群众性，职工代表中直接从事本单位主要业务的基层岗位职工的比例，不得低于70%；中层以上管理人员的职工代表比例，不得超过20%；青年职工、女职工的职工代表比例，应当与本单位职工总体年龄结构中的青年职工、女职工比例基本相适应。

第十条 企业、事业单位职工人数为1000至1500人的，职工代表原则上占职工总数的10%；超过1500人的，可以适当缩小比例；不足1000人的，可以适当增加比例。职工人数较少的，职工代表不得少于30人。职工代表的具体人数，由本单位的职代会筹备组或者主席团决定。

第十一条 职工代表享有下列权利：

（一）对本单位涉及职工合法权益的事项有知情权，在职代会上有发言权、提案权、选举权、被选举权和表决权；

（二）参加工会就本单位落实职代会决议、决定和提案情况所组织的相关活动；

（三）法律、法规规定的其他权利。

职工代表因出席职代会或者参加相关活动而占用工作时间的，其工资福利等待遇不受影响。

第十二条 职工代表应当履行下列义务：

（一）代表和维护本单位职工的合法权益，敢于真实反映职工的意见和要求，出席职代会并按职工的意愿行使权力，执行职代会的决议、决定，做好职代会交办的各项工作；

（二）学习有关法律、法规和政策，开展调查研究，提高参与民主管理的能力；

（三）遵纪守法，做好本职工作，接受职工的监督。

第十三条 职工代表对本单位的职工负责，职工有权质询、监督和罢免本单位的职工代表。选区半数以上职工联名书面向工会提出罢免职工代表建议的，经工会核实后，宣布罢免成立。

职工代表与本单位的劳动或者人事关系终止、解除或者办理退休手续后，职工代表的权利义务自行终止。

职工代表出现缺额的，由该选区随时补选。

第十四条 职工代表依法行使权利，任何组织和个人不得阻挠和打击报复。

职工代表在任期内尚未履行的劳动合同期限短于任期的，经征得本人同意，劳动合同期限可以延长至任期届满，企业、事业单位不得变更或者解除其劳动合同，但有法律、法规规定情形的除外。

第十五条 100 人以下的企业、事业单位应当实行职工大会制度，300 人以上的企业、事业单位应当实行职代会制度；100 至 300 人的企业、事业单位可以根据实际情况，选择实行职工大会制度或者职代会制度。

第十六条 企业、事业单位可以根据本单位规模和下属单位情况，建立不同层级单位各自的职代会制度，对本单位权限范围内的事务行使民主管理权力。在小型企业或者同类企业集中的区域、行业或者开发区内，企业可以建立联合职代会或者区域（行业）职代会。

第十七条 职代会每届为 3 年或者 5 年。每年应当至少召开一次会议，每次会议应当有三分之二以上的职工代表出席。

职代会选举主席团主持会议。主席团成员主要由直接从事本单位主要业务的基层岗位的职工组成。

第十八条 成立或者召开职代会，应当由筹备组或者工会组织开展确定议题、征集提案、起草文件等各项筹备工作，并按确定议题和议程召开会议，依法行使职代会职权，形成会议意见、建议或者决议、决定，以书面形式当会宣布。

首次召开职代会的，可以在正式召开职代会之前召开预备会议，听取会议筹备情况报告、选举会议主席团、通过会议议程和职工代表资格审查报告等有关事项。预备会议由工会主席主持，过半数职工代表参加。

第十九条 职代会根据需要，可以设立若干职工代表团（组）、专门委员会或者专门工作小组，负责办理职代会交办的事项。

第二十条 企业、事业单位工会应当提前 7 日，以书面形式向职工代表公布职代会的议题。职代会的决议、决定和职工代表提案的落实情况以及罢免职工代表的情况，应当作为下一次职代会的例行报告议题。

第二十一条 职代会决定重大事项和进行选举时，应当由到会职工代表采用无记名投票方式进行表决，以同意、不同意、弃权作为表决形式。获得应到会全体职工代表过半数同意的，即为通过。

第二十二条 职代会闭会期间，发生需要职代会行使职权的重大事项的，经企业、事业单位主要负责人，工会或者三分之一以上职工代表提议，应当及时召开职代会。

职代会闭会期间，除确需提交职代会讨论、决定的重大事项外，出现属于职代会职权范围但需要临时处理的个别情况的，可以由工会召集职工代表团（组）长和专门委员会、专门工作小组负责人协商，按照少数服从多数的原则做出临时处理决定，但应当向下一次职代会报告。

第二十三条 企业、事业单位工会应当在每一次职代会闭会后 7 日内，将会议的有关情况报上一级工会备案。

第二十四条 召开职代会及其日常工作所需经费，由本单位支付。

第二十五条 企业、事业单位工会是职代会的工作机构，承担职代会的日常工作，应当履行下列职责：

（一）组织职工选举职工代表；

（二）提出职代会议题的建议，主持职代会的筹备工作；

（三）提出职代会主席团、专门委员会或者专门工作小组的设立方案；组织专门工作小组或者职工代表开展民主监督和调查研究，做好提案准备工作；

（四）动员职工响应职代会的决议、决定，督促落实职代会通过的决议、决定和提案，组织与本单位进行平等协商；

（五）培训职工代表，提高职工代表的议事能力；

（六）建立与职工代表的联系制度，受理职工代表的投诉和建议，维护职工代表的合法权益；

（七）提名董事会、监事会中的职工代表候选人；

（八）组织开展维护职工合法权益和促进本单位劳动关系和谐的其他有关工作。

第二十六条 国有企业及其控股企业职代会行使下列职权：

（一）听取和讨论有关劳动报酬、工作时间、休息休假、劳动安全卫生、社会保险、职工培训、劳动纪律、劳动定额管理以及企业改革、破产、重大裁员方案等直接涉及职工切身利益的规章制度或者重大事项的报告，提出集体协商方案和意见；

（二）审议通过或者否决企业改制的职工安置方案、集体合同草案和职工生活福利方面的重大事项；

（三）民主评议董事、监事等企业中层以上管理人员，提出意见和建议；

（四）审议企业执行劳动法律、法规、规章情况的报告；

（五）依法选举、罢免董事会、监事会中的职工代表和参加集体协商的职工代表；

（六）向政府推荐劳动模范和先进工作者；

（七）法律、法规和企业章程规定以及企业与工会协商确定的其他职权。

第二十七条 集体企业职代会行使下列职权：

（一）审议通过或者否决企业经营方针和发展规划、年度经营计划和投资方案、财务预决算草案等企业生产经营管理方面的重大事项，审议通过或者否决有关劳动报酬、工作时间、休息休假、劳动安全卫生、社会保险、职工培训、劳动纪律、劳动定额管理以及企业改制、破产、重大裁员方案和职工安置方案、集体合同草案和职工生活福利安排等规章制度或者重大事项；

（二）依法选举、罢免或者聘用、解聘企业经营者，依法或者依照企业章程选举、罢免参加集体协商的职工代表；

（三）审议企业社会保险费缴纳情况的报告，订立和履行集体合同、劳动合同情况的报告，职工代表提案落实情况的报告；

（四）民主评议中层以上管理人员，提出意见和建议；

（五）向政府推荐劳动模范和先进工作者；

（六）法律、法规和企业章程规定的其他职权。

第二十八条 非公有制企业职代会行使下列职权：

（一）听取和讨论有关劳动报酬、工作时间、休息休假、劳动安全卫生、社会保险、职工培训、劳动纪律、劳动定额管理以及企业破产、重大裁员方案和职工安置方案等直接涉及职工切身利益的规章制度或者重大事项，提出集体协商方案和意见；

（二）审议通过或者否决集体合同草案或者职工一方的集体协商方案；

（三）审议职工代表有关企业执行劳动法律、法规、规章情况的提案；

（四）依法选举、罢免董事会、监事会中的职工代表和参加集体协商的职工代表；

（五）向政府推荐劳动模范和先进工作者；

（六）法律、法规和企业章程规定以及企业与工会协商确定的其他职权。

第二十九条 事业单位职代会行使下列职权：

（一）听取和讨论本单位发展规划、财务状况和社会保险费、住房公积金缴纳情况的报告，听取和讨论岗位聘用及人员安排、职称评定、业务考核、业务进修、内部分配的具体办法及其改革方案等涉及职工切身利益重大事项的报告和规章制度草案，提出意见和建议；

（二）审议通过或者否决有关职工生活福利的重大事项方案和集体合同草案；

（三）审议职工代表的提案；

（四）民主评议中层以上管理人员，提出意见和建议；

（五）向政府推荐劳动模范和先进工作者；

（六）法律、法规和本系统上级工会规定的其他职权。

第三十条 职代会依法通过或者否决的事项，对本单位全体职工均有约束力。未经职代会依法审议，不得擅自变更。

第三十一条 企业、事业单位对职代会依法通过或者否决的事项有异议的，应当与工会及职工代表通过平等协商解决。

第三十二条 依法应当经职代会讨论或者审议的事项而未提交职代会，或者对职代会的决议、决定不予落实，并且未进行平等协商的，对企业、事业单位就该事项单方面做出的决定，工会和职工有权拒绝接受，并可以提请上级工会和有关部门依法处理。对职工拒绝接受该决定的行为，企业、事业单位不得给予纪律处分或者采取调动岗位、下调工资、解除聘用等方式进行打击报复。

第三十三条 企业、事业单位有下列情形之一的，由县以上总工会进行调查，并予以纠正；对拒不改正的，向社会公布违法事实；对涉及侵犯职工劳动权益事项的，提请劳动保障行政部门依法处理，并按不良信誉行为记录在案；对国有企业和事业单位，提请有人事管理权的部门责令纠正违法行为，或者给予该单位有关负责人行政处分：

（一）阻止建立、召开职代会的；

（二）对依法应当经职代会讨论、审议的事项，不经职代会讨论、审议即作出决定的；

（三）阻挠职工代表依法行使权利的；

（四）既不接受职代会依法通过的决议、决定，也不与工会或者职工代表进行平等协商的；

（五）打击报复工会工作人员和职工，侵害其合法权益的；

（六）阻挠上级工会依法调查的。

第三十四条 对违反本规定的单位和个人，企业、事业单位工会和职工有权向县以上总工会投诉，县以上总工会应当予以受理。对职代会履行程序产生的争议，由县以上总工会予以认定。

第三十五条 本规定有关职代会的规定适用于职工大会。

第三十六条 民办非企业单位参照本规定执行。

第三十七条 本规定自2008年2月1日起施行。

山东省实施《企业法》加强职工民主管理办法

（鲁政发〔1988〕152号 1988年10月）

第一章 总 则

第一条 为了保障全民所有制企业职工的主人翁地位和民主权利，充分发挥职工的积极性和创造性，根据《中华人民共和国全民所有制工业企业法》

和《全民所有制工业企业职工代表大会条例》，结合我省实际情况制定本办法。

第二条 本办法适用于全民所有制工业、交通运输、基本建设、邮电、农林水利、财贸、外贸等企业。

第三条 职工代表大会（或职工大会，下同）是企业实行民主管理的基本形式，是职工行使民主管理权力的机构。企业在实行厂长负责制的同时，必须通过职工代表大会及其他形式依法实行民主管理。

职工代表大会实行民主集中制原则。

第四条 职工代表大会应接受企业党的基层委员会的思想政治领导，积极支持厂长行使经营管理决策和统一指挥生产活动的职权。

第五条 企业工会是职工代表大会的工作机构，负责职工代表大会的日常工作，组织职工参加对企业各种形式的民主管理和民主监督。

企业工会代表和维护职工利益，依法独立自主地开展工作。

第二章 职工代表大会的组织、机构和制度

第六条 职工代表大会的组织。按照企业行政组织系统设厂职工代表大会、车间（或分厂，下同）职工代表大会（或职工大会，下同）、班组民主管理会，并按照职工代表大会的工作分工设立各专门小组（或委员会，下同）。

第七条 职工代表大会主席团实行非常任制，在召开大会前组成。

主席团名额根据职工代表人数确定，一般由九至二十一人组成，其中工人、技术人员、管理人员应超过半数。

主席团成员应由企业工会召集各代表团（组，下同）长会议协商，从职工代表中提出候选人建议名单，经职工代表充分酝酿后，在职工代表大会预备会议上选举产生。

主席团的主要职责是：

（一）审议通过大会议程；

（二）主持大会期间的各项活动；

（三）审查各专门小组组建方案，并提出人选的建议；

（四）听取工作机构、专门小组的工作汇报和职工代表团对方案审议的意见；

（五）处理大会期间的其他事项。

第八条 职工代表大会可根据《全民所有制工业企业职工代表大会条例》规定和本单位实际需要，设立生产经营、劳动保护、工资奖金分配、生活福

利、提案审查、评议监督干部等专门小组。职工代表大会专门小组可与性质相同的工会工作委员会合一。

专门小组一般由三至九人组成。其成员应由比较熟悉业务、有一定组织活动和议事能力、能联系群众的职工代表组成。根据需要也可聘请非职工代表参加。

专门小组的设立必须经职工代表大会通过，并对职工代表大会负责。

专门小组的主要工作是：

（一）参与属本小组分工范围内的有关方案的制订工作；

（二）审议提交职工代表大会的有关议案；

（三）在职工代表大会闭会期间，根据职工代表大会的授权，审定本小组需要临时决定的问题，并提交职工代表大会确认；

（四）开展调查研究，了解职工对本小组分工范围内工作的意见、要求和建议，并及时向厂长及有关部门反映；

（五）定期检查职工代表大会决议的执行情况，督促有关部门处理提案；

（六）完成职工代表大会和企业工会交办的其他事项。

第九条 企业管理委员会成员中一般应有三分之一的职工代表（含工会主席）。参加企业管理委员会的职工代表，由职工代表大会选举产生。

参加企业管理委员会的职工代表，要对职工代表大会负责，定期向职工代表大会汇报工作，接受职工代表大会的监督。职工代表大会有权撤换参加管理委员会的职工代表。

第十条 企业工会作为职工代表大会的工作机构，承担下列工作：

（一）宣传职工代表大会的性质、职权和作用，增强职工群众的主人翁责任感；

（二）制订召开大会的方案，提出大会议题的建议，组织选举职工代表，主持职工代表大会的筹备工作和会议的组织工作；

（三）主持职工代表团长、专门小组负责人联席会议；

（四）组织专门小组进行调查研究，向职工代表大会提出建议，检查大会决议执行情况，发动职工落实大会决议；

（五）培训职工代表，提高职工代表素质；

（六）接受和处理职工代表的申诉和建议，维护职工代表的合法权益；

（七）指导、支持和维护车间职工代表大会正确行使职权；

（八）组织企业民主管理的其他工作。

第十一条 职工代表大会应建立以下制度：

（一）职工代表大会的会议制度。职工代表大会必须按照规定至少每半年召开一次。联合企业或工作单位分散的大中型企业（公司）也可经职代会讨论决定、上级工会同意，每年召开一次。每次会议至少有三分之二以上的职工代表出席。遇有重大事项，经厂长、企业工会或三分之一以上职工代表的建议，可临时召开会议；

（二）专门小组工作制度。职工代表大会各专门小组应根据工作需要分别订出制度，定期开展活动；

（三）职工代表团长和专门小组负责人联席会议制度。职工代表团长和专门小组负责人联席会议由企业工会根据需要召开；

（四）民主评议干部制度。职工代表大会每年必须对中层以上行政领导干部评议一次；

（五）职工代表培训制度。对职工代表的培训，除大会期间组织代表学习有关文件外，每届至少培训一次；

（六）车间、班组民主管理制度；

（七）职工代表大会所召开的各种会议和组织的各项活动的记录制度。

第三章　职工代表大会的筹备与召开

第十二条　职工代表大会的筹备工作包括以下内容：

（一）确定大会议题。企业工会应在调查研究的基础上，根据本单位需要解决的主要问题，提出召开本次职工代表大会议题的建议。议题建议应同党委、行政协商，取得一致意见，在广泛征求职工群众的意见后，提交职工代表团长和专门小组负责人联席会议审议确定；

（二）做好宣传发动工作。大会议题确定后，工会应及时公布会议的时间、地点和主要议程。发动和组织各方面的力量，动员广大职工关心和支持大会的召开。根据大会的议题，组织职工代表学习有关文件；

（三）征集与处理提案。企业工会要在职工代表大会召开前，发动职工代表团围绕大会议题，广泛征求职工意见，提出提案。提案必须有具体的内容、要求和建议措施。由一人提议，二人以上附议。立案要一事一案，一式三份，厂长、工会和提案人各一份。对内容重要、涉及面广、群众呼声强烈的提案要专题处理，对不予立案的建议、意见要作出说明；

（四）准备会议文件。企业行政负责起草提交大会审议的各项报告和有关文件草案，职工代表大会各专门小组负责起草与各自有关问题的报告。提交职工代表大会审议的有关报告和文件草案，应在预备会召开前一周发至各职工代表团，通过职工代表征求职工意见。工会负责催办各种报告、文件。

第十三条　职工代表大会预备会议由企业工会召开，主要议程是：

（一）报告大会筹备工作情况；

（二）酝酿大会主席团人选；

（三）确定大会议程；

（四）酝酿职工代表大会专门小组的设置及组成人选名单；

（五）听取代表资格审查小组关于代表资格的审查报告。

第十四条 职工代表大会由大会主席团主持，主要议程是：

（一）听取审议厂长的工作报告、企业行政的有关报告和提交大会的各项议案；

（二）听取各专门小组的工作报告；

（三）民主评议企业各级行政领导干部；

（四）根据政府主管部门的决定，民主选举厂长；

（五）选举职工代表大会专门小组成员和参加企业管理委员会的职工代表；

（六）讨论通过职工代表大会自身建设的有关规定、制度；

（七）厂长代表行政、工会主席代表职工签订集体合同或共同协议；

（八）职工代表发言。

职工代表大会进行的选举和做出的决议，必须经全体代表过半数通过方为有效，未经职工代表大会同意，任何个人或组织无权修改。

第十五条 职工代表大会和工会会员代表大会合并召开时，会标应分别标明。非工会会员的职工代表，列席工会会员代表大会，不参加选举活动。工会会员代表大会的各项活动，按照《中国工会章程》进行。

第四章 职工代表大会职权

第十六条 职工代表大会对企业的经营方针、长远和年度计划、留用资金分配和使用方案、承包和租赁经营责任制方案，行使审议建议权。其程序是：

（一）厂长作提请大会审议的各项方案的报告；

（二）组织职工代表讨论审议；

（三）根据需要，组织职工代表与厂长对话；

（四）主席团汇集各代表团的讨论意见，向厂长提出修改的意见和建议；

（五）厂长对职工代表审议的意见和建议做出说明。

第十七条 职工代表大会对企业的工资调整方案、奖金分配方案、劳动保护措施、奖惩办法以及其他重要的规章制度行使审查同意或否决权。其程序是：

（一）厂长或行政有关部门向大会提出有关的各项方案，并做详细说明；

（二）组织职工代表讨论审查；

（三）主席团汇集职工代表的审查意见，向厂长或有关部门提出修改意见；

（四）厂长或有关部门向大会做方案修改说明；

（五）大会采用投票或举手的方式表决同意或否决；

（六）经职工代表大会审查同意的方案，由厂长公布实施；如被否决，厂长不得强行公布实施。

第十八条　职工代表大会对企业的职工福利基金使用方案、职工住宅分配方案和其他有关职工生活福利的重大事项行使审议决定权。其程序是：

（一）厂长或行政部门向大会提出有关的方案；

（二）组织职工代表讨论审议；

（三）主席团汇集职工代表讨论意见，向厂长或有关部门提出修改意见；

（四）厂长或有关部门做方案修改说明；

（五）大会采用投票或举手的方式表决；

（六）经职工代表大会审议决定了的方案或事项，厂长如有不同意见，可以提请复议。复议后如仍有不同意见，厂长仍应按大会决定执行，同时报告上级主管机关。

第十九条　职工代表大会对企业中层以上行政领导行使评议监督权。其程序是：

（一）工会和评议监督干部小组拟订民主评议干部的方案，提交职工代表团长联席会议通过后实施；

（二）做好思想发动和宣传教育工作，使职工代表明确民主评议干部的目的、要求和方法，使被评议干部正确对待民主评议；

（三）厂级和科室领导干部应在全体职工代表中进行评议。车间领导干部可以在其所在的代表团中进行评议，职工人数较少的车间也可在全体职工中进行评议；

（四）评议监督干部小组对民主评议的意见进行核实、归纳、汇总、填表，逐人写出评语，并提出对干部奖惩或任免的建议；

（五）及时将评议意见转达被评议人，并建议有关领导通过民主生活会开展批评与自我批评，帮助被评议人制订必要的改进措施；

（六）将有关干部奖惩任免的建议或意见，以职工代表大会主席团的名义转交党政有关部门，按干部管理权限分别处理；

（七）根据干部管理权限，将评议材料分送主管部门，作为考核选拔使用干部的依据之一；

（八）由评议监督干部小组总结民主评议干部工作，以便向下次职工代表大会报告。

第二十条 职工代表大会根据政府主管部门的决定选举厂长。其程序是：

（一）政府主管部门作出决定后，由企业工会和党委协商发出通知，公布民主选举宗旨、方法步骤和候选人条件；

（二）在广泛宣传教育的基础上，发动职工代表以代表团为单位提拔候选人。工会汇总确定初步名单，报党委和政府主管部门协商确定候选人名单；

（三）召开职工代表大会，听取候选人发表治厂演说；

（四）以无记名投票方式进行选举；

（五）公布选举结果并报政府主管部门批准；

（六）职工代表大会选举的厂长，不能胜任工作或严重失职者，由职工代表大会罢免，并报政府主管部门批准；

（七）政府主管部门委任或招聘、免职或解聘厂长时，应在事前召开职工代表团长或全体职工代表会议征求意见。

第二十一条 在职工代表大会上，可由厂长代表行政、工会主席代表职工签订集体合同或共同协议。其程序是：

（一）集体合同或共同协议的内容要经企业行政和工会共同协商确定，并提出合同草案。合同的内容应包括双方承担的权利义务、责任目标、采取的措施、违约责任和有效期限等；

（二）合同草案提出后，厂长和工会应分别召开有关会议讨论、论证；

（三）合同草案经职工代表认真讨论修改后，提交职工代表大会表决通过；

（四）合同由厂长代表行政、工会主席代表职工在职工代表大会上正式签订，并分别报上级备案；

合同签订后，未经职工代表大会同意，双方不得任意修改或解除。在履行合同中如发生争议，应协商解决。协商不成时，应向各自的上级报告。

第五章 职工代表大会在企业承包、租赁中的工作

第二十二条 企业无论实行哪种形式的经营责任制，都要把职工民主管理贯穿到经营全过程。

第二十三条 招标委员会（或小组，下同）中应有职工代表大会推选的职工代表参加，其人数不得少于总人数的三分之一。工会主席应是招标委员会职工代表的当然成员。

参加招标委员会的职工代表，要及时向职工代表大会汇报工作，并接受职工代表大会的监督。

第二十四条 职工代表应参加对投标人的考察和质询，并听取投标人的答辩。有条件的单位还可推选一定数量的职工直接听取投标人的答辩，并可征得答辩主持人同意向投标人提问。职工代表必须参加对投标承包人的选定。

第二十五条 被选出的投标者应在职工代表大会上公布经营方案，公开演讲答辩。同时由职工代表对投标者进行民意测验，并把民意测验的结果作为选择中标人的重要依据。

第二十六条 职工代表大会应支持中标人实施承包租赁经营方案，积极采取措施，把个人（集团）承包变为全员承包。

第二十七条 承包人依法取得厂长资格以后，必须支持工会和职工代表大会依法行使职权。

第六章 职工代表

第二十八条 按照法律规定享有政治权利的企业职工（包括学徒工、合同制工人、轮换工等），均可当选为职工代表。职工代表实行常任制，两年改选一次，可连选连任。

职工代表应具备以下条件：

（一）关心企业、热爱集体、热爱本职工作；

（二）作风正派、办事公道、联系群众；

（三）具有一定的文化程度、生产管理知识和议事能力；

（四）法律规定的其他条件。

第二十九条 职工代表占职工总数的比例，一般掌握在百分之三至百分之十五，大型联合企业可掌握在百分之零点五至百分之一。

职工代表中各类人员的比例一般是：工人（指从事生产活动的第一线人员）不得少于百分之四十五；工程技术人员和一般管理人员不得少于百分之三十五；中层以上领导干部不得多于百分之二十；青年职工和女职工也应占一定比例。

第三十条 选举职工代表的程序如下：

（一）工会制订职工选举方案，并召开职工代表团长和专门小组负责人联席会议讨论通过；

（二）组织职工学习《职工代表大会条例》和职工代表选举方案；

（三）以生产班组或工段为单位，由职工直接选举职工代表；

（四）职工代表须经代表资格审查小组审查，审查合格后张榜公布名单。

第三十一条 职工代表在企业内部调动工作，保留其代表资格。原选举单位应补选职工代表。

职工代表退（离）休或调离本企业，代表资格自行终止，原选举单位应补选职工代表。

职工代表犯罪、违法乱纪或犯有其他严重错误，应撤销其代表资格，并由原选举单位增补职工代表。

第三十二条 职工代表选出后，工会应采取多种形式对其进行培训，组织学习党的路线、方针、政策，国家的有关法律、法规，企业经营管理和职工民主管理等方面的知识。

第三十三条 职工代表大会可根据需要设列席代表。列席代表的人数和范围，由工会召开职工代表团长和专门小组负责人联席会议商定。

列席代表没有表决权、选举权和被选举权，不能当选为大会主席团成员，但经职工代表大会通过，可参加职工代表大会专门小组工作。

列席代表应从非职工代表的企业党政工团领导干部、中层干部、管理人员、工程技术人员以及退（离）休职工、职工家属中邀请。列席代表的人数一般不得超过代表总数的五分之一。

第三十四条 职工代表按车间组成代表团。其职责是：

（一）职工代表大会期间组织本团的职工代表出席工会，向大会反映职工的意见和建议，在大会主席团统一安排下推选大会发言代表及完成大会主席团交办的其他工作；

（二）闭会期间向本单位职工传达大会精神，协助行政制订贯彻落实大会决议的措施，组织职工落实大会决议，组织和参加本单位的民主管理活动，选派代表参加全厂性的民主管理活动，组织本团职工代表学习，征集、初审、整理本单位职工提案及完成工会交办的其他工作。

第三十五条 职工代表团长由本团职工代表民主选举产生。职工代表大会闭会期间，代表团长参加工会召开的联席会议。

第七章 车间、班组的民主管理

第三十六条 车间职工代表大会对本车间的事务行使民主管理权力。

车间工会委员会是同级职工代表大会的工作机构，主持职工代表大会和民主管理的日常工作。

车间职工代表的比例应是本单位职工人数的百分之十至百分之二十，厂级的职工代表应是车间职工代表大会的当然代表。

车间职工代表大会每季度召开一次，可以和车间工会会员代表大会合并召开。

第三十七条 车间职工代表大会的职权范围是：

（一）听取和审议本车间行政领导的关于生产计划、技术改造措施、经济责任制实施办法等重大问题的报告，讨论制订完成生产和其他生产的措施；

（二）审查同意或否决车间奖金分配、工资调整、劳动保护等方面的议案，决定职工生活福利等方面的重大问题；

（三）监督、评议车间领导干部，提出奖惩、任免的建议；

（四）审议车间行政领导同工会主席的集体合同草案。

第三十八条 车间职工代表大会与本单位行政领导发生意见分歧，由企业行政和工会协调解决。

第三十九条 班组的民主管理，以班组民主管理会为基本形式。班组民主管理会一般每月召开一次，由班组全体职工参加。

班组民主管理活动由工会小组长或职工代表组织。

第四十条 班组民主管理会的主要内容是：

（一）听取和讨论班组关于当月各项任务完成情况的汇报和下月工作安排意见，讨论完成承包方案、生产计划和其他任务的措施；

（二）检查岗位责任制和各项规章制度的执行情况，讨论通过班组公约；

（三）讨论解决有关职工工资福利及其他切身利益问题；

（四）提出对职工奖惩的建议；

（五）民主选举班组长和民主管理员。

第八章 其他形式的职工民主管理

第四十一条 企业除通过职工代表大会组织职工参加民主管理外，还应开展以下形式的民主管理活动：

（一）组织企业行政领导与职工代表或职工群众开展民主协商对话活动；

（二）建立职工代表值班制度；

（三）设立厂长信箱；

（四）建立厂长接待日；

（五）其他形式。

第九章 附 则

第四十二条 科研、文教、卫生等事业单位和集体所有制企业的民主管理，可参照本办法执行。

第四十三条 本办法由山东省总工会负责解释。

第四十四条 本办法自发布之日起施行。

河北省公司职工董事职工监事管理办法

（2007年12月17日）

一、总 则

第一条 为依法规范职工董事、职工监事制度，保障职工参与公司民主管理的权利，提高公司的管理水平，根据《中华人民共和国公司法》以及有关法律、法规的规定，结合本省实际，制定本办法。

第二条 本办法所称的公司，是指在本省行政区域内依法设立的有限责任公司和股份有限公司。

本办法所称的职工董事、职工监事，是指经公司职工代表大会或者职工大会民主选举产生，作为职工代表出任的公司董事、监事。

第三条 对公司负有监督管理、综合协调和指导服务职责的固有资产管理、中小企业等有关部门按规定的职责，依法监督检查职工董事、职工监事制度的建立和执行情况。

各级工会组织应当依照有关法律、法规和规章，督促公司建立健全职工董事、职工监事制度，指导和支持职工董事、职工监事依法履行职责。

第四条 固有独资公司、两个以上的国有企业或者两个以上的其他国有投资主体投资设立的有限责任公司（以下简称国有公司）的董事会成员中应当有职工董事，其他公司的董事会成员中可以有职工董事。

设立职工董事的公司应当在公司章程中载明职工董事的人数。

第五条 设立监事会的公司监事会成员中职工监事的比例不得低于三分之一，具体比例由公司章程规定。

第六条 设立职工董事、职工监事的公司应当在公司章程中载明职工董事、职工监事制度，并将该制度纳入公司的管理制度范畴。

二、任职与罢免

第七条 职工董事、职工监事应当具备下列基本条件：

（一）与本公司建立劳动关系；

（二）熟悉有关法律、法规、规章和公司经营管理知识，具有参与公司经营决策和协调沟通的能力；

（三）品行端正，秉公办事，廉洁自律；

（四）能够充分了解和反映职工意愿，代表和维护职工的合法权益。

第八条 公司高级管理人员不得担任职工董事、职工监事。公司董事不得担任职工监事。

第九条 职工董事、职工监事的候选人可以是公司工会主席、副主席，也可以是公司职工代表，并由公司工会在广泛征求职工意见的基础上提出。职工董事、职工监事候选人经职工代表大会或者职工大会以差额和无记名投票的方式选举，并在获得应当参加选举人员过半数赞成票后，当选为职工董事、职工监事。国有公司的职工董事、职工监事的选举程序，依照国家和本省有关规定执行。

职工董事、职工监事的选举结果由公司工会报上一级工会组织备案。

第十条 职工董事、职工监事因辞职、患病、工作调动等原因不能履行职责时，其所在公司应当自其不能履行职责之日起三个月内按规定程序补选。

第十一条 职工董事、职工监事的任期与其他董事、监事的任期相同。任期届满后可以连选连任。

第十二条 职工董事、职工监事有下列情形之一的，应当罢免：

（一）公司职工代表大会或者职工大会对其年度工作考核不称职的；

（二）不按公司职工代表大会或者职工大会的决议、决定在董事会、监事会会议上行使表决权或者监督权，损害职工合法权益的；

（三）未定期向公司职工代表大会或者职工大会报告工作的；

（四）无正当理由连续两次以上不出席董事会、监事会会议，也不委托其他董事、监事代为反映意见的；

（五）泄露公司商业秘密，给公司造成重大经济损失的；

（六）以权谋私、收受贿赂，或者从事与本公司利益有冲突的商业行为，损害公司合法权益的；

（七）因犯罪被判处刑罚的。

第十三条 公司职工代表大会或者职工大会有权罢免职工董事、职工监事。罢免职工董事、职工监事的，应当由本公司三分之一以上的职工代表或者职工联名提出，并得到职工代表大会全体代表或者全体职工的过半数同意票后罢免。国有公司的职工董事、职工监事的罢免程序，依照国家和本省有关规定执行。

职工董事、职工监事被罢免前，有权向公司工会和上级工会组织以及有关部门申诉。

职工董事、职工监事被罢免后，公司工会应当向上一级工会组织备案。

三、权利与义务

第十四条 除法律、法规另有规定的外，职工董事、职工监事与董事会、监事会中的其他董事、监事享有同等权利，履行同等义务。

第十五条 职工董事可以行使下列权利：

（一）在董事会会议上行使表决权；

（二）向董事会反映职工对工资、奖金、福利、劳动保护、社会保险、劳动关系变更、裁员等涉及职工利益的重大事项的要求，代表和维护职工合法权益；

（三）在董事会研究确定公司高级管理人员的聘任、解聘事项时，反映公司职工代表大会或者职工大会的意见；

（四）按其在董事会的职责分工参加公司的有关会议；

（五）法律、法规、规章和公司章程规定的其他权利。

第十六条 职工监事可以行使下列权利：

（一）在监事会会议上行使表决权；

（二）参与检查公司对涉及职工利益的法律、法规、规章和公司规章制度的贯彻执行情况；

（三）监督检查公司对职工各项保险基金、工会经费的提取缴纳情况和劳动用工、职工工资、福利、劳动保护和社会保险等制度的执行情况；

（四）列席与其职责有关的公司会议；

（五）向工会和有关部门反映与其职责履行有关的情况；

（六）法律、法规、规章和公司章程规定的其他权利。

第十七条 职工董事、职工监事应当履行下列义务：

（一）熟悉有关法律、法规、规章和公司生产经营状况，不断提高依法履行职责的能力；

（二）经常或者定期听取职工意见、建议，为董事会、监事会提供决策依据；

（三）因故不能出席董事会、监事会会议时，以书面形式委托其他董事、监事代为反映意见，并在委托书中明确委托范围；

（四）参加公司职工代表大会或者职工大会的有关活动，在董事会、监事会会议上全面、准确地反映职工代表大会或者职工大会的决议、决定；

（五）及时、准确地向职工传达董事会、监事会会议的内容，广泛收集、整理职工的意见和建议，为董事会、监事会提供决策依据；

（六）定期向公司职工代表大会或者职工大会报告工作，接受职工代表、职工的监督、质询和考核；

（七）保守公司商业秘密。

四、职责履行的保障

第十八条 公司应当为职工董事、职工监事履行职责提供必要的办公条件和物资保障，并给予适当补贴。

职工董事、职工监事履行职责时的出差、办公等待遇参照其他董事、监事执行。

职工董事、职工监事因履行职责占用工作时间的，不得减少其工资和福利待遇。

第十九条 公司应当支持职工董事、职工监事参加业务培训，并提供必要条件，不断提高职工董事、职工监事的业务水平和履行职责的能力。

第二十条 公司董事会研究、决定涉及职工利益的事项时，应当尊重、听取和依法采纳职工董事反映的职工代表大会或者职工大会的意见。

第二十一条 职工董事、职工监事任职期间，公司不得因其工作履行职责的原因对其降职、减薪、解除劳动合同，或者采用其他方式使其不能履行职责。

第二十二条 职工董事、职工监事依法履行职责时，任何组织和个人不得压制、阻挠或者打击报复。

第二十三条 公司工会应当做好职工董事、职工监事的日常联系工作，支持职工董事、职工监事依法履行职责。

五、附　则

第二十四条 违反本办法第四条、第五条、第十八条、第二十一条、第二十二条的，县级以上工会组织有权通报批评，并责令其限期改正；逾期不改正的，提请同级人民政府有关部门依照国家有关规定处理。

第二十五条 公司工会未依照本办法履行职责的，上级工会组织有权通报批评，并责令限期改正。